要做人民的先生
先做人民的学生

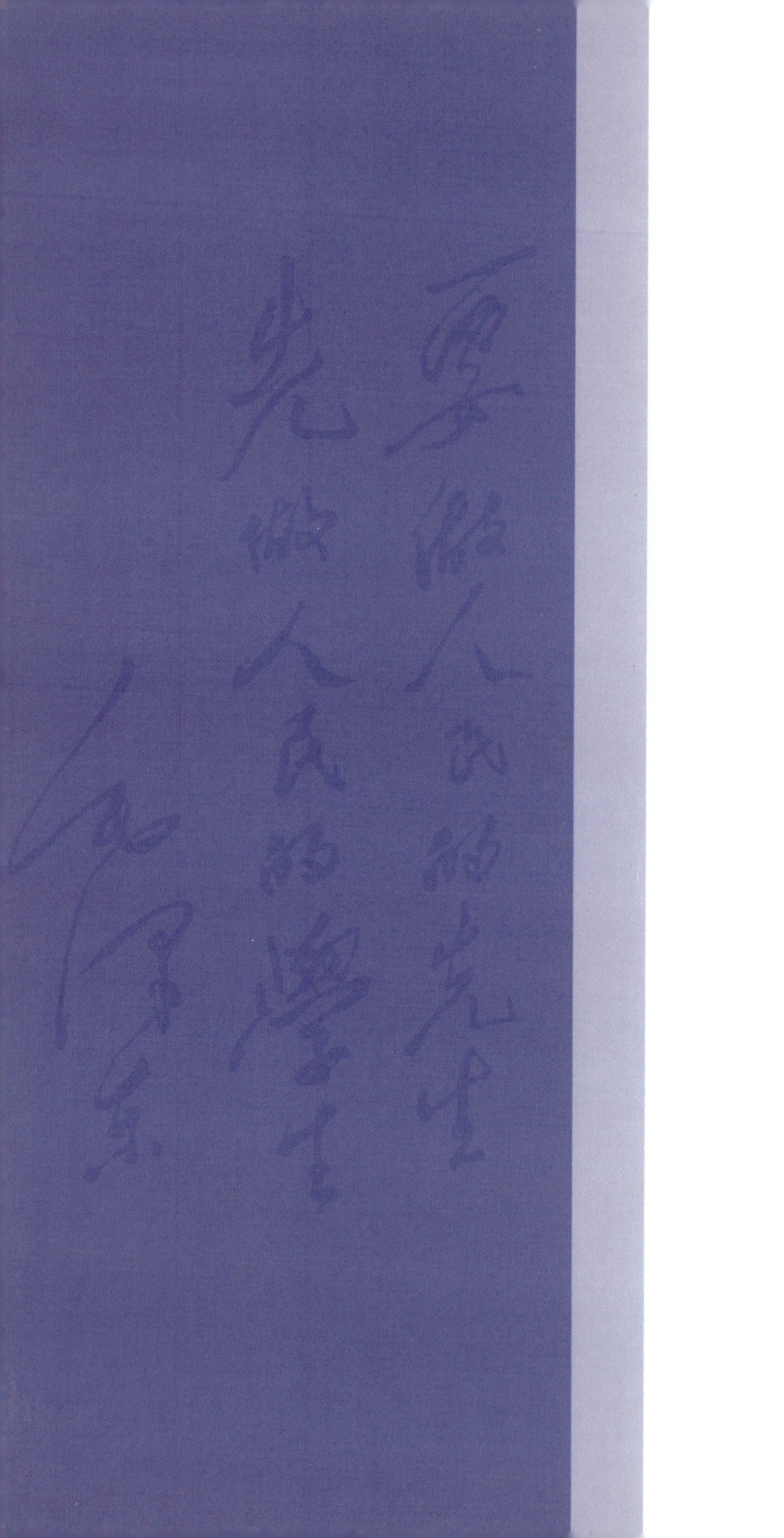

毛泽东

湖南第一师范学院红色学术文库·教育系列　主　编　刘丽群

总　编　罗成翼
副总编　胡　穗　曹　兴

张洪萍　著

思想启蒙与社会改造
湖南第一师范的新教育研究（1919—1927）

社会科学文献出版社
SOCIAL SCIENCES ACADEMIC PRESS (CHINA)

本书出版受湖南省教育科学规划项目"五四思想启蒙与'一师'的新教育研究（1919—1927）（ND228256）"资助。

"湖南第一师范学院红色学术文库"编委会

总主编：罗成翼

副主编：胡 穗 曹 兴

编 委：（以姓氏笔画为序）

王朝晖 龙永干 刘丽群 李梦龙 杨 丹
肖 攀 张 娴 张应华 陈 明 陈圣白
欧阳斐 罗 燕 胡春光 钟佩君 姜明芳
贺汉魂 黄小喜 曾晓洁 蔡惠萌

总　序

麓山脚下，湘江岸边，湖南一师，钟灵毓秀。

千年学府，百年师范，红色摇篮，作育英才！

在中国近现代教育史上，湖南第一师范文脉盛昌，人才辈出，涌现了许多赫赫有名的历史人物，创立了一系列影响中国历史进程的思想学说，为民族和国家培养了很多学贯中西、经天纬地的栋梁之才。其教育发展的历史与长沙、湖南乃至中国社会的历史进程紧密结合，休戚与共，可以说，湖南一师是中国近现代师范教育的先驱与典范。

湖南第一师范的前身为南宋时期创建的城南书院，书院虽历经朝代更替，但一直秉承"成就人材，传道济民"的教育宗旨，格心致本，化育英才。书院创立者张栻，师承湖湘学派开创者胡宏，发展理学，初步奠定湖湘学派规模，成为一代学宗，与其时的朱熹、吕祖谦合称"东南三贤"。南宋至晚清的城南书院，名师辈出，学者云集，以研习儒家经籍为主，间或议论时政，对湖南学术思想的发展有重要的影响，成为"昔贤过化之地，兰芷升庭，杞梓入室，则又湘中子弟争来讲学之区"。至清朝，道光皇帝给予嘉奖，亲书"丽泽风长"四字匾额榜于讲堂。此后，城南书院声名大振，成为湖南规模和影响最大的两所书院之一。

鸦片战争以后，国家多难，民族危机日益加重。城南书院为了济世救民，经世致用，着力培养实学人才。曾国藩、左宗棠、胡林翼、郭嵩焘、王闿运、张百熙等，或讲学于此，或求学于此。正如清代学者李彦章题城南书院："考古证今，致用要关天下事；先忧后乐，存心须在秀才时。"此联反映了城南书院由过去理学研习之所转变成关注民生、心忧天下的教育重地。

1903年，湖南师范馆迁入城南书院，合并更名为湖南全省师范学堂。"五四"新文化运动前后，受新思想、新文化、新道德的影响，涌现出毛泽东、蔡和森、何叔衡、任弼时、李维汉、杨昌济、徐特立、孔昭绶、易培基等一批叱咤风云、卓乎人英的新民主主义革命者、无产阶级革命家、教育家。从此，中国民主革命和共产主义运动的红色种子在湖南第一师范生根发芽，"红色摇篮"成为其代名词。一代伟人、共和国创立者毛泽东，年轻时在湖南第一师范求学和工作。当时学校在校长孔昭绶主政下，"采最新民本主义规定教育方针"，以"人格教育、国民教育、实用教育为实现救国强种唯一之宗旨"，强调人格和学识的全面培养，吸引了一大批有志青年前来求学。也是在这里，毛泽东和蔡和森、何叔衡、罗学瓒等人结为朋友，纵论国事、探求真理，逐渐积累了渊博的知识，具备了开阔的眼界和强健的体魄，立下了"改造中国与世界"的宏伟志向。

中华人民共和国成立后，古老而年轻的湖南第一师范焕发新的生机，在教育文化的形式和内涵上，美美与共，革故鼎新，开了中国红色教育的先河，成为师范教育一道亮丽的风景线。

清末启蒙思想家龚自珍说："欲知大道，必先为史。"百年一师史是一部厚重的革命史、教育史，更是一部光荣的奋斗史。回顾第一师范百余年教育的光辉历史，其办学理念之"新"，主要有三点。一是开放办学。湖南一师早期教育在本土与西方、传统与现代、保守与先进的碰撞和交锋中走向开放融合，放眼世界、对接社会、开放办学，这是其人才辈出的"外部土壤"。二是民主治校。湖南一师早期所推崇和践行的自觉、自动、自治，是其人才辈出的"内在机理"。三是"大家"执教。湖南一师早期汇聚了一批胸怀"国之大者"的"大先生"群体，是其人才辈出的"源头活水"。

百廿喜回眸，学府更巍峨；盛世逢华诞，桃李沐春风！

适逢第一师范建校120周年，承蒙学界关心和学者耕耘，"湖南第一师范学院红色学术文库"丛书孕育而生，幸即付梓。此丛书旨在围绕"红色一师"建设重大任务，致力于湖南第一师范早期教育研究，擦亮"红色一师"名片。该丛书重在系统收集、整理、保存一师学人的红色学术成果，全面展示一师红色研究特色，传承和弘扬一师的红色学术思想与学术精神。

该丛书主要由湖南第一师范学院的教授、博士主持编撰，分思想政治、教育学等多个系列，分批出版，力求做到特色鲜明、资料翔实、分析严谨、深入浅出。丛书在编写上力求突出以下特点：一是研究内容的广泛性。丛书深入探究百年一师的办学思想、办学理念、课程体系、教学方法和师德师风等，努力寻找其办学过程中的"精神密码"。二是研究视角的多维性。丛书从政治学、教育学、历史学等角度，对湖南一师的早期教育、校长办学思想、教师群体、学生群体展开细致研究，绘制出一幅早期湖南一师兴办教育、积极改革、为国育才，学生崇道好学、敢为人先的生机勃勃、积极向上的历史画卷。三是研究方法的多元性。丛书利用档案、文集、日记、年谱、报刊、校史等第一手文献资料，将研究结论建立在翔实的史料基础之上，力图更多地用客观事实说话，用实际材料说话。因此，丛书凸显了湖南第一师范的教育特色、红色本色，值得一读。

"路漫漫其修远兮，吾将上下而求索。"

20世纪初原清华大学校长梅贻琦说："所谓大学者，非谓有大楼之谓也，有大师之谓也。"湖南一师在百余年的师范教育进程中不仅涌现了许多大师级大先生，而且成长了一大批引领时代的学生，其影响及于整个近现代中国社会进程。1950年，毛泽东在与校友叙旧时深情地回忆说："我没有正式进过大学，也没有到外国留过学，我的知识，我的学问，是在一师打下了基础。一师是个好学校。"湖南一师厚重的文化传统、光荣的革命传统和优良的教育传统，是中国共产党办学治校的宝贵财富，是落实立德树人根本任务的"传家宝"。

回望历史是为了更好地把握未来。新时代的师范院校，承担着培养大国良师的时代重任。静思细品湖南一师百余年的教育文化内涵，在新时代，我们更应该牢牢把握人才培养这一精神密码的实质内容，铭记立德树人的根本任务，以高目标引领人才培养方向；坚守为时代育人的担当使命，以高视野打开人才培养格局；践行以质量求发展的办学思想，以高标准保障人才培养质量，让湖南一师红色教育之光常亮。唯其如此，湖南一师的明天才会更加美好。这正是我们编著此丛书的目的。

罗成翼

2023年10月1日

自 序

湖南第一师范是湖南成立最早、影响最大（清末民国时期）的师范院校。五四运动以后，在新思想和新教育的狂潮中，以易培基为代表的一师校长以及一批经受五四思想洗礼的青年教师，他们信仰教育救国，有着为国培才的信念，对于新文化运动和新教育思潮热烈回应并积极实践。他们改革旧学制，在教学方面改学年制为学科制和选科制，各因其材而施其教；在训育方面实施专任教师全员导师训育制，注重养成学生的健全人格。他们改革课程体系，革新教学内容，积极引进新思想如马克思主义、工读主义等，改文言文为语体文，启蒙和改造学生思想。他们采用新的教学方法，积极实验道尔顿制，以启发、辩论、参观等新方法，启发学生的思维。他们基于公民教育倡导学生自治，鼓励学生自管自律、自学自研、自主自动，培养其作为共和国公民的自治能力和公共精神。他们勇于打破旧思想和旧传统，实行男女"同学"，追求男女教育平权。

湖南第一师范的教育改革很快就卓有成效，其新教育在湖南乃至全国都受到关注。《共产党宣言》首位中译者陈望道曾言："'五四'前后的新文化运动，从全国范围来讲，高等学校以北大最活跃，在中等学校，则要算是湖南第一师范和杭州第一师范。"上海《民国日报》的记者也认为湖南第一师范"为湖南新教育的中心，足备全国教育界之研究"。1922年10月，章士钊到湖南第一师范演讲，认为虽然社会上对于一师的新教育，赞成者有之，反对者亦有之，"然在湖南谈到新的学校，总要首推贵校"。

五四运动以后的中国，处于一个思想解放和积极开拓的时代。经历新文化、新教育等新思潮启蒙的青年教师，在湖南第一师范进行了大刀阔斧的教育改造，对学生进行思想启蒙，培养出大批革命志士和教育精英。这些革命志士和教育精英，又成为思想启蒙、社会改造和新教育实践的生力军。

五四运动以后湖南第一师范的新教育实践，在当时引起极大反响并成为示范。由于文夕大火，湖南第一师范的档案和相关史料在大火中几乎被焚毁一空。目前，除开几篇当年的亲历者在回忆录中涉及此时期的教育改革外，五四运动以后湖南第一师范的新教育及其辉煌成就一直处于湮隐状态。

这些年，笔者在搜阅湖南近代教育文献的过程中，不时看到关于湖南第一师范的零星记载，顺手保存。十年下来，倒也颇为可观。于是系统查阅了湖南省档案馆民国时期的教育厅档案、湖南第一师范档案馆档案及校刊、湖南省图书馆古籍、湖南近代报刊，以及清末民国时期一师师生及相关人员的日记、信件、回忆录、文集等相关史料，披沙拣金，竟然汇集起较为丰富的史料，于是撰成此书。此本小书，使得五四运动以后湖南第一师范的新教育实践及其辉煌成就终于可以再现于世人面前，也对一些极为少见或难以搜寻的档案、史料进行了较为全面的呈现。

当然，此书所涉及史料，限于直至今日的目见所及，所不及者自然还有不少，尤其是当事人的书信、日记及回忆性资料，尚待今后继续搜集。加之成书匆匆，故此书所思所考，不足之处尚多，还请方家包容并指教。

目　录

引　言　五四运动以后湖南第一师范的教育革新……………… 1

第一章　思想启蒙：湖南第一师范教育改革的动力探源……… 15
　第一节　新文化运动及其在湖南的传播………………… 15
　第二节　欧美新教育思潮的引介及实践………………… 31
　第三节　1920年的名人演讲……………………………… 43

第二章　聘用新教师：锐意创新的师资队伍建设……………… 52
　第一节　校长更替及其治校方略………………………… 53
　第二节　教师构成及群体特征…………………………… 74

第三章　推行新学制：学年编制与训育管理的改革…………… 90
　第一节　关注天性与差异：由学年制改为学科制和选科制
　　　　　……………………………………………………… 90
　第二节　养成健全人格：导师训育制的实施…………… 108

第四章　实施新课程：基于个性发展和思想启蒙的课程设置
　　　……………………………………………………………… 120
　第一节　五四运动前后的课程变迁……………………… 120
　第二节　五四运动以后的国文课程……………………… 129

第五章　采用新教法：道尔顿制的实践探索…………………… 149
　第一节　新教法的引进与道尔顿制实验………………………… 149
　第二节　关注差异，促使自主：湖南第一师范道尔顿制的
　　　　　实施及效果…………………………………………… 154

第六章　养成新国民：公民教育视域下的学生自治…………… 162
　第一节　湖南第一师范学生自治的背景考察…………………… 163
　第二节　公民生活的学校实践：湖南第一师范学生
　　　　　自治的实施…………………………………………… 169
　第三节　学生自治的"治"与"无治"……………………………… 211

第七章　致力新追求：教育平权的探求与男女"同学"………… 217
　第一节　近代女学的兴起与男女"同学"的争论………………… 217
　第二节　湖南第一师范男女"同学"的坎坷之路………………… 225

第八章　历史之镜：湖南第一师范教育革新的意义与启示…… 245
　第一节　湖南第一师范教育革新的历史意义…………………… 245
　第二节　湖南第一师范教育革新的当代启示…………………… 268

参考文献………………………………………………………………… 276

附　录…………………………………………………………………… 282

引 言

五四运动以后湖南第一师范的教育革新

一 早期沿革及历史境遇

（一）早期沿革

甲午战争以后，兴学育才逐渐成为国人共识。在兴办学堂的过程中，师资奇缺，培养教师的师范教育成为当务之急。

早在19世纪80年代，郑观应在《盛世危言》中就以"师道院"为名对西方师范教育进行介绍，但并未引起注意。甲午战争后，深重的民族危机使得国人逐渐由人才培养转向国民教育，培养国民教育师资的师范教育逐渐引起知识精英的关注。1896年12月，梁启超在《时务报》上发表《论师范》一文，第一次对师范教育进行了较为系统的介绍。1897年4月，南洋公学师范院在上海成立，开我国师范教育之先河。

辛丑巨变，慈禧太后终于不再固守祖宗成法，决定新政，以张百熙为管学大臣，实施教育改革。在振兴教育首重师范的认知下，师范教育成为清末十年教育改革的重点。

1903年正月，湖南巡抚俞廉三在省城长沙开办师范馆，聘请前国子祭酒王先谦为馆长、俞诰庆（字秩华）为监督①，择选乡试

---

① 这里的监督，可能是主管教务的职位。因为随后全省师范学堂、中（转下页注）

落选人员四十名入馆学习,湖南师范教育肇端于此。

师范馆第一任馆长王先谦乃著名经学大家,但思想较为保守。监督俞诰庆举人出身,1902年留学日本,就学于弘文书院速成师范班,当年10月回国,任师范馆监督。俞诰庆有留日经历,思想相对开明,加之"办事认真,热心教育",很受学生欢迎。

不过,在日本开了眼界的俞诰庆,和较为保守、固守传统的王先谦,在办学思想上有点格格不入,故王先谦辞退俞诰庆,代之以自己的弟子刘佐楫。师范馆学生认为刘佐楫"毫无学问","于学堂管理诸法未甚了了",并不买账。馆长王先谦既尴尬又恼怒,将带头反对的魏鼎新等四名学生开除,引起轩然大波,王先谦不得不辞职以平息风波。①

1903年11月,湖南师范馆迁入城南书院,改为湖南全省师范学堂。后因路界之争,于1904年10月改为中路师范学堂,以郭立山为监督。1905年8月,谭延闿为中路师范学堂监督,乃模仿日本学制,"陋其前规,更新学制,颇有改作"。②

民国建立后,中路师范学堂改为湖南公立第一师范学校。1914年,成立未久的湖南公立第四师范并入一师,乃改名为湖南省立第一师范学校。1917年,因教育部重新规划学区,取消了湖南高等师范学校。湖南省立师范学校便只有第一、第二、第三男、女师范等6所,其余皆为县立师范或私立师范。湖南省立第一师范学校因在省城长沙,具备天时地利,人才汇聚,成为湖南影响最大的师范学校。

1920年8月,易培基担任湖南第一师范校长,拉开了五四运

(接上页注①)路师范学堂时期的监督,为校长职。王先谦为师范馆馆长,即校长,师范馆不可能有两位校长,故师范馆时期的监督,和师范学堂时期的监督,是不一样的。

① 《学界风潮:师范馆监督善化俞秩华孝廉办事认真热心》,《顺天时报》1903年9月20日第3版。
② 本书编写组:《湖南第一师范校史(1903—1949)》,上海教育出版社,1983,第5页。

动以后湖南第一师范改革旧教育、实施新教育的序幕。

1927年春，湖南省教育厅一纸令下，将位于长沙的省立男、女师范和男、女高中合并为湖南省立第一临时中学，附设师范部。1927年5月，"马日事变"后，湖南省政府停办全省中等学校，直至1928年春，全省中等学校才渐次恢复。但师范学校都没有恢复，只在省立中学附设师范科。湖南第一师范至1929年得以恢复开学，但其新教育已物不再是人已非。

（二）艰难中求生存：早期历史境遇

1. 恶劣的政治环境

在清末民初的二十余年间尤其是北洋政府时期，湖南第一师范的生存环境并不乐观。在最初的十年，虽然社会变革加剧，且经历辛亥革命浪潮，但当时湖南政要，无论是清末巡抚如俞廉三、端方、岑春煊等，还是民元时期的谭延闿，都比较重视教育，故无论是政治环境还是教育经费，都可算是湖南教育的"全盛时代"。[①]

民国建立后，湖南第一师范乃至全省教育的政治环境逐渐恶化。从民初到国民政府建立前，湖南督军经历了谭延闿、汤芗铭、刘人熙、傅良佐、张敬尧、赵恒惕、何键、唐生智等人，其中谭延闿三度督湘。在上述湘督中，对教育较为重视的只有谭延闿和刘人熙。可惜的是，刘人熙督湘时间较短，谭延闿虽然三度督湘，但每次时间未久即因故他去。其余如汤芗铭、傅良佐、张敬尧、赵恒惕等人，对湖南教育没有任何建树，反多摧残。故民初湖南的各级各类学校，在1913年时陡增，汤芗铭督湘后渐减，至张敬尧时，公立学校解散，私立学校停闭。[②] 而湖南第一师范具有教育信仰、想要有所作为的校长，在政治倾向和思想观念上和这些摧残教育的主

[①] 《教育会欢迎保管员》，湖南《大公报》1921年3月26日第6版。另：下文凡出处为《大公报》者，如果不另注明，皆为湖南《大公报》。

[②] 吕芳文：《五四运动在湖南》，岳麓书社，1997，第217页。

政官员有较大差异,且在态度上也不愿意迎合,因而,北洋政府时期的湖南第一师范,外在的政治环境极不乐观。

湖南第一师范从民元时的文启矗,到临中时的罗驭雄,共经历16位校长,① 其中孔昭绶两度掌校。掌舵一师的众多校长中,对教育有信仰且对一师发展影响最大的是孔昭绶和易培基等人,他们和当时督湘的汤芗铭、张敬尧、赵恒惕关系不洽,因而,湖南第一师范的政治环境极其恶劣。

1913年,袁世凯派汤芗铭督湘。汤芗铭到湘未久,即停止选送湘省革命先烈、革命元勋子女以及奔走革命有功者公费留学欧美、日本,并停发已经派往者的留学费用,使得"许多湖南人因官费突然停发而到处奔走活动,甚至有忍痛辍学另谋出路的"。② 对于湘省教育事业,汤芗铭不仅停止开办之前已经规划的十所地方师范学校,对于湘省公立学校的教育经费,也是删减折扣,各种掣肘。

汤芗铭刚到湖南时,一师校长是孔昭绶。孔昭绶在清末就加入同盟会,1912年同盟会改组为国民党后,孔昭绶成为国民党员,主张革命,以为"中国数千年之文弱,不亟提倡铁血主义、尚武精神,决不能雄视世界"。③ 孔昭绶担任一师校长后,大力提倡铁血主义,对学生进行爱国革命教育和军国民教育。

同时,孔昭绶还兼任《长沙日报》编辑,以"攘夷"为笔名,发表政论。1913年宋教仁案发生后,孔昭绶作"讨袁檄文",历数袁世凯二十四大罪,长数千言,持论激昂。他在招考一师第六、七班新生时,即以"湖南取消独立感言"为国文试题,以激发学生反

---

① 关于这一时期的校长人数,主要参考《湖南省第一师范校友录》(1903~1993)的统计。
② 中国人民政治协商会议全国委员会文史资料委员会编《文史资料存稿选编 1 (晚清北洋 上)》,中国文史出版社,2002,第540页。
③ 陈名扬:《孔昭绶生平考》,载湖南省湘学研究院《湘学研究(总第六辑)》,中国社会科学出版社,2015,第164页。

袁心理，进行革命教育。①

孔昭绶在政治上属于国民党，反袁反帝，与拥袁拥帝的汤芗铭非同路人。故汤芗铭视孔昭绶如眼中钉、肉中刺，连带对湖南第一师范也没有什么好感。故上任未久，即派人到一师抓捕孔昭绶。好在孔昭绶机警，扮作校役侥幸逃脱，被逼离湘，东渡日本留学。

汤芗铭被驱离后，湘督先后由刘人熙和谭延闿担任，湘省一扫汤芗铭时期高压和恐怖的政治气氛。孔昭绶于1916年秋再度担任一师校长，在一师进行教育改革，实施以学生自动、自治为核心的民主教育和以知耻、铁血为中心的军国民教育。

正当一师教育一派欣欣向荣时，段祺瑞一派的张敬尧于1918年3月担任湖南省长兼督军。由于湖南地处南北要冲，在历次军阀混战中，多被裹挟其中，"受战祸最惨"，②"而尤以张敬尧统治时期受害最深"。③

张敬尧督湘后，横行霸道，对于湘省人民横征暴敛，无所不用其极，对于湘省教育的摧残，较之汤芗铭有过之而无不及。忍无可忍，无须再忍，五四运动以后湘省各界精诚团结，组织驱张运动。在驱张运动中，湘省民众痛斥张敬尧祸湘十大罪行，其中第五大罪即扣减教育经费、驱逐教育界人员、损毁学校以致学生无学可上等毁教罪行。④

张敬尧督湘后，对于提倡民主教育和反对军阀祸国的孔昭绶自是看不顺眼，遂派遣其弟张敬汤驻扎一师，暗中监视孔昭绶的行动，孔昭绶因此再次被逼托病辞职。

---

① 陈名扬：《孔昭绶生平考》，载湖南省湘学研究院《湘学研究（总第六辑）》，中国社会科学出版社，2015，第164页。
② 中国科学院历史研究所第三所：《五四运动回忆录》，中华书局，1959，第15页。
③ 吕芳文：《五四运动在湖南》，岳麓书社，1997，第230页。
④ 魏宏运：《中国现代史资料选编（1）：五四运动与中国共产党创建时期》，黑龙江人民出版社，1981，第182页。

1920年6月，湖南各界人士联合驱张成功后，易培基担任一师校长。易培基从1915年起就在一师担任国文教师，担任校长期间（1920.8～1923.8），正是湖南和湖南第一师范经历五四运动和驱张运动后、整个思想为之一新之时。易培基任用匡互生、熊梦飞、王凤喈等一干毕业于北京高师、经历五四运动或受五四思想启蒙的青年教师管理一师，对一师进行教育改革，实施新教育。加之毛泽东时任一师附小主事，并担任一师22班国文教学，注重对学生进行马克思主义熏陶、发展党员，故五四运动以后湖南第一师范的民主、革命气息十分浓厚。

　　易培基掌校时期的湖南第一师范，外在政治环境也不乐观。驱张运动后，谭延闿再次督湘，一身兼三职，担任湖南督军、省长和湘军总司令，提出"湘人治湘"，筹划制定省宪、民选省长，主张"联省自治"。后其部下赵恒惕联合湘军另一将领李仲麟联合排挤他，谭延闿被逼下野，赵恒惕取而代之，谭、赵二人因此关系紧张。易培基本为湘省名宿，和谭延闿私交甚好，他虽然曾经和赵恒惕同在湖北方言学堂学习，但对其督湘及施政方略并不认同，故并不逢迎。赵恒惕行伍出身，不重视教育，思想保守专制，对五四运动以后湖南第一师范的自由学风及学生自治不满，对"傲上不傲下"的校长易培基更是不满，一直想要用自己的心腹取而代之。故其对湖南第一师范少于支持、诸多限制。

　　1923年春，谭延闿奉孙中山之命讨伐赵恒惕，驻扎在衡阳。赵恒惕借易培基前往衡阳和谭延闿见面之机，诬其谋逆而悍然下令通缉，并委派心腹李济民接任一师校长。

　　李济民在一师学子的强烈抵制下，由赵恒惕派兵护送上任。上任未久，即破坏一师的男女"同学"等新教育举措，终因不得民心而不得不辞职他就。继任者彭一湖，掌校后重新任用毕业于北高师的青年教师，继续实施新教育，再次引起赵恒惕不满，对于湖南第一师范处处掣肘。

总体而言，民国以后的湖南第一师范，和主政湘督没有明显思想冲突的一师校长，多因循无为；而对教育抱有理想信念、希望有所作为的校长，和督湘军阀在政治主张、思想观念上多有冲突，以致湖南第一师范的外在政治环境一直不太乐观，在实施新教育的过程中也颇多束缚。

2. 竭蹶的教育经费

政治环境之外，湖南第一师范在教育经费方面的处境尤其艰难。在汤芗铭督湘之前，湖南的教育经费较为充裕，学校教育发展较快，教育有日渐普及之势。汤芗铭督湘三年，教育经费逐年扣减，许多学校合并或停办，留学生公费被取消，教育界的革命人士被逼离湘。①

张敬尧主政湖南后，更是"肆力摧残湖南教育，驻兵各学校，把学校变成兵营"。② 为了增加军费，教育已成不急之需，教育经费屡屡被扣减，"始而减至八折，继而七折六折，以至四折。折余之款，又仅以湖南银行废币，分发塞责"。③ 不仅扣减，还经常拖欠不发，最终积欠教育经费"达三十余万"。④ 各校经费入不敷出、无以为继，教师罢教、校长辞职成为常态。

湖南第一师范作为师范院校，将学生学费和膳费全免，经费全靠政府拨款。教育经费历年扣减，使得一师的经费大幅减少。1916年时湖南第一师范的常年经费尚有5万元左右，到1920年时只有3.7万元左右，还屡屡被拖欠。⑤

---

① 中国人民政治协商会议全国委员会文史资料委员会编《文史资料存稿选编1（晚清 北洋 上）》，中国文史出版社，2002，第560页。
② 吕芳文：《五四运动在湖南》，岳麓书社，1997，第52页。
③ 吕芳文：《五四运动在湖南》，岳麓书社，1997，第398页。
④ 《教职员求发欠薪之急迫》，《大公报》1920年12月9日第6版。
⑤ 《全省学校经费统计》，《大公报》1916年1月8日第10版；《半年来的湖南第一师范》，《民国日报》1921年1月24日第6版。

张敬尧扣减拖欠教育经费后,湖南第一师范等省立师范院校很快陷入绝境。1919年秋季开学时,一师教育经费竭蹶,校长王凤昌以辞职为凭借讨要校款,无果,遂以"力不能任"坚决辞职。教员因薪水长期拖欠无法养家糊口没有返校,学校因此无法开学,一师校务"日亟"。眼看学校难以维持,一师学生"奔走呼号,四处求援",各教员多半因此感动,决定成立校务维持会,由教员义务教学。但不知何故,维持会计划流产。学生眼看无法求学,最终决定由每个学生垫洋六元,学生和职员中各出两人负责保管。学生出面邀请教员,教员义务教课,一师才得以勉强开学。①

1920年驱张运动之后,谭延闿主政,虽然力图整顿,然而"财政奇绌,一筹莫展"。各学校及教育机关的经费,"本学期七八两月仅发十分之三,九月仅发半数,十月则发十分之七,以前欠费,分文未发"。湖南第一师范最惨,"未发及已有凭单而不能领款之经费,竟逾万元之多"。②

1921年1月,一师再遇经费困窘难题,不仅教员薪水无着,连学生膳费亦有不逮。校长易培基以办私学的精神办理一师,苦心孤诣,用私人资产垫资三千余元之后再也无力维持,教员开始罢课。来自外省的教员余家菊、陈启天、夏丏尊、沈仲九、周卫群等皆搬离学校,有的甚至提前离湘回籍。只有少数教员留校清点校具校产,等待交接,校务在事实上处于停顿状态。③

一师教师罢课、校务停顿后,湖南《大公报》记者评论:张敬尧时期,湖南第一师范也因为经费原因罢过课。但当时罢课,无论是教员还是学生,罢课目的除开讨要所欠经费外,还有一层"排

---

① 《省城各校之现况:第一师范学校》,《大公报》1919年10月21日第6版。
② 《湘省教育之危状》,《大公报》1920年11月30日第6版。
③ 《省城各校窘困之现状:第一师范》,《大公报》1921年1月6日第6版;《第一师范罢课续志》,《大公报》1921年1月7日第6版。

张"的政治目的在内。故当教员复课后,学生对教职员反不满意,因为未能达到驱张目的。而此次一师教师罢课,纯因经济原因,学生很是着急,希望教师能赶紧复课。①

事实上,此次教师罢课,并不是如记者所谓的"纯因经济原因",实则带有一定的政治意味,即因易培基、谭延闿与省长赵恒惕之间存在复杂关系,故以罢课表达易培基对省长赵恒惕的一种隐隐约约的不合作态度。

罢课一周之后,财务厅长姜济寰到一师进行调停。姜济寰一向支持教育,担任长沙县令期间,曾有在长沙县设立1000所新式小学的宏愿。后由县政府出资,徐特立负责师资培训,最终在长沙县建立小学800余所,成为湖南教育界的佳话,徐特立也因此成为教育界的"长沙王"。姜济寰既在教育界有较高声誉,又允诺极力筹款,态度极为诚恳,得到教员信任,一师得以复学。

赵恒惕督湘后,教育经费无任何改观,反倒日渐恶化。陶斯咏在湖南《大公报》上公开痛斥:"张敬尧霸占湖南的时候,陷教育等于零,凡属有心人,没有一个不痛心疾首的,所以'群策群力'逐彼凶。当'张毒'初走的时候,湖南人没有一个人不额手相庆的,以为从此湖南人来治湖南,自必有一番万象更新的气象,对于教育,必能积极进行。哪里知道到现在七八个月了,不但祇无进行之可言,其困难情形,较之张敬尧在湖南,简直没有什么分别。办学校的人,全副精神只能用在借债上面,还有什么精神去谋学校的进行?并且借债的政策,是一个有限的,不能尽借不还,不能尽借尽有。所以最后的法子,只有一个'总辞职'。'总辞职'这三个字的结果,就是教育泪。"②

---

① 兼公:《时评:维持教育》,《大公报》1921年1月8日第6版。
② 陶斯咏:《我的湖南教育的痛感》,《大公报》1921年1月13日第2版。

然而，教育界呼吁自呼吁、痛斥自痛斥，赵恒惕依然我行我素，挪用教育经费为军费，对教育事业毫无支持。仅1921年9月，军队就再次提走学款三万余元。① 军队凭借着枪杆子，一再从笔杆子那里抢夺经费，导致学校经费持续拖欠。至1921年10月，政府共欠发一师经费两万余元，全校师生再次面临断炊。② 在校长易培基和湖南教育经费保管委员会的多方努力下，最终筹得伙食费1200余元。然而，一师有几百学生，学款一直拖着不发，又无其他经费来源，筹得的伙食费杯水车薪，到10月底，一师再次面临因断炊而停课的绝境。③

随着湖南教育经费保管委员会的成立，学校经费在一定程度上有所保障。但战事一起，或是为了军备需要，教育经费依然不时被军队强提，学校经费照旧被拖欠。湖南第一师范因教育经费全靠政府，在公立院校中"特形困难"，屡屡由学生自己垫付伙食费用，艰难维持。1926年5月，湖南第一师范再次经费毫无着落，校长王凝度无可奈何，宣布不再维持校务，学生陆续出校回家，在事实上处于停滞状态。④

在民国十余年间的艰难求存中，湖南第一师范虽然外部政治环境欠佳、教育经费奇缺，却汇聚了一批学贯中西、具有坚定教育信念和家国情怀的教师。尤其是五四运动以后，一师打破湖南地域限制和资历限制，本着教师专任和人才主义的宗旨，聘请了一批学问深厚、思想进步的教师，推行教育改革，力行新教育，使得湖南第一师范成为湖南新文化的中心、全国新教育的重要据点。

---

① 张洪萍：《民初教育的民间参与：湖南省教育会在湖南教育决策中的作用》，《大学教育科学》2019年第4期，第86～90页。
② 《第一师范请款情形》，《大公报》1921年10月8日第7版。
③ 《第一师范将因断炊罢课》，《大公报》1921年10月25日第6版。
④ 《第一师范已实行停办》，《大公报》1926年5月12日第6版。

二 五四运动以后的新教育

五四运动至驱张运动期间,湖南尚处于张敬尧的高压统治下,虽新潮鼓荡却障碍重重,湖南第一师范也更多的是因循而少创新。驱张成功之后,新文化和新思潮如决堤洪水汹涌入湘,教育界和学生界思想得到大解放,改革旧教育、实施新教育成为时代呼声。湖南第一师范正是在这种时代大潮中走上教育改造之路的。

经受五四思想启蒙的青年教师,在新文化运动和各种思潮影响下,受欧美新教育的启发,对湖南第一师范的旧教育进行了全面而彻底的改造,并进行新教育的探索与实践。湖南第一师范的新教育主要表现在以下几个方面。

其一,聘请新教师。五四运动以前,湖南第一师范有一批学识渊博、思想民主的教师,但绝大多数教师来自省内(省内学校毕业或省内学校任职),又因师友关系、路界之争,学术"近亲繁殖",以及湘省的高压统治,教师思想整体较为守成。五四运动以后,易培基任命五四闯将匡互生及熊梦飞主持校务,打破地域限制和资格、派别之争,从新思潮激荡的北京、江浙等地聘请大批青年教师。这些青年教师,或毕业于北京高师、武昌高师等国内高等师范院校,或留学于香港、国外各大学。他们多参加过五四运动,或经历过新思想的洗礼,有着强烈的改造中国、复兴民族的理想,主张打破旧世界、建立新秩序,在行动上更是锐意进取、勇于开拓,成为学生为人、为事、为学、为师之示范。

其二,推行新学制。五四运动以前,湖南第一师范实行学年编制,管理十分严格。这种严苛、划一的学校制度,难以满足不同学生的兴趣爱好和个性需要。毛泽东当时就因为不喜自然科学而独爱人文社科,却不得不接受统一的考核而颇觉思想苦闷,甚至萌生退学之志。消极制裁的严苛管理制度和师严道尊的传统师道观,对于崇尚自由和个性解放的学生，无异于精神桎梏。五四运动以后，湖南第一师范改学年制为学科制和选科制，关注学生的天性和差异，实行自由选科，极大地激发了学生的学习兴趣和热情。而崇尚自由、主张平等的新教师，进行训育改革，实行导师制，更是以春风化雨式的积极引导代替传统的消极制裁，重塑了师生关系，使得学生愿意亲师信道、敬承教泽。

其三，实施新课程。五四运动以前，湖南第一师范的课程设置主要根据部章规定进行。当然，课表课程虽受部章限制，但实际的教学内容可以由校长和教师自行把握。因而，提倡知耻和铁血教育的孔昭绶治校时期，湖南第一师范的体育课程就十分重视尚武精神和军事教育，并通过各种课外活动、学生志愿军进行军国民教育。而杨昌济、徐特立等思想开明的老师，在教学中更是注重培养学生的家国情怀和民主自由精神。当然，因为思想守成的教师较多，五四运动以前，湖南第一师范的课程内容有保守的一面。五四运动以后，湖南第一师范一方面按照部章规定设置课程，另一方面也开设较多体现时代潮流、适应社会需要、培养未来公民的新课程，如国语、公民学等。即便有的课程名称未变，如国文课程，但课程内容较之五四运动以前，完全不可同日而语，以思想启蒙、解放学生个性为主。

其四，采用新教法。五四运动以前，湖南第一师范以班级为单位，集体授课。主要采用讲授法，教师讲，学生听和记，学生主体性和自主性难以发挥，课堂氛围较为沉闷。五四运动以后，在思想解放大势和欧美新教育运动的影响下，湖南第一师范打破班级集体授课制，实行道尔顿制，将课程学业分为不同阶段和层次，根据学生智力高低和学习程度自由认领作业，自觉学习，自主研究，主动向教师请益。道尔顿制之外，各科教师打破以往较为单一的讲授法，开始注重学生主体，采用问答式和启发式教学法，引导学生在课堂上进行讨论,甚至可以向教师质疑问难。自然科学的老师还带领学生进行户外教学,到岳麓山甚至庐山去采集标本。这些新教法,极大地激发了学生的学习热情,锻炼了学生的主体性和自动性。

其五,养成新国民。所谓国民,即具备一国国籍的人,也称为公民。清末新政以来,我国教育改革逐渐由人才教育转向国民教育,培养国民开始成为新的教育目标,"国民""公民"成为热词。民国初建,共和民主并未随着民国建立而自然实现,知识精英开始反思国民性问题,并形成一股改造国民性的思潮,也被称为"新国民"思潮,希望通过教育养成具有自主精神、具备自治能力、能参与国家和社会事务、具有公共精神和意志的真正的共和国公民。五四运动以来,知识分子成为"新国民"即共和国公民的意识越来越明确。因而,五四运动以后的湖南第一师范,已经具备公民意识的青年教师,通过学生自治,引导学生进行各种实践锻炼,养成公民意识和能力,以备将来走向社会后,能自如地参加共和国的社会生活和国家事务,履行公民义务。

其六,致力新追求。清末新政以来,女子公共教育逐渐兴起。不过,此时期的女子教育,采取性别隔离政策,单独设校,其培养目标为贤妻良母,将女子限制于家庭范围之内,女子尚未取得真正的独立地位。五四运动以来,在思想解放大潮中,女子解放由争取婚姻自由,到谋求男女平权,包括在职业、教育、财产继承权、政治参与权等众多方面争取全面的平等权利;争论主体也由男子代为发声逐渐转向女性主动要求。男女教育平权是女性解放的重要构成内容,其具体表现为男女"同学"。易培基担任校长后,湖南第一师范就致力于追求男女教育平权。在男女"同学"的争议声中,充分筹备,最终招收女旁听生,成为湖南省继岳云学校之后第二个实现男女"同学"的中等学校,也是湖南省第一个实现男女"同学"

的公立中校。在追求男女教育平权的荆棘路上,湖南第一师范算是开路先锋。

在校长大力支持、教师积极开拓、学生努力配合下,五四运动以后湖南第一师范的新教育实践很快就卓有成效。上海《民国日报》的记者认为湖南第一师范"为湖南新教育的中心,足备全国教育界之研究"①。1922年10月,章士钊到湖南第一师范演讲,认为虽然社会上对于一师的新教育,赞成者有之,反对者亦有之,"然在湖南谈到新的学校,总要首推贵校"②。五四运动以后湖南第一师范的新教育,成为湖南教育改革的一面旗帜、全国新教育的重镇。

---

① 《半年来的湖南第一师范》,《民国日报》1921年2月24日第7版。
② 李永春:《湖南新文化运动史料(1)》,湖南人民出版社,2011,第378页。

第一章

思想启蒙：湖南第一师范教育改革的动力探源

1920年8月，易培基担任一师校长后，以匡互生为教务主任、熊梦飞为训育主任，开始了大刀阔斧的教育改革。湖南第一师范在20世纪20年代的这次教育改革，力度大、影响广，五四运动前后的新文化运动、新教育思潮，以及长沙名人演讲，是其改造旧教育、实施新教育的强大思想动力。

第一节 新文化运动及其在湖南的传播

1919年爆发的五四运动，不仅是一场爱国学生运动，更是一场文化革新运动和思想启蒙运动。五四运动以后，国人尤其是青年学生的思想发生了翻天覆地的变化，教育界也不断革新教育内容、探索新的教育方法、实施新的管理机制，并因新教育的实施而实现对青年学生的思想启蒙，由此带来20世纪20年代的一场思想地震，促进了各级各类教育的革新，培养了大批革命志士和教育精英。

一 五四运动前的救国探索和早期新思想的宣扬

鸦片战争以来，亡国灭种的民族危机和水深火热的人民生活，是知识分子致力于探讨改造社会和救国路径的原动力。在早期革命志士的努力下，辛亥革命的轰隆炮声推翻了清政府，建立了中华民国。民国初建，国人对于民主、共和抱以无限期待，然而通过暴力革命所建立的民国政府，存在伪领袖、党祸以及横征暴敛等乱象和险象。民主共和的遥不可及，让知识分子和社会精英对暴力革命失去信心，开始重新探索救国路径。

民初的中国，期待着新的社会力量寻找先进理论，开创救国救民的新道路。在探索救国路途中，新思潮不断涌现，新刊物不断出版。在人才荟萃、思潮涌动的北京，蔡元培先生担任北大校长后，思想上兼容并包，管理上教授治校，提倡学术自由，并吸纳一批知识精英：其中既有无政府主义者，以李石曾为代表；有提倡新文化的民主主义者，如胡适、高一涵等人；有思想守旧的国故派人物，如辜鸿铭、黄侃等先生；也有早期提倡民主主义后来逐渐转向马克思主义的陈独秀、李大钊。北大之外，还有社会主义[①]的提倡者，如江亢虎等人。当时，"革新之说，不止一端。自思想、文学，以至政治、宗教、艺术，皆有一改旧观之概"。[②]

以北京大学为中心的这些先生，不仅在北大向青年学生宣讲自己的思想主张，还创办大量报纸杂志进行思想启蒙。无政府主义者在国外出版《旅欧周刊》，介绍巴枯宁、克鲁泡特金等人的思想，国内也有一批信奉无政府主义的青年创办《自由录》《进化》等报刊。民主主义者章士钊早年在日本创办《甲寅杂志》，以"条陈时弊，朴实说理"为宗旨，以引证西方政治法律学说阐释国内政治问

---

① 据《共产党通史》（第三卷）（上）p.27~28 记载，当时的社会主义学说十分庞杂，既有马克思主义的科学社会主义，还有各种被称为"社会主义"的资产阶级和小资产阶级的思想流派，如基尔特社会主义。江亢虎所提倡的社会主义就属于资产阶级的思想，而非科学社会主义。
② 中共一大会址纪念馆：《中共一大代表早期文稿选编（上）（1917.11~1923.7）》，上海人民出版社，2011，第791页。

题著称,① 杨昌济、李大钊、陈独秀等人都曾向《甲寅杂志》投稿。随后陈独秀创办《青年杂志》(后改为《新青年》),提倡新文化,并逐渐成为新文化运动的旗帜。② 李大钊 1916 年在《新青年》上发表《青春》一文,称:"以青春之我,创造青春之家庭,青春之国家,青春之民族,青春之人类,青春之地球,青春之宇宙,资以乐其无涯之生。"激起热血青年强烈的爱国热情,成为他们为国奋斗的思想动力。1918 年李大钊在《新青年》第 5 卷第 5 号上发表《庶民的胜利》和《布尔什维克主义的胜利》,他热情洋溢地指出第一次世界大战的胜利是"二十世纪新潮流的胜利",是"庶民的胜利",是劳工阶级的胜利。他振臂高呼:"试看将来的环球,必是赤旗的世界!"③

无政府主义、民主主义提倡者尤其是李大钊等人所宣扬的新文化、新思潮,对当时正处于深忧家国前路、探索救国路径却处于迷茫状态的热血青年而言,无异于迷雾中的灯塔。青年学生如饥似渴地阅读、讨论,组织各种社团进行研究并力图实践。于是,北京各大学的学生社团如雨后春笋般冒了出来,如代表无政府主义思潮和工读主义的实社、工学会等,代表新文化的新潮社、国民社、少年中国学会等,在青年学生中也有广泛的号召力。因而,在五四运动前,青年学生思想纷呈,虽然尚未走上马克思主义道路,但他们在各自信仰的思想道路上积极探索,实已开启思想启蒙之旅。

匡互生后来回忆并反思五四运动,认为当时的青年学生,大多数是清末民初的中小学生,辛亥革命志士的侠烈行为和伟大事迹,

---

① 陈友良:《从〈甲寅杂志〉看五四知识群体的衍化》,《三明学院学报》2014 年第 5 期,第 75～80 页。
② 吕芳文:《五四运动在湖南》,岳麓书社,1997,第 73 页。
③ 刘晓艳:《〈新青年〉:点燃马克思主义的星星之火》,《光明日报》2021 年 7 月 7 日第 7 版。

给这些中小学生留下了深刻印象，甚至有部分学生直接参与过辛亥革命或受过辛亥革命志士的直接教育。① 他们的内心深处，潜藏着对英雄志士的向往和富国强兵的渴求。面对民初政治的腐败、民主共和的无望以及弱国外交的屈辱，这些初步具备启蒙思想的热血青年，无时无刻不想着为民族而自强，为国家而奋斗。

第一次世界大战结束后，在巴黎和会上，作为战胜国的中国代表团提出取消"二十一条"以及收回德国在山东的权利。但会上非但没有同意中国的正当要求，反将德国战前在山东的特权转让给日本，严重损害了中国的利益。中国代表团在巴黎和会上所遭受的不平等待遇、西方列强对中国权益的漠视，以及北洋军阀政府竟然准备屈服的现实，使得已经初步解放思想的青年学生对于强权之下无公理有了深刻认知和实际体验，五四运动在北京爆发。

二 五四新文化运动与思想启蒙

1919年5月4日，为了维护中国正当权益和国际地位，北京中等及以上学校的3000多名学生进行反帝大游行，火烧赵家楼，要求"外抗强权，内惩国贼"，由此拉开反帝反封建的五四运动和新民主主义革命的序幕。

五四运动爆发后，不仅北京的学生行动起来，天津、山东及全国各地的学生都积极响应，声援北京学生。北京学生罢课的消息传到上海后，上海工人率先举行罢工，支援学生的爱国行动。5月7日，上海学生、工人、市民两万余人在南市公共体育场举行国民大会，强烈要求废除密约、外争国权、内除国贼，并爆发大规模的抵制日货行动。

6月3～4日，北京军阀逮捕爱国学生800多人，激起全国学

---

① 李少全：《匡互生集》，光明日报出版社，2019，第75页。

生和工人的愤慨。6月5日起，上海全市商界罢市、工人罢工、学生罢学。从5日开始的上海工、商、学各界联合大罢工，持续了一周时间，并扩大到南京、杭州、天津、济南、武汉等地。在全国罢工、罢学和罢市的强大压力下，北洋军阀政府释放被捕学生，罢免曹汝霖、章宗祥、陆宗舆三人职务。五四反帝爱国运动最终取得胜利。

五四运动不仅是一场声势浩大的反帝爱国运动，还是一场影响深远的新文化运动和思想解放运动。五四运动前关于民主与科学的宣传、对旧制度旧文化的批判、对新秩序新文化的提倡，使得一批青年学生在思想上得以觉醒。五四运动爆发后，这些觉醒的青年学生及具有早期共产主义思想的知识分子，为了发动学生和工人，组织学生联合会，商讨行动计划和对策，到全国各大城市宣传五四运动，并开展深度讨论，撰写文章、印发传单、到处演讲，学生的思想得到进一步的启蒙和解放。

辛亥革命虽然推翻了清政府，但国人封建思想依然严重，甚至还有农民等待皇帝重新登上宝座。即便是知识分子，也有不少人对封建主义认识不清。陈独秀、胡适等人撰文对旧文化进行深刻批判，尤其是鲁迅先生撰写《狂人日记》等系列文章，对封建思想进行了猛烈抨击。李大钊在五四运动前就发表《大亚细亚主义与新亚细亚主义》，指出日本所提出的亚细亚主义实则是吞并弱小民族的帝国主义；在《庶民的胜利中》揭露帝国主义所提倡的所谓"主义"，实则"就是仗着自己的强力蹂躏他人欺压他人的主义"，鲜明提出反对帝国主义的口号。

总体而言，五四运动以前，提倡新文化的先驱使得部分青年学生得以觉醒，但对大部分青年的影响并不明显。参与五四运动的青年学生后来反思，当时他们只是凭着热血青年的激情和本能，秉持着对国家和社会的责任与义务，积极参与到反帝爱国运动中，但对于五四运动本身的反帝反封建的性质并没有清醒的认识。①

五四运动以后,李大钊撰写《秘密外交与强盗世界》《再论新亚细亚主义》等系列文章,揭露日本和西方列强侵略他国的真实嘴脸,主张民族自决。②并在《新青年》上发表《由经济上解释中国近代思想变动的原因》,指出随着封建经济的解体,孔子所提倡的圣贤之治、纲常名教,自然是要推翻的,劳工神圣是新的经济形态的正常体现。③五四新文化运动的进一步发展,沉重打击了封建主义残余和复古主义思想。

清末民初,中国人在探索救国救亡道路时,西方是唯一路径。毛泽东曾指出:"那时,求进步的中国人,只要是西方的新道理,什么书也看。……这些是西方资产阶级民主主义的文化,即所谓新学,包括那时的社会学说和自然科学,和中国封建主义的文化即所谓旧学是对立的。"④经过五四运动前的早期思想启蒙,尤其是经历五四运动以后学界、教育界的大讨论、大宣传后,国人的救国探索逐渐跳出以前单一的西方路径。

五四运动以后,虽然思想界还流行着无政府主义、实验主义、旧民主主义等多种思想派别,但正如李大钊所号召的"冲决历史之桎梏,荡涤历史之积秽",一批较早接受马克思主义思想的知识分子,开始将视野投向俄国及其十月革命,马克思主义思想逐渐在中国得到介绍和传播。

在宣传马克思主义思想的过程中,李大钊是最早的导师和最有力的提倡者。早在日本留学期间,日本就有学者介绍马克思的

---

① 中国科学院历史研究所第三所:《五四运动回忆录》,中华书局,1959,第86页。
② 赵希鼎:《五四运动时期的思想解放》,《史学月刊》1959年第5期,第1~4页。
③ 赵希鼎:《五四运动时期的思想解放》,《史学月刊》1959年第5期,第1~4页。
④ 毛泽东:《毛泽东选集(第4卷)》,人民出版社,1991,第1469~1471页。

学说，李大钊通过日本学者的翻译，开始接触马克思的《资本论》等著作。俄国十月革命爆发后，李大钊通过俄国外交人员，进一步阅读了《共产主义 ABC》等马克思主义论著，对俄国十月革命有了更多的了解，并在为《甲寅杂志》撰稿时，开始介绍俄国十月革命。[①] 1917 年俄国十月革命胜利后，李大钊在宣传十月革命过程中思想认识迅速提高，从一个爱国的民主主义者转变为一个马克思主义者，进而成为我国最早的马克思主义传播者。他在北京大学组织马克思主义研究会，和青年学生一起研究、宣传马克思主义思想，将马克思主义思想的种子撒播在青年学生的心中。

经过五四反帝爱国运动的历练和新文化、新思想的启蒙，青年学生的思想得到大解放。五四运动以后，"问题与主义的讨论，已有了分裂的苗头，搞社会革命的组织了马克思主义小组，深入工人运动，这样，两年后，中国共产党正式成立"。[②]

三 湖南的新文化运动及其思想解放

（一）五四新文化运动在湖南

1. 健学会的成立及其对新思潮的研究与宣传

戊戌变法前后，谭嗣同在长沙创办南学会，并会聚梁启超、麦孟华等名流，设立时务学堂，发行《湘报》《时务报》，"一时风起云涌，颇有登高一呼之慨"，[③] 湖南一跃而成为全国变法维新思想的高地。

---

① 中国科学院历史研究所第三所：《五四运动回忆录》，中华书局，1959，第 212～213 页。
② 中国科学院历史研究所第三所：《五四运动回忆录》，中华书局，1959，第 76 页。
③ 中共一大会址纪念馆：《中共一大代表早期文稿选编（上）（1917.11～1923.7）》，上海人民出版社，2011，第 790 页。

民国成立以来，湖南虽然讲求新学 20 余年，但宋学和汉学等旧学余绪尚在，新学风气、新的思想尚不发达。尤其是袁世凯称帝前后，湖南人杨度、李燮和、胡瑛等人在京师成立筹安会；汤芗铭治下的湖南，在杨度的部署下，以旧学界鼎鼎大名的叶德辉为分会会长，最早成立省级筹安会分会，撰文劝袁世凯称帝；而思想较为民主的陈润霖、孔昭绶等人则被迫远走他乡。可以说，民初汤芗铭治下的湖南思想界，新风尚和新思想极为零落。

随着袁世凯称帝闹剧的落幕，蔡元培执掌北京大学，聘请陈独秀、胡适等人任教。北大以《新青年》为中心，大力传播新文学、新文化和新思想；江亢虎宣扬社会主义，吴稚晖等人宣传无政府主义，陶行知等人推广杜威的实验主义和实用主义，国内思想界一时异彩纷呈，对全国学界和教育界影响极大。

其时，湖南省内，汤芗铭祸湘、张敬尧残暴，政治纷乱，省内既没有大学，也缺少性质纯粹的学会提倡新学。[①] 处此混乱不堪的政治和社会环境，湘省难以放置安静的书桌，潜心学问的学者较少。加上湘省教育界人士多出自本省学堂，留学西洋者不多，以致学术视野受限，对于新思潮既少提倡，敏感度也不高。

不过，由于张敬尧的迫害，原省教育会会长陈润霖及一批知识分子出走北京、上海、江浙等地，对于《新青年》等报刊所提倡的新文化、新思想及国内思想界的变化还是有所感知的。故驱张以后，陈润霖、徐特立、朱剑凡、李云杭、方克刚等湘省教育精英共同提倡，发起成立健学会。

在健学会成立会上，陈润霖总结了北京大学在蔡元培担任校长

---

① 湖南省教育会是民国时期省内影响最大的学会。但袁世凯复辟期间，教育会会长符定一参加筹安会；张敬尧时，插手省教育会的换届选举，原教育会会长陈润霖及骨干成员被逼离湘，选举被教育界认为"非法"，曾投诉于全国教育会联合会。故认为此时期缺少性质纯粹的学会。

前后的变化,认为是蔡元培为北大注入了哲学思想,改变了学生的人生观念和价值观念,使得北京大学的思想为之一新。受北大及国内新思潮的影响,湘省教育界人士一致主张健学会以输入、研究、传播世界新思潮为宗旨。

健学会成立后,致力于哲学、教育学、心理学、社会学、美学、政治学等众多学术研究。并派人前往北京、上海等地购买报刊、书籍,举办演讲会,由会员轮流演讲,宣传白话文、杜威教育学说;还开设英语补习班,便于会员掌握英语,直接研究西方学术。

健学会会员主要为湘省教师,思想老成持重、顾虑极多,不像五四运动以后的青年学生那么热血冲动、不顾后果,因而对于新文化、新思潮的研究和传播,就极为稳健。健学会成立后,"虽成绩不甚丰,然湖南教育界自是有革新之机"。①

2. 新民学会的成立及其对湖南新文化运动的推动

较之湘省教师对新文化和新思想反应的被动和行动的稳健,青年学生则显得更为积极主动和激进。面对国家衰弱、湘省混乱的社会现实,青年学生热血澎湃,他们有着强烈的改造社会、救亡图存的愿望,因而更能以开放的心态积极拥抱新文化和各种新思潮。

新民学会是湖南学生界对北京及全国新文化、新思潮较早有反响并积极行动的学生团体,且在五四运动以后对于各种新思潮、救国新路径的探讨最为积极和热烈。

新民学会发起于1917年冬,正式成立于1918年4月,1921年3月停止活动。参加新民学会成立会的有蔡和森、萧子昇、萧子暲、陈赞周(即陈绍休)、罗章农、毛泽东、邹鼎丞(即邹彝鼎)、

---

① 吕芳文:《五四运动在湖南》,岳麓书社,1997,第212页。

张芝圃、周晓三、陈启民、叶兆祯、罗云熙十二人，[①] 其中绝大部分是湖南第一师范的在校学生或毕业学生。新民学会前后共有会员78人，男会员58人，来自一师的男会员有47人。[②]

湖南第一师范何以能培育出一批走在时代前列、心怀积极向上志愿、力图改造中国与世界的青年学生？这和当时一师校长孔昭绶、易培基以及杨昌济、徐特立、舒新城、匡互生等一批先生有关。

一师校长孔昭绶，分别于1913年4月至1914年1月和1916年9月至1918年9月两度担任一师校长。孔昭绶在1913年担任一师校长后，就在一师大力提倡尚武精神和军国民教育，反对袁世凯专制。

1916年9月，孔昭绶再任一师校长后，"感于国事益非，慨然有振起学务之志愿"，"以知耻训诸生，端其趋向"。[③] 在1917年的"五七国耻"纪念日上，孔昭绶面向全校学生进行国耻纪念演说，激励一师学子"努力前途，毋忘国耻！毋忘国耻！"[④]

孔昭绶一面以知耻精神、铁血主义训诸生，另一面又继承传统"保民""仁政"的民本主义，并大力提倡西方"平等""自由""民权"等民主主义思想，注重养成学生的民主意识和自治能力。1917年，一师将原由教师管理的学友会（前身为孔昭绶在1913年所创之技能会）改由教师指导、学生管理，"一则练习办事，一则养成自动"，培养"合群研究"。[⑤]

---

① 中国革命博物馆、湖南省博物馆：《新民学会资料》，人民出版社，1980，第3页。
② 曾长秋：《新民学会中的湖南第一师范学人与湖南建党实践》，《嘉兴学院学报》2021年第4期，第36~42页。
③ 湖南省立第一师范学校：《湖南省立第一师范学校志·纪第二（1918）》，内部资料，1918，第2页。
④ 湖南省立第一师范学校：《湖南省立第一师范学校志·书第四（1918）》，内部资料，1918，第29页。
⑤ 湖南省立第一师范学校：《湖南省立第一师范学校志·书第四（1918）》，内部资料，1918，第43页。

其时，青年学生本就热血沸腾、激情飞扬，面对国衰民弱、外侮日亟的社会现实，以及部分学生暮气沉沉、无所追求的颓废气象，所想的是"如何使个人及全人类的生活向上"，①"欲灌输常识于社会，以尽师范天职"，故对于能历练办事能力及养成主动精神的学友会，皆积极参与，在学友会各项事务上投入较多时间和精力。

本就关注"个人及全人类生活向上"、对社会活动极感兴趣的毛泽东，对学友会的改革自是大力拥护并费心筹划。在担任学友会总务兼教育研究部部长后，毛泽东认为："师范本以教育为天职。我国现状，社会之中坚实为大多数失学之国民，此辈阻碍政令之推行、自治之组织、风俗之改良、教育之普及，其力甚大。"② 于是和一帮志同道合的学友会会员决定重办工人识字班，服务一师及周边工厂的工友，并撰写《夜学招学广告》，担任夜学教师，实施平民教育。

五四运动以后，易培基执掌湖南第一师范。易培基从1915年就在一师担任国文教师，在后来的驱张运动中成为绅、商、学、教等各界领袖，驱张以后担任省公署秘书长兼教育行政委员会委员长，在湖南有着极高的社会威望和号召力。

易培基担任校长期间，正是湖南和湖南第一师范经历五四运动和驱张运动之后，整个湖南的思想为之一新。在新文化和新思潮的影响下，治旧学的校长易培基，思想上极为开明，其治校方略以启蒙求新为主。湖南第一师范整体趋新求变的校风，对于学生在学术上的自由探讨、思想上的自主选择、社会活动的积极参与，提供了良好的氛围和环境。

---

① 中国革命博物馆、湖南省博物馆：《新民学会资料》，人民出版社，1980，第2页。
② 中共中央文献研究室、中共湖南省委《毛泽东早期文稿》编辑组：《毛泽东早期文稿（1912.6～1920.11）》，湖南出版社，1990，第83页。

校长之外，一师的一批先生对于学生学业上的指导、思想上的启蒙，对于青年学生的成长具有不可替代的作用。如徐特立很早就因为中国贫弱和民众蒙昧，决心投身教育，以觉醒国民、驱逐列强、改造社会，其断指血书对于青年学生具有强大的冲击效果。匡互生在五四运动中火烧赵家楼，是有名的五四闯将，提倡独立人格，鼓励学生自治。舒新城专注于学术研究和教书育人，其学术钻研精神和教育信仰对于青年学生影响极大。

在一师的众多先生中，对学生影响最大的是杨昌济。杨昌济，字华生，又名怀中，留学日本后又赴英国留学，是学贯中西的双料留学生。他青少年时代即深入研究程朱理学、阳明心学与湖湘文化，十年外国学习，精研西方哲学。故杨昌济在教学时中西兼采，既注重养成学生的中国文化自信，也积极介绍西方文化。他非常重视哲学，给学生讲"青年的前途"，讲"人们应有人生观、世界观或宇宙观"，鼓励学生要有远大理想和崇高抱负。杨昌济有着宏阔的学术视野，秉承民主自由思想，应该是湖南最早对青年学生介绍传播《新青年》及其思想的老师。

据李凤池回忆，杨昌济在湖南商专兼课时，就向学生介绍《新青年》的内容，让学生传阅《新青年》。[①] 毛泽东的亲密战友萧三也回忆，是在杨昌济的介绍下，毛泽东首先注意到《新青年》，并且热烈地和同学们谈论《新青年》上所提出的许多问题。[②] 萧三认为："杨昌济先生对毛泽东同志和许多同学，影响很大。"[③] 新民学会在《会务报告》中更是直言："诸人大都系杨怀中先生的学生。与闻杨怀中先生的绪论，做成一种奋斗的和向上的人生观，新民学

---

① 吕芳文：《五四运动在湖南》，岳麓书社，1997，第229页。
② 吕芳文：《五四运动在湖南》，岳麓书社，1997，第328页。
③ 萧三：《毛泽东的青少年时代》，湖南大学出版社，1988，第36页。

会乃从此产生了。"①

正是在一师校长和一批信仰教育救国先生的精心教导下，湖南第一师范造就出一批积极向上、勇于探索、乐于奋斗的新青年。

早在1915年、1916年前后，湘省部分青年学生就致力于学问进步和个人品性改造，开始关注"个人生活向上"的问题。以湖南第一师范为中心的一帮志同道合的青年学生，历经两年、多达百余次的讨论后，一致认为应该"集合同志，创造新环境，为共同的活动"。②故新民学会最初的宗旨是"革新学术，砥砺品行，改良人心风俗"。③

随着新民学会会员陆续赴法留学及前往北京，在新文化和新思潮的影响熏陶下，眼界渐开，思想日新，其关注焦点不再局限于个人进步，而开始谋求"改造中国与世界"。

五四运动爆发后，新民学会立刻行动起来。长沙的会员积极活动，联系各校学生，成立湖南学生联合会（以下简称"湖南学联"），并出版会刊《湘江评论》。在湖南学联的领导下，湖南学生界抵制日货，组织讲演团，表演新戏，进行各种反帝反封建的爱国运动。

张敬尧督湘以后，一直荼毒湖南人民，摧残教育，湘省各界民怨四起。但在枪杆子的威胁下，皆敢怒而不敢言。随着五四运动精神在湖南的传播，学生界、教育界、工商界的思想亦随之解放，驱张运动处于爆发前夜。

由于张敬尧先是封锁北京五四运动的消息，随后又对学生反帝爱国运动进行镇压，悍然下令解散湖南学联，封停《湘江评论》，引起学生的强烈反对。1919年夏，新民学会、湖南学联就开始了

---

① 中国革命博物馆、湖南省博物馆：《新民学会资料》，人民出版社，1980，第2页。
② 中国革命博物馆、湖南省博物馆：《新民学会资料》，人民出版社，1980，第2页。
③ 中国革命博物馆、湖南省博物馆：《新民学会资料》，人民出版社，1980，第3页。

驱张运动的秘密串联。1919年12月2日,长沙各校学生在省教育会坪再次举行焚毁日货示威大会,和张敬尧的弟弟张敬汤发生激烈冲突。冲突中,士兵殴打学生,学联代表被捕。驱张运动一触即发,由之前的秘密串联转向公开运动。

经历五四新文化思想洗礼后的湖南各界联合起来,推举易培基为领导,在全省范围内,学生罢课、教师罢教、工人罢工、商人罢市。同时一面分派各界代表前往北京、上海、广州等地,公开揭露张敬尧祸湘虐民的罪行,请愿撤张,造成政治舆论,以政府势力驱张;另一方面决定利用吴佩孚与张敬尧之间的矛盾,利用军事力量驱张。

在湖南各界的努力下,1920年6月,张敬尧退出长沙,驱张运动取得胜利。驱张运动胜利后,之前被张敬尧逼走的湘省正绅(说明:此处的正绅和劣绅相对),及教育界人士如孔昭绶、朱剑凡、方维夏、彭国钧等人纷纷返省,致力于服务湘省教育。[①] 最重要的是教育界、学生界思想得到大解放,湖南"新文化运动遂一时极灿烂之观",[②] 趋新求变成为不可逆转的时代潮流。

(二)新文化、新思潮的传播及思想解放

五四运动前后,新文化运动的宣传和鼓吹在全国各地渐成燎原之势,但湖南在张敬尧的高压统治和思想封锁下,一切新思想、新事物都难以得到传播,思想界相对保守和落后。五四运动既是反帝爱国运动,也是新文化运动。湖南在五四运动和驱张运动中,为了发动学生、市民和广大民众,大力传播新文化与新思想,进行思想启蒙。

在湖南的五四运动中,湖南学联所办的《湘江评论》"提倡新文化最力"。[③]《湘江评论》由毛泽东担任主编,以"宣传最新思潮

---

① 《湘绅纷纷返省》,《大公报》1920年6月19日第6版。
② 吕芳文:《五四运动在湖南》,岳麓书社,1997,第212页。
③ 吕芳文:《五四运动在湖南》,岳麓书社,1997,第212页。

为主旨"。① 《湘江评论》申明"本报纯属学理的研究、社会的批评,丝毫不涉及实际政治",②这当然只是为了应付张敬尧治下的思想控制而做出的宣言。实际上,已经具有初步共产主义精神的毛泽东在任主编时,发表了众多政论文章,其中以《民众大联合》一文气势最为磅礴,影响最大,开篇即指出"国家坏到了极处,人类苦到了极处,社会黑暗到了极处"。之所以会如此,皆是强权、贵族、资本家压迫剥削所致,指出推行平民主义、实行民众的大联合才是补救和改造的根本之策。③ 政论之外,《湘江评论》还设有各种时事、新文艺、放言等栏目,提倡科学和民主,提倡劳动,重视劳工。

在五四新文化运动中,全国销售新文化书籍最多者,首推四川和湖南。④ 湖南在新文化书籍销售中能名列前茅,应该归功于文化书社。

驱张运动以后,湖南的新文化和新思潮得到报复般传播。其时,在健学会和新民学会的推动下,湘省教师和学生的思想逐渐得到解放。1920年8月,毛泽东、易培基、何叔衡、姜济寰等27人共同出资500余元,创办文化书社。在出资人中,除开姜济寰和左学谦二人,其余皆为湖南文化教育界人士。27人中,12人为新民学会会员,其余大部分为健学会会员。⑤

文化书社的目的是使得"湖南人个个像先生一样思想得了进

---

① 中共中央文献研究室、中共湖南省委《毛泽东早期文稿》编辑组:《毛泽东早期文稿(1912.6～1920.11)》,湖南出版社,1990,第308页。
② 中共中央文献研究室、中共湖南省委《毛泽东早期文稿》编辑组:《毛泽东早期文稿(1912.6～1920.11)》,湖南出版社,1990,第311页。
③ 中共中央文献研究室、中共湖南省委《毛泽东早期文稿》编辑组:《毛泽东早期文稿(1912.6～1920.11)》,湖南出版社,1990,第312～313页。
④ 吕芳文:《五四运动在湖南》,岳麓书社,1997,第212页。
⑤ 中共中央文献研究室、中共湖南省委《毛泽东早期文稿》编辑组:《毛泽东早期文稿(1912.6～1920.11)》,湖南出版社,1990,第480～481页。

步，因而产生出一种新文化……务使新书报普播湖南省"，其择书标准是"较有价值的新出版物（思想陈旧的都不要）"。①

故文化书社成立后，即大力搜集国内外关于新文化方面的书籍、杂志和报纸。很快，文化书社和省内外各出版社、报刊社、图书馆等六七十处机构达成业务往来。与省外的如北大出版部、北京晨报社、北京学术讲演会，上海的泰东图书馆、亚东图书馆，广东的新青年社，武昌的利群书社等往来最多，②并很快就汇集起一大批新出版物。其中书籍方面之重要者，既有《马克思资本论入门》《科学的社会主义》《社会主义史》《劳农政府与中国》等政治新书，也有《杜威五大演讲》《心理学》《社会与教育》《新文学》，以及《蔡元培伦理学》《杨怀中伦理学》等涉及根本问题的学术书籍等164种。重要之杂志则有《新青年》《新教育》《中华教育界》《少年中国》《新生活》等45种。报纸则有《时事新报》《晨报》等。③

在众多新书报刊中，销售最多的是《马克思资本论入门》《社会主义史》《劳农政府与中国》《新青年》《新教育》《新生活》等。④由文化书社的销售情况，可管窥当时湖南教育界、学生界对于新文化和新思想，犹如久旱逢甘霖，如饥似渴地学习吸收。

为了便于全省购买新书报刊、推广新文化与新思潮，文化书社不仅在长沙的一师、楚怡、修业等学校设售卖点，而且在平江、浏阳、衡阳、邵阳、宁乡、武冈、溆浦等地设置9个分社。文化书社不仅向读者售卖新书，而且常为读者代购外埠新书。

---

① 中共中央文献研究室、中共湖南省委《毛泽东早期文稿》编辑组：《毛泽东早期文稿（1912.6～1920.11）》，湖南出版社，1990，第488页。
② 吕芳文：《五四运动在湖南》，岳麓书社，1997，第199～200页。
③ 中共中央文献研究室、中共湖南省委《毛泽东早期文稿》编辑组：《毛泽东早期文稿（1912.6～1920.11）》，湖南出版社，1990，第486～487页。
④ 吕芳文：《五四运动在湖南》，岳麓书社，1997，第200页。

在新文化运动的影响下,湖南的思想、文化、教育等皆发生了极大变化。宫廷璋后来总结湖南的新文化运动,认为:在政治上,主要表现为"湘人治湘"、联省自治,以及湘省省宪通过及后来的修宪活动。文学方面,健学会以杨树达提倡新文学最力,《湘江评论》以白话行文,学校中则以长郡中学首倡文学革命。思想方面,一是妇女思想的解放,由赵五贞自杀引发的大讨论,由妇女婚姻自由到妇女平权乃至参政,湘省女界由被他人讨论的客体逐渐演变为自由演说的主体,并进而成为参政主体;二是政治思想的传播,其时湖南政治思想极为纷杂,影响较大的有激烈的无政府主义、温和的新社会主义和相对和缓的共产主义,各派思想在湘省论争、发展,最终以共产主义发展最盛。教育方面,表现为教育界争取教育经费独立运动、义务教育促进运动以及平民教育运动,以及教育界和学界对于新思想、新学说的提倡等。[①]

因而,五四新文化运动及其在湖南的传播,解放了湖南教育界和学生界的思想,为湖南第一师范的教育改革奠定了良好的社会基础和思想基础。

第二节 欧美新教育思潮的引介及实践

五四运动前后,随着欧美留学生陆续归国以及杜威、罗素等教育家访华,欧美新教育运动随之传入我国,其新学校、新教法等新教育理念对于我国教育界颇多启发,并多所借鉴,也成为湖南第一师范实施新教育的重要动力。

一 欧美新教育运动及其引介

19世纪末,一方面,随着自然科学的发展,其研究方法逐渐

---

① 吕芳文:《五四运动在湖南》,岳麓书社,1997,第212~226页。

被引入教育研究领域；另一方面，西方工业革命陆续完成，大机器生产对产业工人的要求提高，加上西方民主思想的进一步发展，有了改革传统教育的现实需求。教育界希望通过教育改革，培养掌握现代科学技术、善于合作交流、能自由表达思想并具有创新精神的人，由此掀起欧美的教育改革运动。这场教育改革，欧洲称之为新教育运动，美国称之为进步教育运动。

欧美的这场新教育运动，主要涉及新学校和新方法等几个方面。

为了践行其教育理想，欧美的新教育家都设立新学校进行实验，如英国雷迪在乡村创办的寄宿制学校、德国凯兴斯泰纳创办的劳动学校、蒙台梭利的幼儿之家，以及美国帕克主持的昆西实验学校和杜威的芝加哥实验学校等。

这些新学校，在内容上都注重和生活相联系，偏向新兴的实用学科，重视现代语言而不是繁难的古典语言，关注学生的兴趣以及注重在实践活动中学习，在管理上较为民主和自由。

在创办新学校的同时，针对传统班级授课制不能满足学生个性自由发展需求的弊端，美国的进步主义教育家在教学方法方面进行了改革，创立了以个别化自我教育为特征的道尔顿制、文卡特纳制，以及打破学科体系，根据学生的兴趣和需要进行学习单元的设计和组织管理学校的设计教学法等。

在新学校的创办和新方法的实验过程中，欧美新教育家成立了新教育联合会和进步主义教育协会，就新教育理念和新教育方法在国际社会进行宣传推广。正是在这种背景下，欧美的新教育思想在五四运动前后被引介到中国。

1919年，《新教育》杂志刚刚创刊，即有读者发问"何谓新教育"："贵刊所提倡之新教育，其宗旨果何如乎？将举一切旧时代之教育悉屏弃而不顾乎？抑乃选择其可适用于今日者而保存之乎？夫

思想启蒙：湖南第一师范教育改革的动力探源 | 第一章

今之所谓新教育者，亦多端矣。曰练习主义之教育，曰试验主义之教育，曰实用主义之教育，曰动劳主义之教育，曰人格主义之教育，曰新理想主义之教育，曰自学辅导主义之教育，曰杜威之教育，曰蒙台梭利之教育，曰欣斯凯泰奈之教育，曰爱伦凯之教育，纷纭逞说各有优异。如临百戏斗巧之场，如入万花争妍之圃，前瞻后盼，耳目眩瞀，诚令人昏迷颠倒，莫知所始从也。今贵刊所提倡之新教育，究以何者为标准乎？果能指导吾人以出于迷途乎？请明以教我。"①从这位读者的疑问中，可见五四运动前后传入中国的新教育思想，将欧美当时已经出现的新理念、新学校和新方法几乎一网打尽。

欧美新教育思想被引入中国，主要通过三种途径：一是欧美留学生的介绍；二是新教育运动的代表来华推广；三是各种书报杂志的宣传。

（一）欧美留学生对新教育的宣传介绍

自美国提出庚款兴学并创办清华留美预备学堂后，欧洲国家迅速跟进，以庚子赔款作为中国青年学生的留学支持。近代中国留学逐渐由日本转向欧美，尤其是作为最早提议国的美国，吸纳了大批庚款留学生。

中国留学生在庚款支持下赴美留学，在专业选择上各有取向。经历辛亥革命后，中国并没有建立起知识分子所期待的民主国家，相当部分的知识分子将救国希望转向教育，期待通过教育启蒙，觉醒广大国民，提高国民素养，建立一个真正民主、共和的国家。如陶行知在给罗素的信中提到他的终身志愿："余今生之唯一目的在于经由教育而非由军事革命创造一民主国家。鉴于我中华民国突然诞生所带来之种种严重缺陷，余乃深信，如无真正之公众教育，真

---

① 姜琦：《何谓新教育》，《新教育》1919年第4期，第19~21页。

思想启蒙与社会改造 | 湖南第一师范的新教育研究（1919－1927）

正之民国即不能存在。余矢志以教育管理为终身事业。……我毕生献身于教育行政的想法更为具体化了。遍览所有的大学，再次确认还是哥伦比亚大学师范学院对我最合适"。①

和陶行知一样，主张教育救国的知识分子，在学校选择方面，多以当时全球一流的哥伦比亚大学师范学院为其理想，杜威、孟禄其时正任教其中。杜威为美国哲学大家，提倡实用主义哲学，并在1896年创办芝加哥实验学校，希望培养民主社会所需的能科学思维和行动的优秀公民，这实则是美国的新教育运动。杜威后来到哥伦比亚大学师范学院任教，自是大力提倡其进步主义和实用主义教育思想。

有学者研究，近代以来（1854~1953年），有1834名中国留学生在哥伦比亚大学获得学位，在全美名校中排名第一。1914年郭秉文成为哥伦比亚大学师范学院的第一位博士生，其后30余年间获得博士学位的中国留学生有49人，包括教育学博士40人，心理学博士6人，体育学博士3人。至于硕士学位获得者，就更多了。这些毕业生中，包括近代著名教育学者陶行知、陈鹤琴、朱经农、郑晓沧、陈东原等以及著名学者胡适、马寅初、张伯苓、任鸿隽、罗家伦、冯友兰、金岳霖等。②

这批哥大师范学院的学生，受师范学院教师尤其是杜威思想影响极大。回国之后，他们很快就掌握教育领域的话语权，开始大力宣传美国的教育经验及杜威等人的教育思想。如回国后暴得大名的胡适，不仅在五四运动前后提倡白话文和新文学最力，对于杜威及其学说，也大力宣传，留存有《杜威的教育哲学》《杜威之道德教育》等文章。杜威访华期间，胡适作为翻译，多次陪同杜威到南京

---

① 方明：《陶行知全集（6）》，四川教育出版社，2020，第456页。
② 丁钢：《20世纪上半叶哥伦比亚大学师范学院的中国留学生——一份博士名单的见证》，《高等教育研究》2013年第5期，第83~88页。

及全国其他地方讲演。

应该说，对美国教育及杜威教育思想推广最力者当属陶行知。在哥伦比亚大学师范学院学习期间，陶行知学习了杜威的《学校与社会》、孟禄的《教育史》、克伯屈的《教育哲学》《基础方法》及其他课程。杜威的实用主义哲学思想及进步主义的教育主张，对陶行知影响极大。

陶行知在去美国留学前，就对中国教育不良感触很深。他曾写过一篇《呜呼某校》的文章，对民初教育现状极为担忧："一学期而读十八面书，已属不成事体。考时复取其半，以为范围；范围之外，复有指点。指点不足，继以夹带；夹带不足，继以枪替、剽窃。学生以此欺教员，教员亦以此误学生，成何教员？成何学生？更成何学校？然就吾之目光所观察，正不止某校已也。"[1]

因而，抱着留学先进国家、求取教育救国真经的陶行知，对美国的新教育极为关注，并由此开始思考中国的教育革新，其博士论文题目即《中国教育哲学与新教育》。陶行知的论文题目，可以说是受杜威思想影响的直接反映。陶行知本就抱着革新民国教育、建立理想之国的希望，杜威的实验学校及其对学校与社会关系的思考，于陶行知而言，正如溺水之人适逢救命稻草，不仅成为其教育救国思想的最重要来源，也是他回国之初教育实践的行动指南。

1917年，陶行知因缺乏中国教育统计数据，其博士论文处于停滞状态，适逢南高师教务主任郭秉文邀请他回国任教，他遂到南高师担任教育学教授。回国之初，陶行知就撰写了大量关于新教育方面的文章，如《试验主义与新教育》《生活工具主义之教育》《试验主义之教育方法》等。1919年编辑《新教育》杂志之后，他对新教育的提倡和思考就更多了。在宣传推广杜威新教育思想的基础

---

[1] 方明：《陶行知全集（1）》，四川教育出版社，2020，第170~171页。

上，基于平民教育和晓庄师范的实践，陶行知最终提出他自己的生活教育理论。

（二）新教育运动的代表访华及其宣传推广

五四运动前后，欧美提倡新教育的多位教育家陆续前往中国，对自己的教育理念和教育方法进行宣传推广。如道尔顿制的创始人柏克赫斯特，受杜威进步主义教育思想的影响，于1920年2月在马萨诸塞州的道尔顿中学进行教育实验并取得成功。1921年道尔顿制经由英国介绍到我国后，舒新城即在上海中国公学试行，并进行深入研究。有学者认为，舒新城对道尔顿制的研究，"其广度和深度，在那个时代可能无出其右者"。[①]

道尔顿制引进中国后，趋新求变的学术界纷纷研究，在短时间内出现一股研究高潮。仅1922～1925年，国内有关道尔顿制的文章就达150余篇，出版各类著作17种。[②]

经由杂志介绍和中国公学的实践之后，道尔顿制从上海走向全国。当国内教育界大力推广并实践道尔顿制时，道尔顿制创始人柏克赫斯特女士于1925年访华，演讲道尔顿制并指导解决教育实践中所遇到的问题。

帕克赫斯特在中国待了一个半月，其行程全由中华教育改进社安排，走访了杭州、南京、武昌、北京、太原、天津、济南、曲阜、奉天等七省九市一县，讲演50余次，[③]以帮助中国教育界更好地理解并实践道尔顿制。

对民国教育改革影响最大的当属杜威及其教育思想。哥伦比亚

[①] 于述胜：《学术与人生——解读舒新城和他的道尔顿制研究》，《北京大学教育评论》2007年第4期，第108～117页。

[②] 中央教科所：《中国现代教育大事记》，教育科学出版社，1988，第102页。

[③] 刘力：《中日两国道尔顿制实施之比较分析》，《外国教育资料》1998年第1期，第62～66页。

大学师范学院的留学生回国后，对美国新教育及杜威教育思想进行了大力宣传与推广，并于1919年由北京大学和江苏省教育会等五个团体联名邀请杜威来华讲学。

随后的两年多时间里，杜威在其弟子胡适、陶行知、郑晓沧等人的陪同下，在北京、江苏、湖南、浙江等10余省市进行演讲。演讲场次达到200余次，论题涉及政治、文化、教育，尤其是就他的教育思想演讲最多。除开已经公开出版的《杜威五大演讲》外，还有大量演讲内容尚未整理刊行。

胡适曾经指出，杜威并不是一个擅长演讲的人："杜威不善辞令。许多学生都认为他的课讲得枯燥无味。他讲课极慢，一个字一个字地慢慢地说下去。甚至一个动词、一个形容词、一个介词也要慢慢想出，再讲下去。在这里你可看出他讲课时选择用字的严肃态度。"[①]

不善演讲的杜威，却在中国进行了200余次演讲，可见当时国人对于美国教育及杜威的推崇，将杜威当成指导中国教育改造、实施新教育的灵丹妙药，虽然这药吃起来并不美味也不吸引人，但知识分子对其效果莫名地信任。事实上，杜威在中国的演讲被宣传后，中国教育界"即兴起一股翻译、宣传、实验杜威学说的热潮，仿佛一股活力注入了中国教育界。于是'新教育'改革运动勃然沛然，鼓荡激越于20世纪20年代初的中国教育领域"[②]。

（三）书报杂志的宣传提倡

五四运动以后，对新教育进行推广和提倡的书报杂志极多。专著方面，不仅翻译出版了关于美国的进步主义教育、欧洲的新教育以及道尔顿制、设计教学法等的著作，国内学者也竞相出版各种研究论著，如舒新城的《道尔顿制概观》《柏克赫斯特女士与道尔顿

---

① 胡适：《胡适口述自传》，华东师范大学出版社，1993，第92页。
② 崔运武：《中华民族新教育的探行者舒新城》，山西人民出版社，2020，第27页。

制》等。

至于报刊，在五四思想解放大潮中，更是大量刊发新教育方面的文章。当时影响最大的综合性杂志《教育杂志》开设"欧美教育新潮"专栏，介绍欧美新教育尤其是杜威教育思想及新的教学方法。道尔顿制1920年9月介绍到英国后，《教育杂志》即于1921年8月刊发《达尔顿案》一文，最先将其从英国介绍到中国，并随后设有"道尔顿专号"，专门介绍道尔顿制。随后《中华教育界》也刊发在英国留学的余家菊的文章《道尔顿制之实况》。

在众多刊物中，《新教育》杂志的影响极大。《新教育》创办于1919年，停刊于1925年，创刊之后很快成为"20年代中国影响最大的教育杂志之一"。[①] 这跟其编辑队伍、作者群体及刊发内容密切相关。《新教育》杂志创刊后，有一支超强的编辑团队，汇聚当时国内最有名的教育界人士，如蔡元培、陶行知、胡适、郭秉文、蒋梦麟、郑晓沧、袁希涛、陈鹤琴等50余人，还包括外国学者孟禄、罗素、罗克士培等。其作者群体多达378人，更是教育明星荟萃，发表文章在5篇以上的有杜威、程湘帆、汪懋祖、庄泽宣等31人；10篇以上者有推士、麦克乐、郭秉文、陈鹤琴、胡适、郑晓沧、蒋梦麟、俞子夷、陶行知等人，其中陶行知发文最多，高达21篇。[②]

从《新教育》的编辑团队及作者群体看，主要是资产阶级知识分子，致力于教育救国的探索。由于大部分知识分子为欧美留学生或受西方教育熏陶，故其教育信仰倾向欧美各国，尤其是美国。因而《新教育》杂志不仅有"世界教育"研究专栏的设置，侧重介绍

---

① 巴里、凯南、郭秉文、蒋梦麟：《陶行知与新教育改革运动》，周洪宇：《陶行知研究在海外》，人民教育出版社，1991，第165页。
② 钟晨音：《〈新教育〉成功传播近代西方教育原因之考察》，《浙江师范大学学报》（社会科学版）2010年第6期，第93～98页。

西方各国的教育及其发展,还设有"欧美教育界新消息""欧美新教育新资料""国外教育消息择要"等栏目,这些栏目主要关注西方教育新闻和教育时事。尤其是1919年,《新教育》连续三期对欧美新教育进行了系列介绍,并设置"杜威号""孟禄号""学制研究号"等研究专号,系统介绍杜威、孟禄的教育思想及其对我国新学制的影响。

《新教育》杂志对杜威教育思想的介绍尤其费心。杜威访华前,《新教育》就刊发了9篇介绍杜威思想的教育论文,占同时期14篇论文的64.2%,[①]其中就包括杜威学生胡适、郑晓沧等人的文章。杜威访华后,《新教育》继续刊发大量有关杜威的文章,成为介绍杜威教育思想的主要刊物。正是在《新教育》及杜威学生的大力宣传和推广下,杜威"在近代中国的影响超过了任何一位西方教育家"。

二 湖南的新教育探索及其实践

对于时人而言,欧美的新学校和新方法毕竟是外国的教育,中国在拿来的基础上还有一个内化的过程,即西方教育的"本土化",需要在借鉴的基础上进行实践探索和重新建构。

民国时期,国人对于新教育之"新"的理解,主要是指我国教育和以前相比所呈现出来的变化。因而,新教育在当时具有多重含义。广义的新教育即新式教育,"与旧教育相对之名辞,非绝对之名辞"[②],实指鸦片战争以来,为了应对民族危机和实现富国强兵而变革传统教育,学习借鉴外国教育制度,建构新的教育体系的教育。故而,广义的新教育,是一个随着时代变迁而内涵不断变化的

---

① 周晔:《〈新教育〉与中国教育近代化》,《高等教育研究》2005年第1期,第87~92页。
② 姜琦:《何谓新教育》,《新教育》1919年第4期,第19~21页。

概念。狭义的新教育是指我国在近代欧美新教育运动影响下的教育，是五四运动前后在欧美留学生和新式学堂毕业生的主导下，以提倡和实践教育民主化、科学化、国际化和本土化为基本内容的教育改革。① 五四运动以后的新教育，多指狭义。

在欧美留学生及新式学堂毕业生的提倡下，五四运动以后的国内教育界开始反思我国近代教育改革以来新式教育所存在的问题，希望能借鉴欧美新的教育理念和新的教育方法，对我国教育进行彻底改造。

民国时期的教育改造中，有的学者受欧洲新教育的影响，有的学者受美国进步主义教育的影响。在教育改造的过程中，终于有教育家意识到单纯地对欧美教育实行拿来主义，不过是在做车夫而已，教育改造需要结合我国国情和文化特征进行自我建构和创造："现在有一点我们应当注意的，就是以前的教育，都是像拉东洋车一样。自各国回来的留学生，都把他们在外国学来的教育制度引入中国，不问适合国情与否，只以为这是文明国里的时髦物品，都装在东洋车里拉过来，再硬灌在天真烂漫的儿童的心坎里，这样儿童们都给他弄得不死不活了，中国亦就给他做得奄奄一息了！我从前也是把外国教育制度拉到中国来的东洋车夫之一，不过我现在觉得这是害国害民的事，是万万做不得。我们现在要在中国实际生活上面找问题，在此问题上，一面实行工作，一面极力谋改进和解决。"②

在外在的欧美新教育思潮和内在的教育改造需要的双重驱动下，五四运动以后我国各级各类教育，呈现一派新气象：平民教育、女子教育、乡村教育、职业教育以及中小学教学方法的改革等，在全国各地如火如荼地进行起来。

---

① 汪楚雄：《中国新教育运动研究（1912～1930）》，华中师范大学博士学位论文，2009，第1页。
② 董宝良：《陶行知教育论著选》，人民教育出版社，2015，第201页。

在五四运动以后的新教育探索中,江浙既是先行者,也是实践重镇。如陶行知在晓庄创办试验乡村师范、陈鹤琴在南京进行幼儿教育实验、俞子夷在南高师附小实践设计教学法、舒新城在上海中国公学进行道尔顿制实验、黄炎培在昆山徐公桥主持的农村职业教育实验以及浙江省立一师的学科制改革,等等,成为全国教育改造的榜样与示范。

重镇之外,全国各地的新教育探索与实践也都陆续开展起来。

自驱张成功以后,在新文化、新思想的启蒙下,湖南整个教育界为之振奋,舒新城、李肖聃组织编撰《湖南教育月刊》,介绍新教育学说,发表教育意见及研究成果;各种新教育的探索和实践也都迅速展开。

大力推广平民教育。1922年,长沙借晏阳初在湘省青年会开平民教育讨论会之机,大力提倡并进行平民教育实验,最终有1200名平民参与识字教育并参加考试,960人考试合格。[①] 平民教育实验的成功,使得湘省教育界对平民教育充满信心,亦举行八十二团体平民教育游街会,对平民教育进行宣传和推广,平民教育思想逐渐深入知识分子之心。

教育调查和教育测验的举行。随着自然科学的发展,自然科学测量统计的研究方法逐渐运用于教育领域。国外一些教育测量学者,在对本国学生进行测量的同时,亦希望能对中国教育进行统计分析。1923年,德尔门准备到湖南组织教育测验。湘省对此极为重视,专门组织教育测验团,配合德尔门的测量工作。经过与德尔门的配合,加上毕业于新式学堂的部分教师开始重视教育测量,湖南省教育会亦自己组织心理测验以及教育测量研究会,进行深入

[①] 雷倩如:《湖南新教育运动研究(1915~1930)》,福建师范大学硕士学位论文,2016,第25页。

研究。

教学方法的改革。欧美新的教学方法被介绍到中国后,教育实践领域反应灵敏,很快就组织相关培训并进行实践探索。湘省在新的教学法方面都有所涉及,但以道尔顿制、设计教学法等为主。对于新的教学方法,教师一方面可以通过报刊介绍进行自我学习和研究,另一方面也可以通过各种培训进行提升。五四运动以后,湘省教育界对于教育改造极其用心,一方面,省教育会向教育司提交议案,促进实施设计教学法等新的教学方法;另一方面,省教育会及楚怡小学等众多教育机构通过举办暑期学校,对中小学教师和办学人员进行新方法的培训。1922年,在湖南省教育会举办的第一届暑期学校里,就有对设计教学法、国语教学法等教学方法的培训。在培训中,参培教师对设计教学法的兴趣和热情,可以从暑期学校的一场风潮中窥见一斑。当时暑期学校安排在楚怡小学演示设计教学法,为防人数过多,特对听讲人数有所限制,凭券听讲,并派人把守大门,以维持秩序。但无券又想旁听的教师比较多,被阻止之后,认为不准旁听,是为专制,遂决意打破专制之罗网,众多教师一起冲门,导致现场大乱,现场教学只有取消。①

湖南最先试行设计教学法的是楚怡小学,经过暑期学校的培训和提倡后,修业学校、一师附小及第一女师附小于当年年底即组织教育考察团,前往江浙参观学习。② 很快,设计教学法在长沙各小学开始通行。

当道尔顿制在中国开始实验后,湖南省教育会反应十分迅速,在第二届暑期学校中立刻就安排了道尔顿制培训,聘请舒新城为主讲教师,道尔顿制也很快在湘省各中小学进行实践和推广。

---

① 《暑期学校之小风潮》,《大公报》1922年7月25日第7版。
② 《小学教育考察团出发》,《大公报》1922年11月11日第6版。

第三节　1920年的名人演讲

一　名人演讲的缘起与筹备

五四运动以后，一方面，湖南教育界和学术界对于新思想积极提倡，不断从京、沪地区请名人来湘演讲，进行学术熏陶和思想启蒙；另一方面，湘省风气大开以后，各种思潮汹涌而入。面对思想洪流，无论是教师，还是学生，对于当时很多思潮都有点雾里看花的感觉，需要有人指点迷津。

1920年10月，罗素访华，在上海讲学，恰逢杜威也在北京。罗素在到中国之前，先在苏俄考察了5个星期，对于苏俄革命和布尔什维克较为了解，这也是湘省学界和教育界在苏俄革命之后急切想要了解的内容。至于杜威，在欧美留学生及报刊的大力宣传下，其实用主义教育哲学、进步主义教育思想都是学界和教育界最感兴趣的。

湘省驱张成功以后，之前为免受张敬尧迫害而避居外省的教育界人士，包括省教育会会长陈润霖及教育会骨干陆续回湘，筹备换届改选。省教育会换届选举，全省各地教育会代表、劝学所成员等地方办学人员皆会前来长沙。于是会长陈润霖、副会长孔昭绶决定，借此机会邀请中外名人来长沙举行演讲大会，以使"吾湘学界获聆名人讲演，晓然于教育潮流，并唤起其研究兴味"。[①] 遂致函尚在上海的李石岑、北京的熊崇旭分别邀请杜威、罗素及蔡元培、陈独秀、胡适、陶行知、张东荪等人前来长沙演讲。[②]

省教育会牵头举行的名人演讲，对于五四运动以后求知若渴的

[①] 《教育会讲演会之重要文电：呈请省长拨给各费文》，《大公报》1920年10月17日第6版。

[②] 《英美两大学哲学家定期来湘详志》，《大公报》1920年10月15日第6版。

湘省学生界和教育界，是头等大事，不少学校都积极派人参与其中。湖南第一师范的全校师生对于名人演讲很是上心，青年教师舒新城、余家菊成为演讲筹备团成员，负责筹备具体事宜，① 其后国文教师夏丏尊还担任名人演讲记录员。

根据省教育会最初的计划，名人演讲借长沙遵道会讲堂进行，并希望能组织杜威和罗素两位外国学者到长沙各校演讲，如不能到校讲演，则最后两次讲演准予中学以上学生听讲。② 但一来是希望听讲的青年学生太多，二来应该和一师校长易培基的活动能力有关，最终决定以遵道会讲堂为主会场（可容 800 人），听讲人员以教育会会员及各县代表为主，各校教职员约计三人中发一人场券，其余各机关或一券或二券。以湖南第一师范大礼堂为分会场（可容 1000 余人），以各中等学校学生为主。因想听演讲的学生太多，于是将学生分为六组：专门学校、师范学校（男师范、女师范、长沙师范、福湘师范）、实业学校及中学三组。各会场的演讲人员及演讲安排见表 1－1、表 1－2。③

表 1－1　遵道会主会场演讲安排（1920 年）

日期	上午 (9:30－11:00)	上午 (11:00－12:00)	下午 (2:30－4:00)	下午 (4:00－5:00)
10 月 26 日	罗素	章太炎	杜威	蔡子民
10 月 27 日	罗素	吴稚晖	杜威	蔡子民
10 月 28 日	罗素	张溥泉	杜威	蔡子民
10 月 29 日	罗素	陶知行	杜威	蔡子民
10 月 30 日	罗素	张东荪	杜威	蔡子民
11 月 1 日	罗素	李石岑	杜威	蔡子民

① 《教育会讲演会之重要文电：杜罗来湘演讲筹备记》，《大公报》1920 年 10 月 17 日第 6 版。
② 《罗素博士准期来湘》，《大公报》1920 年 10 月 19 日第 6 版。
③ 表 1－1、表 1－2 根据湖南《大公报》1920 年 10 月 25 日的报道《讲演会筹备要闻》制作而成。表中的蔡子民即蔡元培；陶知行，在 1934 年方改名为陶行知。

表1-2　第一师范分会场演讲安排（1920年）

日期	上午 (9:30—11:00)	上午 (11:00—12:00)	下午 (2:30—4:00)	下午 (4:00—5:00)
10月26日	张溥泉	李石岑	吴稚晖	张东荪
10月27日	杜威	—	张溥泉	杨端六
10月28日	蔡子民	张东荪	罗素	—
10月29日	杜威	—	吴稚晖	李石岑
10月30日	蔡子民	李石岑	罗素	
11月1日	章太炎	陶知行	罗素	

教师主场和学生分场之外，省教育会还安排了面对市民的演讲。市民演讲人员和主题包括吴稚晖之竞争问题和市政问题、张溥泉之社会经济问题、张东荪之自治问题、杨端六之社会改造问题等。① 从市民演讲的主题来看，涉及的几乎都是驱张之后，湘省正在进行而又需要指导的社会改造和政治经济改革等问题。

二　名人演讲的举行

经过十多天紧锣密鼓的筹备，名人演讲于10月26日正式开讲。这是五四运动以来湖南的一场学术盛会，也是一场思想启蒙盛宴。遵道会会场"座为之满"，湖南省省长谭延闿亲临会场听讲。

第一师范分会场安排了六天的演讲，其中师范学校组有820人听讲，男师范（即第一师范）应该是占了主场优势，听讲学生有437人。②

不过，在实际演讲时，因有的名人行程改变，原定的演讲时间和演讲人员有所调整。如罗素，因走海路，本就旅途劳累，沿途也是演讲不断，以致极度疲劳困顿，遂决定26日在湘省演讲

---

① 《演讲会筹备记》，《大公报》1920年10月26日第6版。
② 《各校听讲学生之分配》，《大公报》1920年10月27日第6版。

两场，27日演讲四场①，然后前往北京，进行休整。② 故最终两个会场的实际演讲人员及内容都相应有所调整。实际演讲情况见表1－3。

表1－3　1920年遵道会主会场演讲人员及内容

	上午场	下午场
10月26日	无演讲	杜威：教育哲学 罗素：俄国布尔什维克主义与世界政治；游俄见闻（晚上所讲）
10月27日	罗素：游俄见闻 勃勒克小姐：俄国之艺术与教育	罗素：布尔什维克失败的原因和共产主义将来成功的希望 蔡元培：何为文化
10月28日	杜威：教育哲学 李石岑：尼采思想与吾人生活	杜威：教育哲学 章太炎：历史的价值的重要
10月29日	蔡元培：美术之进化 张东荪：对于社会改造之警见	杜威：教育哲学 吴稚晖：注音字母之历史
10月30日	李石岑：杜威与罗素之批评	杜威：科学与近世文化之关系
10月31日	游岳麓山	
11月1日	蔡元培：美学的进化 李石岑：杜威罗素的批评	杜威：教育哲学
11月2日	蔡元培：关于美学 章太炎：教育目的应注意廉耻	李石岑：艺术与人生 张溥泉：墨子之学（因事调至上午章太炎后）

注：此表根据《大公报》1920年10月26至11月3日关于名人演讲的新闻报道整理而成。

---

① 罗素27日的四场演讲，湖南《大公报》当日只报道介绍了两场，另外两场《心的分析》和《哲学问题》，刊登在湖南《大公报》11月份的名人演讲连载中。
② 《昨日杜罗演讲纪略》，《大公报》1920年10月27日第6版。

思想启蒙：湖南第一师范教育改革的动力探源 | 第一章

表 1—4　第一师范分会场演讲人员及内容（1920 年）

	上午场	下午场
10 月 27 日	吴稚晖：勤工俭学 张东荪：批评与研究	杜威：学生自治
10 月 28 日	蔡元培：对于学生之希望 吴稚晖：勤工俭学	张溥泉：中外合组之资本阶级与中国生民之前途 杨端六：社会与社会主义
10 月 29 日	李石岑：詹姆斯与柏格森学说	张溥泉：新思潮之批评 张东荪：爱国与求学
10 月 30 日	杜威：教师乃指导者 杨端六：社会与社会主义 （此场为师范专场）	章太炎：关于学生求学的问题 杨端六：和罗素的谈话
11 月 1 日		蔡元培：美学与科学 张溥泉：普通投票
11 月 2 日	李石岑：现代思潮之大势与吾人之觉悟 吴稚晖：留学问题	

注：此表根据《大公报》1920 年 10 月 27 至 11 月 3 日关于名人演讲的新闻报道整理而成。

注：杨端六，即杨冕，湖南师范馆时期速成二班的学生。

　　除开省教育会安排的主、分会场讲演外，长沙各校都借着名人演讲的机会，邀请名人到校演讲或座谈，并对本校教育事务进行指导。仅根据湖南《大公报》中的报道，邀请名人到校演讲的就有如下学校：10 月 25 日，省教育会安排的演讲尚未开始，湖南第一师范校长易培基即邀请章太炎到第一师范作学术演讲，29 日邀请蔡元培、吴稚晖、张溥泉、李石岑、杨端六等人到校讨论教育改革事宜；[1] 26 日公立法政学校邀请章太炎、张溥泉到校对全校学生进行演讲；[2] 27 日福湘女学邀请杜威夫人及勃勒克小姐前往演讲，长沙

---

[1]《昨日讲演会讲演纪略：第一师范》，《大公报》1920 年 10 月 30 日第 6 版。
[2]《公立法校演讲记》，《大公报》1920 年 10 月 26 日第 6 版。

各女学学生1000余人前往听讲；同一天，明德学校邀请蔡元培、吴稚晖、李石岑、赵元任、刘树梅等人到校开茶话会并进行演说；①28日、29日周南女中两次请杜威夫人演讲，②岳云中学也邀请杜威夫妇、蔡元培、吴稚晖等人前往该校，由蔡元培演讲中学生求学之要点；③29日兑泽中学请蔡元培、吴稚晖对全体学生演讲关于物质生活之外尤应注重精神生活。④除开新闻报道外，根据《大公报》名人演讲实录来看，众名人还被省立女子第一师范、妙高峰中学、长郡中学、雅礼大学等学校邀请前往演讲。⑤

11月2日省城长沙的演讲结束之后，众名人又前往醴陵游览并进行学术演讲，其演讲内容包括：章太炎《求是与致用》、张溥泉《县知县民选为普通投票》、蔡元培《美化的都市》、吴稚晖《市民自治》《懒怠与因循》、杨端六《社会组织的研究》、李石岑《杜威与罗素》。⑥

此次演讲，广邀中外名人，规模宏大，机会难得。尽管前后持续八天，长沙各界对此次新思潮的洗礼，一直热情高涨。遵道会主会场场场爆满，第一师范分会场也是每场皆水泄不通。对于长沙各界追求学术和新思潮的热情，演讲人员也十分重视。从主会场、分会场以及各校邀请的场次看，莅湘演讲的各位名人，每天都有演讲，每天的演讲安排都极满，几乎都是全天候。直至10月31日才有一次冶游岳麓山的休闲安排，以至于有的名人讲得嗓子都嘶

---

① 《昨日各处演讲纪略》，《大公报》1920年10月28日第6版。
② 《昨日代用女中校之讲演》，《大公报》1920年10月29日第6版；《昨日各处讲演纪略》，《大公报》1920年10月30日第6版。
③ 《北大同学邀请名人讲演》，《大公报》1920年10月29日第6版。
④ 《昨日各处讲演纪略》，《大公报》1920年10月30日第6版。
⑤ 主要根据《大公报》1920年10月28日至11月16日间的名人演讲实录整理。长沙名人演讲虽然在11月初即行结束，但其演讲记录直至11月20日前后才刊登完毕。
⑥ 《诸名流醴游演讲记》，《大公报》1920年11月8日第7版。

哑了。

演讲过程中，虽然演讲人员和演讲时间因为种种原因有所调整，但基本按照预定的场次进行，即便是罗素因旅途疲惫，需要提前到北京休息，于是利用 26 日下午和晚上连讲 2 场，27 日白天连讲 4 场，讲足 6 场之后才离开长沙。最后一天的主会场演讲中，因主持人没有及时赶到，无人主持，负责演讲的蔡元培毫无名人架子，径自登台演讲。仅是各位名人对待演讲的态度，对湘省教育界就是一次极好的榜样示范。

三 名人演讲的启蒙效应

1920 年的长沙名人演讲，演讲内容主要涉及五四运动以后思想界的讨论热点以及当时政治、社会发展的焦点问题，对象涵盖全省重要办学人员和学生界，对于湘省的思想启蒙和教育改革具有重要影响。

从演讲内容而言，主会场面向教育界人士，故以学术文化如哲学、美学、科学等为主。但也基于湖南驱张之后的一些现实问题，以及五四运动前后所面临的一些时代思潮和新教育进行演讲和探讨，如布尔什维克主义、社会主义、社会改造、杜威教育思想、注音字母等。第一师范分会场面向学生，其演讲内容主要涉及五四运动前后青年学生极为关注的勤工俭学、学生自治、社会主义、男女同校以及青年学生所面临的爱国运动和求学之关系等问题进行。这些问题，对于青年学生的思想解放及行为选择具有重要的启发意义。而杜威夫人在福湘女学及周南女校等学校的演讲，主要涉及男女"同学"、美国的女学等问题，也是对五四运动以后女性解放及女子教育等时代问题的回应，对正处于变革时期发展方向尚不明确的女学生而言，具有较大的启蒙和鼓舞作用。

从演讲对象而言。此次名人演讲，不包括各校自行邀约以及面向市民的演讲，仅遵道会主会场就可容纳800人，第一师范分会场可容纳千余人，前后8天，演讲面向全省教育界和长沙中等以上学校学生受众，是一个极为可观的数字。湖南《大公报》每天报道名人演讲的具体安排以及演讲内容，并专门出了增刊《名人演讲录》，出刊之后很快售罄；此次演讲的主持者省教育会也将名人演讲内容结集出版。因而，此次名人演讲，对于湖南全省教育界和学生界影响受众之广，实属难以估计。上海《民国日报》评论"湖南教育会邀请中西学者，开了个有系统、有组织的演讲大会。湖南从来没这样盛举，因而传遍各县，轰动全城，个个想领略些学术的滋味"，[1] 此言不虚。

从演讲时机而言。此次名人演讲，安排在五四运动和驱张之后，如久旱逢甘霖，教育界和文化界最需要学术交流和思想启蒙且各种思潮正处于激荡冲突的时候，故而对湘省新文化运动的传播以及对教育界和文化界的文化启蒙、思想解放，影响极大。有学者从外国学者杜威和罗素的影响角度思考，认为"杜威的演讲主要是影响了教育界，而罗素的演讲主要是影响了那些特别关注国家政治命运的人士"。[2] 实际上，长沙名人演讲，对于驱张之后正准备大干一场、力图教育改造的教育界而言，无异于及时雨，"九年十月杜威、罗素、吴稚晖、蔡元培等来湘讲演，学界俱为倾服，尤以杜威之教育学说收效最大"。[3] 对于青年学生而言，除开对他们在思想上指点迷津、引发更深层次的思考之外，还针对湘省学生出现的一些问题，如学生的责任、求学应有的态度、求学与改造社会的关

---

[1] 凤蔨：《长沙特约通信》，《民国日报》1920年11月14日第3版。
[2] 喻春梅：《杜威、罗素来湘讲学及其影响——以长沙〈大公报〉为视角》，《吉首大学学报》，（社会科学版）2011年第5期，第70～74页。
[3] 吕芳文：《五四运动在湖南》，岳麓书社，1997，第217页。

系、师生关系等方面,皆谆谆教诲,有所导向。①

其后,湖南省教育界也不时邀请学界名人来湘讲演,进行学术探讨和思想启蒙,但规模和影响皆不如此次名人演讲。

五四时期的新文化运动、欧美的新教育思潮以及1920年长沙名人演讲,为湘省教育界和学生界打开了思想解放的大门,也为一师的教育改革奠定了良好的思想基础和舆论语境。

---

① 江丽萍:《1920年名人学术讲演会述论》,湘潭大学硕士学位论文,2010,第36页。

第二章

聘用新教师：锐意创新的师资队伍建设

1921年初，湖南第一师范进行教育改造半年后，基于新教育实施以来所取得的成绩，湖南学联主席彭璜总结认为，"有做革命运动的教员，才能传播革新的种子；有了革新运动的组织，才能产生革新的事实"。[1] 充分肯定了湖南第一师范新教育的成就关键在于人的因素：校长和教师。

五四运动以后湖南第一师范的新教师，新在思想，新在信念，新在年轻，新在打破一切的勇气和善于创新的精神。无论是治旧学的校长，还是刚毕业的教师，都热情拥抱五四运动以后的各种新思潮，在各种新思潮的启发下教书育人。他们信仰教育救国，有着为国培才的理想信念，坚定地追求男女平权。他们多数刚毕业或毕业未久，活力十足，少于既往经验和人情世故的限制，易于开新。他们锐意进取，勇于开拓，有着直面旧势力、打破旧秩序的勇气。五四运动以后湖南第一师范的教育革新及其成就，正是这些新教师的努力成果。

---

[1] 彭璜：《关系湖南教育前途的三大问题》，《大公报》1921年2月1日第7版。

第一节 校长更替及其治校方略

一 五四运动以后一师校长的更替

据《湖南省第一师范校友录》(1903～1993年)的记载,五四运动以后至1927年取消独立期间,湖南第一师范的校长共有8位(见表2－1)。

表2－1 《湖南省第一师范校友录》中五四运动以后至1927年间的一师校长

时间	校长	校名
1918.9～1920.2	文徽典	湖南省立第一师范学校
1920.2～1920.7	覃泽寰	
1920.7～1924.1	易培基	
1924.1～1924.8	李济民	
1924.8～1926.1	彭一湖	
1926.1～1926.8	王凝度	
1926.8～1927.1	熊梦飞	湖南省立第一临时中学师范部
1927.1～1927.5	罗驭雄	

注:见湖南第一师范学校编《湖南省第一师范校友录》(1903～1993年)之附表一"解放前湖南第一师范历任校长名单"(p.457)。

然而,细考湖南《大公报》当年的实时报道,《湖南省第一师范校友录》(1903～1993年)中关于此时期一师校长的人选和任职时间都有舛误。

五四运动前后,湖南处于多事之秋,张敬尧督湘时,摧残教育,不断压缩并经常拖欠教育经费。其他学校还有学费可以稍加挹注,湖南第一师范属于公立的师范院校,不仅不收学费,还得给学生提供伙食。故一师办学经费一直处于竭蹶状态,校长在办学过程中,最难操的心即经费问题,以致不时有校长因经费问题辞职。

1918年8月，孔昭绶因张敬尧迫害被逼辞去一师校长之职后，继任者王凤昌，[①] 非文徽典。

王凤昌担任一师校长后，因经费原因，三次提出辞职。1918年11月，王凤昌即因湖南第一师范的办学经费被拖欠，和其他五所省立学校的校长联名辞职。[②] 1919年秋，湖南第一师范再次发生经费问题，且极为严重，影响到秋季开学。王凤昌再次要求辞职，且态度十分坚决。

一师学生眼见学业无望，于是自发组织起来，四处奔走以维持校务。他们先是恳请教员支持，准备组织学校维持会，并推举国文教员易培基为会长，但不知何故未能进行下去。眼看一师校务停滞、无人负责，学生于是呈请政府委任学监文徽典代理校长，主持校务。湘省政府同意了学生的请求，暂委文徽典代行校长之职。[③]

一师师生费尽周折，张敬尧也没有将拖欠的校款发下，大笔一挥拨了区区600余元。不得已，只得学生每人垫付6元，教师和校役皆不领薪水、义务服务，一师在10月14日才得以开学。开学后，王凤昌再次执掌校务。直至1920年1月底，王凤昌前往北京，第三次请求辞职。政府本拟再由文徽典暂代，但文徽典坚决不肯，于是任命覃泽寰为校长。[④]

覃泽寰本为张敬尧一党。五四运动以后，湘省风气逐渐变得激进。其时，正谋求"改造中国与世界"的新民学会会员中大部分为一师学生或毕业学生，经历五四新文化运动和驱张运动之后，尤其是经历1919年维持校务的锻炼后，学生的自治能力和思想高度都有了提升。张敬尧被驱离长沙后，覃泽寰自忖无法再待在一师，于是

---

① 《省长公署发表大批校长》，《大公报》1918年8月30日第6版。
② 《六校长联名辞职》，《大公报》1918年11月14日第6版。
③ 《第一师范学校开学》，《大公报》1919年10月10日第6版。
④ 《第一师范校长易人》，《大公报》1920年1月28日第6版。

和追随他的职员"携校款潜逃"。① 一师校长一职再次虚悬以待。

自从张敬尧被驱离后,湘省一直在宣传并积极推进湘人自治,自治思想也深入学生心中。因而在一师校长人选问题上,学生自觉有发言权。几经考量筛选,一师学生呈请省府委任易培基为校长,易培基以"学不至"而推辞。学生又请委朱剑凡,朱剑凡亦不肯。②

虽然易培基推辞不就,学生还是属意于他。他们向省长三次呈文五次上书,向教育委员会上书四次,向政务厅长上书三次,派代表晋见谭延闿四次,奔走政务厅、教育委员会不下十余次,历时一月有余。③ 和易培基私交极好的省长谭延闿,最终顺水推舟,委任易培基为一师校长。④

学生推选易培基为校长,自有他们的道理。易培基从1915年下学期开始,就在一师教授国文,在一师算是老资格,既熟悉学校情况,对学校也有感情。最重要的是,易培基虽然在治学上传统,但思想却开明,也热心社会事务,享有较高的社会威望。驱张运动中,易培基被学界、教界及绅商各界推举为负责人,主持驱张事宜。在驱张运动中,学生经常在易培基家中开会,易培基因此和学生交往频繁,彼此之间增进了了解。学生因而对易培基担任一师校长,抱有极大信心。

易培基没有辜负学生对他的信任。他担任一师校长后,一师的经费状况并没有好转。至1920年11月,政府拖欠一师的经费就达到万余元。⑤ 为了维持校务,易培基自掏腰包,陆续垫付经费两三千元,⑥ 艰难地维持着一师校务。

---

① 《第一师范呈控职员》,《大公报》1920年7月11日第6版。
② 《第一师范学生之改造计划》,《大公报》1920年7月12日第6版。
③ 《半年来的湖南第一师范》,《民国日报》1921年1月24日第7版。
④ 《教育界杂闻》,《大公报》1920年7月20日第6版。
⑤ 《湘省教育之危状》,《大公报》1920年11月30日第6版。
⑥ 《省城各校窘困之现状》,《大公报》1921年1月6日第6版。

至 1921 年 1 月，一师的经费问题依然未能解决，教员薪水没有着落，学生伙食也渐成问题，一师被迫罢课，向政府索要经费。

一师罢课期间，一些从外省聘请的教员认为湘省教育环境糟糕，辞职离湘回乡，但学生不允许校长易培基辞职。在政府调停罢课时，学生提出两个条件，一为经费之解决，二为留任易校长。①

学生之所以慎重提出留任易校长，实因当时易培基的校长之位有不保之虞。1920 年底，赵恒惕排挤走谭延闿，任湘军总司令兼省长，和谭延闿逐渐交恶。易培基本为湘省名宿，又和谭延闿私交甚好，他虽和赵恒惕同学过，但对其并不逢迎，同学之情不洽。一师作为当时湖南影响最大的省立师范，直到 1926 年湖南大学创办后成为"最高学府"，一师才成为"亚高学府"，②培养的学生多为社会精英，遍布全省教育界，政界亦复不少，赵恒惕自然是想将其控制在手中。然而五四运动以后一师奉行自由学风及学生自治，学生思想逐渐激进，不易控制，赵恒惕认为这都是因为校长的纵容。加之易培基"傲上不傲下"的态度，赵恒惕对易培基极为不满，一直想撤掉他的校长之位。1921 年初，有人在湖南《大公报》上公开提醒一师学子，有人嫉妒一师校长易培基，且看不惯一师所聘请的外省教员，要他们多多留心。③

一师学生和学校当局为了保住校长易培基，决定借鉴湘省自治及民选省长的成例，于 1921 年春创行民选校长制，由学生投票选举易培基为校长。

一师的校长民选，在湘省教育界开了先例。随后第一中学校长罗教铎、长沙师范校长朱剑凡，都由学生民选产生。校长民选，传统观念中闻所未闻，引起教育界保守分子尤其是政府的警觉。加上

---

① 《姜厅长调停罢课风潮》，《大公报》1921 年 1 月 9 日第 6 版。
② 萧三：《毛泽东的青少年时代》，湖南大学出版社，1988，第 58 页。
③ 彭璜：《关系湖南教育前途的三大问题》，《大公报》1921 年 2 月 1 日第 7 版。

一师频频因为学校经费问题罢课,这让赵恒惕对一师的学风和校风极为警惕,一心想要撤销易培基的校长职位。

其时正在一师附小任教的谢觉哉,在1922年2月的日记中详细记载了当时易培基的处境:"第一师范被人嫉视,由来已久。这回政府决计更易校长,以实行其所谓整顿者。初辟鹿山(即易培基)为秘书长,鹿山不就;又托人讽使辞职,谓学校太糟,舆论攻击得很。鹿山说:'我自认学校办得非常之好,比省城任何学校都好些。说不好的是何人?请指出不好的处所来。说学风坏,坏点何在?说不上课、不试验,成绩俱在,可派人调查。不过,调查的人要出名,调查的事要公开。又本期教职员我已聘定,学生于我感情很好,我不忍抛之去,无论如何我不辞职。政府要撤就撤,这是他的职权'。"①

易培基软硬不吃,赵恒惕一时也未有合适之人接替,加之当时正忙于民选省长,更换校长之事暂时搁浅。

1922年底,因为一师的教育经费一直未能有效解决,易培基长期以私产抵押借贷维持校务。一年多的时间里,易培基投入个人资产9000余元,②终因"私人负累太多",无以为继,颇有辞去校长之意。一师学生再三挽留,易培基始有转圜之意。也可能是政府想借此机会撤掉易培基的校长之职,故社会上开始有更换一师校长的传言。学生闻讯,十分愤怒,于是召开全体学生大会,发挥学生自治精神,一方面将一师的办学成绩公告于社会,另一方面由学生自治会全体成员驻守学校,以防止寒假期间被人袭夺,③千方百计想要留住易培基。应该是学生态度坚决,易培基没有再请辞职,赵恒惕也只有继续维持原状。

---

① 谢觉哉:《谢觉哉日记(上)》,人民出版社,1984,第76~77页。
② 《省城学校现况调查记》,《大公报》1923年3月30日第6版。
③ 《第一师范学生挽留易校长之坚决》,《大公报》1922年12月23日第6版。

1923年春，谭延闿奉孙中山命令率军入湘讨伐赵恒惕，驻扎在衡阳。易培基在暑假期间前往谭延闿驻军处，赵恒惕立即抓住机会，指控易培基附逆并对他进行通缉。对此，湖南的报纸和学界虽然不敢公开议论，但公道自在人心。上海《民国日报》的记者认为易培基"品学兼优，夙负人望"，指出赵恒惕对易培基的指控和通缉，"湘人极不平"。① 一周之后，《民国日报》再次批评赵恒惕通缉易培基，完全是"以教育殉政争"。②

易培基被通缉后，一师校长职位空缺。学生和政府对于校长人选，开始了长期的较量，并由此引发一场"易长风波"。

对于一师学生而言，易培基是他们最想要的校长，现在被逼去职，本就在情感上难以接受。经过五四运动以来的思想启蒙和易培基掌校时期学生自治、自主管理的熏陶，加之以前校长民选的传统，学生自然再次希望校长民选。

8月底，眼看即将秋季开学，但一师校长依然没有确定。恰好这时有报纸宣称一师校长可能会在蒋、李二人中产生，且周调阳也有掌校之意。学生阅报之后大急，于是紧急召开会议，推选出他们心目中的校长人选李石岑。同时一方面推选学生代表龚桂枝、石镇寰、周毓明等人前往教育司请愿，向司长表达任命李石岑为校长的请求；另一方面向湖南《大公报》《湖南日报》《湘报》《商报》《工报》《民本日报》《通俗日报》《民国日报》等几乎湖南全部与外省的报纸及大中通讯社、三余通讯社、湖南通讯社等通讯社发表宣言，表达一师学生对于李石岑的期待，并表达了他们对于谋取一师校长职位的那些人的愤怒和抵制。学生宣称，校长为一校之主体，其道德学问必须要"超乎群众而后可"，唯其如此，才能取得圆满

---

① 《赵恒惕指湘一师校长易培基附逆》，《民国日报》1923年8月21日第3版。
② 《湘赵以教育殉政争》，《民国日报》1923年8月29日第6版。

的教育效果；认为那些没有教育信仰、只知道滥竽教育、希望通过运动等手段当校长的人，本就存在人格问题，不具备校长资格。由于一师校长暂时缺位，学生决定仿效北大做法，由学校教师组成校务委员会管理校务，直至校长产生。①

为了校长之事有满意结果，一师学生专门组织校务维持会，召开全体学生大会，讨论对策。决定再派代表龚桂枝、周毓明向教育司请愿，请求委任李石岑为校长，并进一步借助报纸这一媒体扩大舆论。②

一师学生不遗余力地争取校长民选，希望能再次得到他们想要的具有教育信仰、能真心维持教育的校长。他们所竭力反对的蒋国辅和李济民借助报纸自辩，表明他们无意于一师校长，但同时也指出学生民选校长之论"闻所未闻"。③

眼见校长之争将大起风云，教育司出来灭火，说明蒋、李、周诸人并无运动校长之事实。且报纸所言之蒋、李二人，并未指明其人，学生捕风捉影，直指蒋国辅和李济民，实为诬陷，损人名誉，对学生提出训诫。④

教育司的此番批示，撇清了蒋国辅、李济民运动一师校长的事实，并指出一师学生捕风捉影、诬陷他人。暗指一师学生言不足信，希望将舆论转向。

一师的校长问题依然悬而未决。一师学生在民选校长的过程中，也不是没有备选方案。除开他们最为期待的李石岑之外，他们的备选校长是罗教铎。罗教铎本就一直服务于湘省教育界，对

---

① 《一师学生对校长问题之请愿》，《大公报》1923年8月23日第7版。
② 《一师校长问题再志》，《大公报》1923年8月24日第7版。
③ 来函代登：《第一师范学生对于校长问题宣言中之一大荒谬》，《大公报》1923年8月25日第7版。
④ 《教育司对一师校长问题之批示》，《大公报》1923年8月26日第7版。

于一师校长之前因后果极为清楚，自不愿意。学生无可奈何，只有继续推派学生肖述凡等向教育司请愿，希望政府迅速电请李石岑来湘。①

学生一方面催促教育司，另一方面积极行动。他们一面给李石岑去信诚邀，另一面又担心李石岑不愿来湘，于是派肖述凡等人专程前往面邀。②

可能是李石岑一直未曾明确表态，一师学生于是又陆续推选罗教铎、王凤喈等人为校长人选，呈送省教育司。教育司表面认可学生推选的校长人选，并表示不会委任李济民为一师校长。但实际上，教育司要受赵恒惕的辖制，并没有真正的人事任免权力。

一师校长的人选问题久拖未决，并不意味着赵恒惕在犹豫不决。有着易培基的前车之鉴，赵恒惕是绝不可能再让校风激进的一师学生自选校长。但他不能在一开始就否决学生提议，毕竟，当时湖南提倡湘人自治，是全国自治省份的模范。民选出来的省长赵恒惕如何向学生民选校长说"不"呢？于是"拖"就成为赵恒惕的解决办法。一个多月后，9月底，教育司突然宣布，由李济民接任一师校长。

李济民北大毕业，乃赵恒惕一党，之前登报声明无意于一师校长，这时却出尔反尔。学生本就对李济民的政客和"赵党"身份极为反感，至此更是愤怒至极。他们一面罢课拒李，另一面推选杨庚梅、匡光照两人前往教育司请愿，要求收回成命，并呈明一师拒李情形。代司长李大樑无奈，只好说明委任李济民乃省长之意，教育司无权收回任命书，但可以将学生意思转达。

请愿学生返回学校后，汇报了请愿过程及结果。学生对此结果

---

① 《一师校长问题之昨讯》，《大公报》1923年8月30日第6版。
② 《法专一师校长问题近讯》，《大公报》1923年9月1日第6版。

自然是不满意,于是召开全体学生大会,决定一致拒李。经过4个小时的讨论,学生认为,以前他们推选出李石岑、罗教铎、王凤喈等人为校长人选,范围过于狭窄,赵恒惕不能认可,现在他们决定再退让一步,不再指定人选,只要有学识有(高尚)人格,经本校多数学生认可即可,但绝不承认李济民为校长。

第二天,学生代表杨庚梅、王三辛前往省署请愿。适逢周末,无人接待,无功而返。10月1号(星期一),王、杨二人再次前往省署请愿,另有学生代表前往省教育会、省学生联合会、各报馆接洽,请求外界援助。①

学生代表到达省署后,赵恒惕避而未见。副官转达学生坚决拒李的意见后,赵恒惕答复学生说,以前一师办理不善,急需整顿,湘省只有李济民才有能力整顿一师,学生安心读书即可。学生对此答复自然不满,但赵恒惕已懒得搭理他们,学生再次无功而返。

无可奈何之下,学生竟然派代表去见李济民,表达一师学生对其"坚决拒绝之意"。② 李济民既然是赵恒惕的亲信,有省长撑腰,接受委任之后,自不会轻言放弃,但在学生坚决抵制之下,却也无法到校任职。不过,李济民虽然没有到校履职,却开始以一师校长名义参加各种社会活动。10月中旬,湖南省教育会选举干事,李济民即以一师校长的身份当选。③

眼见政府方面无任何进展,学生于是联系长郡中学的教务主任、一师原训育主任熊梦飞,请其联合湘省教育界,劝诫李济民不要到校,并在道义上进行声援。随后又联系明德、楚怡、法政等校进行援助。同时,学生还通过报纸向社会发表宣言,表明易培基掌校时期,校务进展"声振全国。凡到过我们学校的人,无不艳称我

---

① 《一师反对新校长之轩然大波》,《大公报》1923年10月1日第6版。
② 《一师学生反对李济民之坚决》,《大公报》1923年10月2日第6版。
③ 《教育会昨日选举干事》,《大公报》1923年10月19日第6版。

们学校学生自治的精神、校务的组织良善。三年来博得一般人的赞美,同时却惹起少数人的妒忌",① 以破除一师办理不善的传言,并表明学生拒李的坚决态度和破釜沉舟的决心。

虽经湘省教育界调停,但一师学生拒李之心不改。眼见学生奔走呼号、四处求援,赵恒惕担心久则生变,也懒得再和学生周旋。10月9日,赵恒惕派兵护送李济民到校履职。②

即便是李济民已经到校任职,学生依然没有放弃抵制。在请求省教育经费委员会不要向李济民划拨校款失败后,他们继续罢课,并继续请求教育界支持。但李济民既为赵恒惕亲信,又已经到校履职,教育界不再支持学生,转过来劝说学生要以学业为重。

历经一个多月的罢课斗争后,胳膊终究拧不过大腿,经过教育界的调停,11月中旬,一师学生恢复上课。③ 学生最终拒李失败。

李济民虽然在重兵保护下进驻一师,却也清楚自己没有任何群众基础。为得到学生认可,他亲自出马,去外省"卑词厚币"请来汪馥泉、赵惠谟、张铁珊、张盝、陈笑公等教员。甚至宣言寒假后由学生最为欢迎的赵惠谟担任教务主任、主持校务,他则学易培基专门负责筹款。赵惠谟深知一师情况,拒不担任教务主任,拒绝主持校务。④

李济民眼见学生对他极度不满,"师生感情如同冰炭"。⑤ 教师也不配合,光杆校长实在是不好当,终于知难而退,于1924年初提出辞职。

李济民要辞职的消息一经报刊宣布,一师学生立即召开全体大

---

① 《一师拒李风潮再志》,《大公报》1923年10月3日第6版。
② 《李济民昨日接事情形》,《大公报》1923年10月10日第7版。
③ 《第一师范正式开课》,《大公报》1923年11月19日第6版。
④ 《湘一师校长更迭之经过》,《时事新报(上海)》1924年7月5日第12版。
⑤ 《湘一师之校长问题》,《时事新报(上海)》1924年4月30日第12版。

会，额手相庆的同时，继续推举校长人选。经过讨论，学生最终推选出罗教铎、匡互生、王凤喈三人，并由学生代表金世檀、熊亨谟、李秉钧、沈缉光等四人前往教育司请愿，指出李济民任内"百事废弛"，请教育司从学生推选出的三位校长人选中择一任命。[1] 学生还专程致函李济民，表示他的去职，"真不啻出五百青年于水火，曷胜欢忭"。[2]

李济民辞职后，一师校长由谁接任，再次成为各方争夺的焦点。学生有推举的校长人选，政府自然不会放弃继续安插自己的人员，连军界都想插手其中，湘军将领何键和唐生智甚至联名保举谢逸如为一师校长。[3] 也可能因为军界的插手——赵恒惕可以得罪学生，却不敢得罪何、唐二人——赵恒惕最后干脆任命一个和三方都没有关系的彭一湖为一师校长，于1924年7月正式履职。

彭一湖为日本早稻田大学毕业生，精研佛学，个性温和恬淡。于赵恒惕而言，彭一湖温和恬淡的个性，不至于引导学生过于激进；于学生而言，终于赶走李济民，来了一个非赵党且学识人格都属上乘的校长。于是双方皆大欢喜。

彭一湖接任校长以来，治理学校校务颇有计划，很得学生爱戴。但湘省外在环境没有变化，学校经费依然困难，校务极为棘手。彭一湖渐萌退意，打算辞职。学生自是不肯，一面前往彭一湖家中挽留，一面推选学生代表前往教育司请愿，请求教育司出面慰留。[4]

在学生的真诚挽留下，彭一湖暂时打消去意，苦心经营。坚持

---

[1] 《一师学生对于校长问题之请愿》，《大公报》1924年4月29日第6版。
[2] 《湘一师之校长问题》，《时事新报（上海）》1924年4月30日第12版。
[3] 《唐师长亦议保第 师范校长》，《大公报》1924年5月17日第6版。
[4] 《一师与第一职业两校学生均挽留校长》，《大公报》1925年1月1日第6版。

到1925年6月，终因一师"欠款太多，筹借维艰"，①彭一湖再次以生病为由坚决请求辞职。

教育司最初委任周调阳接任。周调阳毕业于湖南高师，后入北高师研究科学习，且在湘省服务多年。周调阳对一师拒李记忆犹新，且对一师学生的激进极为了解，力辞不就。最终在一师毕业生余荩及前训育主任熊梦飞的极力劝说下，暂允接任。但一师学生认为周调阳声望不够，加之周调阳上任之后，筹款无门，校务进行得极为艰难。②周调阳既得不到学生认可，加之筹款艰难，自忖难以胜任，坚决辞职。1925年7月，教育司委任王凝度为校长。③

王凝度毕业于武昌高师，曾在一师任教。由于上任仓促，秋季开学时，一师的日文、科学概论等课程没有教师，学生就有所不满。寒假过后，春季开学时，文史系的国文、历史、文学、英文等科教师仍然没有聘齐，学生的不满就爆发了，开始罢课。④学生罢课引起学校当局的重视，四方奔走，很快配齐教师，此次风潮顺利解决。教师的问题好解决，但学校经费持续困窘，却是无法在短期内解决的问题。

巧妇难为无米之炊，1926年5月，一师经费困顿已极，无法维持。王凝度不得不召开全校学生大会，告知校务无法维持之现状。多数学生无可奈何，离校回家，"校内顿成萧条气象"。⑤王凝度无计可施，提出辞职。

1926年8月，因为北伐战争的影响，湘省政界发生巨变，进而影响到教育，提出取消师范独立，将师范并入省立一中，改为湖

---

① 《湘一师校长改委真相》，《时事新报（上海）》1925年8月31日第13版。
② 《湘一师校长改委真相》，《时事新报（上海）》1925年8月31日第13版。
③ 《湘省第一师范校长之改委》，《新闻报》1925年7月31日第12版。
④ 《第一师范发生罢课风潮》，《大公报》1926年4月8日第6版。
⑤ 《第一师范已实行停办》，《大公报》1926年5月12日第6版。

南省立第一临时中学师范部。

新上任的教育厅长周鳌山,委任国民党省党部委员李荣植兼任湖南第一师范校长。由于长沙是北伐战争的主阵地之一,受战争影响,一师在经费及教师聘请方面的困难使得李荣植望而却步,以"党务纷繁,责任綦重"为由加以拒绝。① 周鳌山多方游说,李荣植意有所动,于是聘请熊梦飞为教务主任、周谷城为训育主任,准备走马上任。鉴于五四运动以来一师已经形成学生自治习惯,且前任校长中和学生意见不洽者多难以久任的教训,李荣植决定先广泛征求学生意见,再决定治校方略。学生也不客气,提出五条意见:

1. 一切教职员及附小主事之任用,须得学生同意;
2. 学校财政绝对公开;
3. 学校一切行为事宜,竭力容纳学生意见;
4. 对于经费须特别努力筹措;
5. 确定学校对于学生会每期办公费津贴为六十元。②

可能是学生的自治要求超出李荣植的预期,也可能是因为一师面临的办学困难,最终李荣植还是打了退堂鼓,坚决辞职。③

李荣植辞任校长后,教育厅曾分别改委彭国钧、罗大藩和王季范,但他们都坚辞不就。④ 王季范在回复周鳌山的信中披露了大家辞职不就的原因,认为办理学校,师资为重,其时湘省各校均已开课,优良教师皆已受聘,仓促之间无法聘请优才。且北伐时期,军费浩繁,教育经费没有着落。湘省公立学校因经费问题而风潮叠起,校长因此而身败名裂。王季范自认此种困境中,非一般人才,无法整顿教育。因而推荐毕业于一师、留法归国后曾任中法大学教

---

① 《李荣植辞一师校长》,《大公报》1926年8月10日第6版。
② 《李荣植容纳学生意见五条》,《大公报》1926年8月15日第7版。
③ 《李荣植再辞一师校长》,《大公报》1926年8月19日第7版。
④ 《第一师范校长改委王季范》,《大公报》1926年8月30日第6版。

务长及教育部秘书的萧子升担任一师校长，指出一师有此优秀校友，弃而不用，实在可惜。①

王季范算得上是一师的元老。1911 年就在一师任职，担任过教师、学监等多种职务。故周鳌山对王季范所推荐的萧子升，弃而不用，反而对他多加慰留，希望他能出面主持一师的工作。

但王季范力辞不就，最终教育厅任命熊梦飞为校长。1927 年 1 月，熊梦飞提出辞职，由罗驭雄接任校长。很快，一师停办。

根据湖南《大公报》的记载，1918~1927 年，湖南一师的校长及其实际任职时间见表 2—2。

表 2—2　1918~1927 年的湖南第一师范校长

时间	校长	校名
1918.8~1920.2	王凤昌 （文徽典曾暂代月余）	湖南省立第一师范学校
1920.2~1920.7	覃泽寰	
1920.8~1923.7	易培基	
1923.9~1924.6	李济民	
1924.7~1925.6	彭一湖	
1925.6~1925.7	周调阳	
1925.7~1926.8	王凝度	
1926.8~1926.8	李荣植	
1926.9—1927.1	熊梦飞	湖南省立第一临时中学师范部
1927.1~1927.5	罗驭雄	

注：此表根据湖南《大公报》1918~1927 年关于湖南第一师范的相关报道整理而成。

二　校长治校方略的变迁

五四运动前后，一师校长分别为王凤昌和覃泽寰。王凤昌掌校

---

① 《王季范亦不愿就一师校长》，《大公报》1926 年 8 月 31 日第 6 版。

期间,尚在张敬尧统治时期,湘省教育氛围保守,故主要是维持而少改造。覃泽寰则压根没有教育信仰,对一师全无维持之心,临逃跑前还将校款卷走。应该说,五四运动以后湖南第一师范的新教育,主要是在驱张运动之后,尤其是易培基掌校时,湖南第一师范的教育改造最为彻底,成果也最为显著。

校长是一校之灵魂,其教育理念、治校方略是学校发展的方向。驱张以后一师校长的治校方略,引导着一师教育改革的走向。

(一)启蒙求新:易培基的治校方略

1920年8月,易培基被谭延闿任命为湖南第一师范校长。

图1 易培基

易培基,字寅村,号鹿山。从湖南优级师范学堂毕业后,"愤外侮日亟,欲从事外交",乃入湖北方言学堂,研习日文,与赵恒惕同学。后来两人同到日本,加入同盟会,易培基游历一段时间后即行回国,参加辛亥武昌起义。辛亥以后,易培基任黎元洪秘书。后因黎元洪依附袁世凯,于是弃职往沪,随即回湘。

历经周折,应该是对北洋军阀较为失望,易培基最终放弃外交理想,选择教育救国。易培基少时即有文名,在文学、文字学、史学、文物等方面均有研究。1915年开始在湖南第一师范担任国文教员，治学严谨，诲人不倦。

驱张运动中，易培基被绅、商、学、教各界推举主其事，经常在其家中商讨驱张细节，和学生尤其是以毛泽东为核心的新民学会会员，以及从北高师毕业回湘的匡互生等人交往频繁，并交谊颇深。易培基虽然在学术研究上治旧学，但思想上却趋新求变，对于中国民族衰弱、国势不振一直十分关注，并希望有所贡献。因而，青年学生激进的思想主张，对易培基应该是有一定影响的。

易培基担任一师校长期间，正是五四运动和驱张运动之后，整个湖南的思想得到大解放之时。在新文化运动中，各种思潮汹涌入湘。据当时正在一师求学的程星龄回忆："当时新文化运动的浪潮，汹涌澎湃，势不可挡。知识界除了少数极端顽固分子以外，多数人是随大流的。"[①]

新文化运动中，提倡白话文、进行文学改革是其重点。易培基一直从事国文教学，思想上与时俱进，对北大的新文化运动本就极为推崇，也积极回应。对于各种新思想，也主动学习研究。他曾经和姜济寰、方维夏、毛泽东等人一起，发起组织俄罗斯研究会，研究俄国劳农政权及留俄勤工俭学等事项。[②] 在新思潮的影响下，易培基的治校方略以启蒙求新为主。

在教育工作中，教师承担教书育人的重任。无论是教学内容、教学方法还是学校管理，最终都要由教师完成。易培基启蒙求新的治校方略，主要通过青年教师得以贯彻。

在驱张运动中，易培基和匡互生、熊梦飞相识相交，对已经从一师毕业的毛泽东也有更多的了解。担任校长后，易培基聘请匡互

---

① 中国人民政治协商会议湖南省委会文史资料研究委员会编《湖南文史资料选辑（第11辑）》，湖南人民出版社，1979，第49页。
② 见《民国日报》1920年8月29日报道"长沙发起俄罗斯研究会"。

生为教务主任,熊梦飞为训育主任,毛泽东为附小主事。由于易培基社会事务繁忙,一师的教学和管理主要由匡、熊二人负责,附小则由毛泽东主其事。时任教育学教师的舒新城后来回忆:"那时湖南第一师范的事权,大半为熊、匡二人主持,易则对内不过照例画诺,其主要责任在应付政府、筹措经费。"[①] 谢觉哉在其日记中曾记载易培基和赵恒惕的一次谈话,赵恒惕认为一师太新,易培基不大到校,不晓得实情。易培基答之曰:"我从前要三天才去一次,以后我每天去一次,这倒可以。"[②] 可见易培基担任一师校长时的知人善任和用人不疑。

匡互生和熊梦飞1919年夏毕业于北高师。其时,北高师对于欧美新教育运动极为关注,加上匡互生和熊梦飞都曾参加五四运动和驱张运动,思想本就激进。他们负责聘请的教师,有来自当时思想最为激进的浙江省立一师的夏丏尊、沈仲九,武昌三杰之余家菊、陈启天,毕业于北高师的孙俍工,以及革命派陈昌、李维汉等人。

这些经历五四运动洗礼、思想较为激进的青年教师,在一师进行大刀阔斧的教育改造,实行民主管理,注重对青年学生进行思想启蒙。他们不仅注重在教学中采用新方法,选用最新的、具有时代感的教学材料,以各种主义、各种思潮影响熏陶学生,宣传反帝反封建思想,传播新文化;而且鼓励学生自我管理、自主学习、自动研究,成立各种研究会,研究新文学与各种新思潮。一师校园里因而出现"自由讨论、百家争鸣的学风",学生思想迅速得到解放。

思想启蒙之外,易培基及青年教师们十分注重新教育的实施,进一步深化教育改革。在教学方面,他们改学年制为学科制和选科

---

① 舒新城:《我和教育——三十五年教育生活史(1893~1928)》,广东人民出版社,2016,第118页。
② 谢觉哉:《谢觉哉日记(上)》,人民出版社,1984,第77页。

制，实施道尔顿制，改革教学内容，采用启发式教学、实地调研等新的教学方法。在管理方面，实行导师制，鼓励学生自治。

经过易培基及青年教师的努力，一师的思想启蒙及教育改造效果显著，很快成为湘省新文化的中心、新教育的重镇。学生勇于求真、敢于质疑，曾经将颇负盛名的国文教师傅君剑、吴芳吉等人，问得哑口无言，无法下台。[①] 吴芳吉由此对一师学生的趋新和激进印象深刻，在给友人的信中曾说："此间第一师范，素以偏激骛新为志。"[②]

(二) 趋新中蕴保守：李济民的治校方略

李济民，号次仙，沅陵人，北京大学哲学专业毕业。1920年长沙名人演讲时，曾多次担任记录员。以其学识和资历，李济民作为一师校长是够资格的。但因为他喜欢奔走于政府官员之间，政客特征显著而教育信仰薄弱，且属于赵恒惕一党，而赵恒惕又总是看不惯一师，一师学生对他极为反感。加上他先是登报申明无意于一师校长，结果自食其言，在赵恒惕的重兵护卫下就任校长职，使得一师学生对于他的人格产生怀疑，由此对他完全否定。

李济民也经历过五四运动和驱张风潮，在五四运动以后趋新求变的大潮中，他有革新的内在需求。不过，李济民思想并不激进，加上在政治上倾向于赵恒惕，故对于一师的一些改革措施并不认同。即便说不上主观上的故意破坏，但也并不会去刻意维持，带有一定的保守特征。

李济民担任一师校长后，为赢得学生的认可，也采取了一些趋新的措施。五四运动以来，一师学生积极拥抱新文化，研究宣传新文学，于是李济民便打算趁着寒假，邀请"提创新文化学"的胡适

---

① 中国人民政治协商会议湖南省委会文史资料研究委员会编《湖南文史资料选辑（第11辑）》，湖南人民出版社，1979，第48页。
② 吴芳吉：《吴芳吉集》，巴蜀书社，1994，第697页。

来一师讲学一个月，便于学生系统研究新文化。①

易培基被逼去职后，一师的很多青年教师纷纷离职，李济民在教师聘请方面也花了很多心思。他先是计划聘请欧美留学硕士如谢厚藩、曹仙桃；又打算邀请美国留学生李耀先教授西史、英国留学生谭道源教授英文、美国哥伦比亚大学哲学硕士刘天铎为英文主任教员，兼授心理学、教育哲学，并请其常川驻校，指导学生的研究工作；还请了美国哥伦比亚大学硕士黄剑平（即黄士衡）为英文特别导师。②

但在1923~1924年的一师教师名录上，只有刘天铎、黄剑平二人，其余人应该是未接受聘请。故寒假之后，李济民亲自出动，从江浙、四川、广东、东北等省请来汪馥泉、赵惠谟等人。

不过，李济民虽然在教师方面颇费心思，但他毕竟带着赵恒惕整顿一师学风的任务而来，对易培基时期一些激进的改革措施，却取放任主义乃至破坏的政策。先是在湘省第一学区会议上，任由教育界提议取消初级师范的选科制而没有任何坚持（当然，一师的学科制和选科制并没有因此而取消）；然后在湘省政府打算取消男女同校政策时，他向女生保证会保全她们的求学机会，实际上却放任不顾，最终使得一师女生被教育司全部退学。对于赵恒惕最为忌讳且反对他当校长最力的学生自治会，李济民自是不会支持。因而，易培基时期的一些教育改革措施，经由李济民掌校后，颇受打击。

（三）敦本务实：彭一湖的治校方略

李济民担任校长后，易培基时期的一些教育改革措施大受影响。李济民之后的继任者彭一湖，曾两度留学日本，回国后在北京法专教过书，后一直在报界任事。五四运动以后，彭一湖曾主张

---

① 《李济民对于一师之新计划》，《大公报》1923年10月4日第7版。
② 《济民对于一师之新计划》，《大公报》1923年10月24日第7版。

图 2　彭一湖

"进行社会主义改革，来挽转社会危机"；驱张之后，又积极呼吁湖南制定省宪。[①] 总体而言，彭一湖在思想上较为开明，对于教育也有信仰，因而得到一师学生的认同。

彭一湖虽曾历任报界、法制编纂委员会委员等职务，但一直有"济世安民"之志向、教育救国之信仰。面对当时思想庞杂、青年学生迷所去取、偏激用事之现实，彭一湖颇思尽己之力、有所改善。他认为，"欲图学生思想之健全，必以理解国情植其基，以外来新知致其用，而膺兹重负者，首重国文教师"。[②] 希望从国文教师的培养入手，矫正时弊。所以，当湘省教育司司长李剑农诚邀其担任一师校长时，彭一湖以为"教师范学生，由学生再教学生，可

---

① 中国人民政治协商会议湖南省岳阳市南区委员会文史资料委员会编《岳阳市南区文史（第1辑）》，内部资料，1992，第85页。
② 彭一湖：《晨光学校创立宣言》，《京报（副刊）》1925年第304期，第8页。

以把我的抱负和精神扩大影响出去",① 欣然受聘。

彭一湖被任命为校长后,一师学生即派代表前往迎接,并提出希望由赵惠谟担任教务主任或训育主任。赵惠谟毕业于北高师,后留学于伦敦大学政治经济学院,有真才实学,专心于教学,彭一湖自是没有意见。但赵惠谟一心教学,不愿担任行政事务,故再次拒绝。

彭一湖担任校长后,以北高师毕业的彭晋云为教务主任、向正民为事务主任,并另聘曾在一师任教的北高师毕业生王凤喈、周谷城等9人为教师。由于彭一湖大量聘请毕业于北高师的青年教师,因而有人认为彭一湖就任一师校长,实为北高派的复辟。②

彭一湖在思想上并不守旧,认为以前的"老师宿儒"既不解新式教授之法,也不明世界学术进步的趋势;但也不激进,对于高谈"主义"的"新进之士"并无好感。他主张"学生多读书,不要搞什么政治活动",③ 倾向于既有国学根基又能应用新知、融合国情的人才。所以,他虽然聘请了很多北高师毕业的青年教师任教,但并无过于激进的措施。总体而言,彭一湖的治校方略倾向于敦本务实。

彭一湖任职期间,对一师以前一些合于时代趋势的做法一仍其旧,如教学方法上,仍采用启发式;训育方面沿用以前积极的引导,学生成绩不佳或无故旷课至一月以上者,准其降级,如无级可降,准其旁听,如果旁听一学期成绩进步,则仍为正科生;保留学生自治会及相应权限,学生自治会可以和教职员一起参与审查学校预算。但是对于以前一些较为激进的措施,也有所改革,如要求所

---

① 中国人民政治协商会议湖南省岳阳市南区委员会文史资料委员会编《岳阳市南区文史(第1辑)》,内部资料,1992,第85页。
② 《湘一师校长更迭之经过》,《时事新报(上海)》1924年7月5日第12版。
③ 刘寿祺:《刘寿祺革命回忆录》,湖南师范大学出版社,1994,第20页。

有学科平均发展，不能偏科，以矫习惯；对于以前学生高谈主义、干涉校内行政等行为，也进行了禁止或取消。①

彭一湖对教育有信仰，对一师也有大规划，希望能通过一师实现其"济世安民"之理想。他不仅在校园内植树造林，美化校园环境，还准备增设文、理科实验室、博物室，并打算设置专修科，准备将一师扩充升级为高等师范学校。

彭一湖敦本务实的治校方略及其改革措施，有些方面学生能接受并积极配合，但有些方面如限制研究宣传"主义"、学生自治会的权限缩小等，学生就比较抵制。彭一湖的教育理想因一师学生的不能随其"摆布"而难以实现，加之教育经费的现实困境，于是决意辞职。辞职之后，彭一湖和李剑农、唐生智等人另办晨光学校，以培养符合其理想的国文教师以及适于乡村改革的人才。

彭一湖以后的校长王凝度，在彭一湖的基础上，对易培基时期的改革措施又进行了恢复，重视学生自主研究和主体性发挥。比如根据壬戌学制规定的选科制度实行课程选修，在共同必修、系必修的基础上实行共同选修和系选修课制度；学生社团方面，恢复了各种学生组织，如各种学科研究会、小学教育研究会、晨社，以及由学生社团所办理、附于各大报纸的《史地周刊》《小学之友》等学术刊物；同时重视培养学生服务社会的意识和公共精神，继续由学生会办理平民半日学校，由学生负责义务教学和管理。②

第二节　教师构成及群体特征

学校教育中，校长及其治校方略指引着学校的发展方向和育人

---

① 《第一师范学校》，《大公报》1925年3月27日第6版。
② 《学校调查：第一师范》，《大公报》1925年11月28日第7版。

方针，但教书育人的关键在于教师的理念及学养。五四运动以后，一师能迅速成为湖南新文化和新教育的中心，和一师汇聚了一批思想新、学养高、锐气足、善开拓的教师密切相关。

一 锐意进取、勇于开拓的教师队伍

（一）来自北高师的主任团队

民国时期学校实行校长负责制，但因为北洋政府时期军阀争权，战争频繁，湖南主政者经常无故扣减经费或是将教育经费挪作军费或他用，公立学校经费经常拖延发放。公校校长为了维持校务，讨要经费，"非公门参谒，乞求隔宿之粮，即朝夕会商，求援一时之急"，[①] 全力以赴于学校生存，而于学校发展规划方面则有所不足。除开学校的治校方略、经费等由校长负责外，具体的教学擘画和学校管理则主要由教务主任等主事人员负责。因而，五四运动以后湖南第一师范的教育规划及其改造，和教务主任等密切相关。当然，因为思想相通、理念相近，为了学校发展，训育主任、事务主任对于教学也多所建言。故学校整体校务，实则是各主任乃至全校青年教师在协商中进行、在合作中完成。

1920年，易培基担任校长后，聘请匡互生为教务主任、熊梦飞为训育主任。

据白瑜（湖南第一师范第一部14班学生，1920年毕业）回忆，匡互生在北高师时期就品学兼优，为人诚恳善良。在驱张运动中和易培基相识相交后，因其人品见识，很受易培基重视。[②] 故易培基能放心将校务全权委托之。

匡互生本来在驱张运动后，准备前往南洋考察教育和实业，但

---

① 方小川：《对于请愿省议会定米盐公股为教育基金意见书》，《大公报》1920年12月30日第2版。
② 郭廷以、张朋园等：《白瑜先生访问记录》，九州出版社，2012，第178页。

熊梦飞及一帮朋友力促他到湖南第一师范办学。匡互生认为一师的事情"不大好干",力辞。经过朋友的苦劝和多日的思考,最终还是在1920年8月前往一师任职。

在易培基的大力支持下,力图根本改造的匡互生和熊梦飞等人在湖南第一师范锐意革新,进行大刀阔斧的教育改革,使得一师很快就成为当时湘省新文化和新教育的中心。但是,随着谭延闿去职、赵恒惕督湘后,湘省思想控制又逐渐收紧。湖南第一师范成为"湖南新文化运动的大本营"后,[①] 更成为赵恒惕关注的重点,因而赵恒惕对湖南第一师范颇多掣肘。湖南这种错综复杂的政治关系及其对教育的影响,使得理想主义的匡互生,觉得公立学校"决难实现吾人之理想教育",[②] 于1921年下半年离开湖南第一师范。

1921年初,匡互生就辞去教务主任,由熊梦飞继任。1922年11月,熊梦飞辞职,由彭静仁、周谷城继任教务主任。1923年8月,王凤喈继任教务主任,主持教学事宜。[③]

1923年10月,李济民担任校长后,因一师原有的教师多已离职,李济民聘请于登瀛担任教务主任。[④] 由于学生不欢迎李济民,连带对这位于姓教务主任也"特别不满意"。李济民曾经希望赵惠谟担任教务主任,被赵惠谟坚决拒绝。

1924年,彭一湖担任校长后,聘彭静仁为教务主任、王凤喈为训育主任、向大光为事务主任。1925年,增聘邹谦为训育、总务主任。[⑤]

另据1926年《湖南省立第一师范学校同学录》记载,王凝度

---

① 陈启天:《寄园回忆录》,台湾商务印书馆,1965,第83页。
② 熊梦飞:《忆亡友匡互生》,《师大月刊》1933年第5期,第6~32页。
③ 湖南省立第一师范学校:《湖南省立第一师范学校一览(1923)》,内部资料,1923,第3页。
④ 《湘一师校长更迭之经过》,《时事新报(上海)》1924年7月5日第12版。
⑤ 《第一师范学校》,《大公报》1925年3月27日第6版。

担任一师校长后，一师的教务主任为鲁子源，事务主任为曾球。

由于史料有限，无从查考熊梦飞担任校长时期的教务主任，其他时期的训育主任也记载不全。

五四运动以后，湖南第一师范的教务、训育等主任，除于登瀛、鲁子源、李应泉和曾球等人因资料缺少，无从查考其学源外，其余诸人，只有邹谦是毕业于日本东京高等师范，其余皆为北高师毕业者（见表2—3）。

表2—3 五四运动以后湖南第一师范教务主任等主事人员

年代	教务主任	训育主任	事务主任
1920	匡互生(1920.8～1921.1)	熊梦飞(1920.8～1921.1)	
1921	熊梦飞(1921.1～1922.11)		
1922	彭静仁(1922.11～1923.8) 周谷城(1922.11～1923.8)	周谷城(1922.9～1923.1) 王凤喈(1923.1～1923.8)	彭究德 刘鸣剑
1923	王凤喈(1923.8～1923.10) 于登瀛(1923.10～?)		李应泉
1924	彭静仁(1924.8～1925.6)	王凤喈(1924.8～?)	向大光(1924.8～1925.6)
1925		邹谦(1925.3～1925.6)	
1926	鲁子源		曾球

注：本表主要参考了湖南《大公报》1920～1926年相关报道及1922年、1926年《湖南省立第一师范学校同学录》、1923年《湖南省立第一师范学校一览》等。在《湖南省立第一师范学校一览》(1923)的教师名录中，教务主任为彭德芳；在"学校之历史"中，记载教务主任为彭静仁，故二者应为同一人。另外，1924年彭一湖担任校长后，所聘请的教务主任，《时事新报》(1924—7—25)记载为彭晋云，而湖南《大公报》(1925—3—27)记载为彭静仁。不知道是中途换人，还是彭静仁又名为彭晋云。因缺少史料记载，此为一疑。

这些来自北高师的青年主事人员，其毕业时间，在五四运动前后的两三年间，故其求学北高师，为同时代人。而且，五四运动前后的北高师校长为陈宝泉，非常关注国外教育发展动向，经常请从国外回来的名流到校演讲国外教育情形。加之当时杜威访华讲学，宣讲其进步主义教育思想，因而，北高师的学生，思想较为锐进，对于国外新教育流派、各种主义及教育发展趋势极为了解。北高师也有各种学生社团，其中教育研究会就是由学生自行发起的研究团体，他们自主研究、调查国内教育现状，并将研究成果发表于《北京高等师范学校周报》《北京高等师范学校教育丛刊》等报刊，熊梦飞即其中的活跃分子。[1]

这些毕业于北高师的青年教务、训育等主任，刚从大学毕业或毕业未久，多参与了五四运动（北高师是五四运动重要发起学校之一），经受了新文化新思想的启蒙，思想活跃甚至可以说激进，敢于实践又勇于开拓。他们满腔热血，秉承民主自由的精神、教育救国的信念，对湖南第一师范进行教育革新，实行教师治校、自主管理。在这帮思想激进的青年的改造下，湖南第一师范成为湖南新教育的中心。尤其是匡互生和熊梦飞二人，在湖南第一师范虽然为时不久，但他们满怀热情地联合一帮青年教师，对湖南第一师范的学制、教学、管理等进行了全面而深刻的改革，为一师的教育改造奠定了坚实基础。陈启天后来回忆这一时期的一师，认为"教师思想多属激越，学生行为尤急进。故该校在当时当地颇为人所注目，而于湖南后来之文化运动及政治运动，亦不无影响"。[2]

（二）教师学源及思想特质

五四运动以前，军阀混战，南北政府争权，地处南北要地的湖南，是历次军阀战争的争夺重点。在连年混战中，"湖南省受战祸最惨"。加之湘督汤芗铭、张敬尧等人治湘残暴，对教育多所摧残，湖南整体的教育生态不好，故各校教师主要来自湘省本土。

本土出身的教师，因家乡情结和师友情分，存在极为严重的路

---

[1] 张小丽：《北高师教育专攻科的历史境遇》，《教育学报》2010 年第 4 期，第 103～110 页。
[2] 陈启天：《寄园回忆录》，台湾商务印书馆，1965，第 19 页。

界、学派之争。1915年6月，蒋维乔作为教育部督学，历时一年，视察了湖南和湖北两省教育。就湖南教育状况而特别提出："湘省自二次革命后，各公立学校校长，几于无一不易人。现在任事者，多则一年，少则半年。其更易之故，表面上似多因嫌疑，实则中、南、西三路人士，意见素深，暗潮甚烈，运动官厅，各争优胜。而官厅亦得利用地方绅士意见不合，凭其爱憎，任意予夺。此于教育前途之障窒实甚，殊非地方之福也。"① 毛泽东也曾撰文揭露湖南教育界党派分歧，当时仅长沙城内的学校校长就有所谓高师派、高工派、城南派、孤军派、大麓派等派系。故"湖南教育界，自外表观之，学校林立，规模宏远，似乎冠冕堂皇；然考其实际，则党派分歧，内容复杂，争夺饭碗之坏象，排斥异己之阴谋，亦几与政客军阀之勾心斗角、纵横捭阖，如出一辙，人格堕落，丑不堪言。"②

易培基作为湘省名绅，同时还担任湖南省教育行政委员会委员长，事务繁多，对匡互生等人也极为信任，故将一师的教学和管理大权全权委托。

匡互生和熊梦飞二人，在北高师时，就因为二人为同乡、志趣又相投而成为莫逆之交，一起参加五四运动。从北高师毕业后，同在楚怡任教，又一起参加驱张运动。熊梦飞"性粗疏"，匡互生"特精明"，二人同在一师任事，彼此取长补短，合作无间。熊梦飞后来回忆，当时他"任拟计划，开会演说，对外交际"，匡互生"处理事务，融洽同事，训练学生"。③

不过，湖南第一师范的教育计划却未必完全由熊梦飞"任拟"，因为匡互生有着自己的教育理想，并非只是执行者身份，他后来和

---

① 蒋维乔：《湘省教育视察记》，《教育杂志》1916年第1期，第1～4页。
② 毛泽东：《湖南教育界之派系及其现状》，转引自唐振南《谁主沉浮五四时期至秋收起义时期的毛泽东》，中央文献出版社，2013，第216页。
③ 熊梦飞：《忆亡友匡互生》，《师大月刊》1933年第5期，第6～32页。

丰子恺、朱光潜等人在上海创办立达学园，就是因其教育抱负在现有之公私立学校无法实现，不得不另起炉灶，以实现其纯粹教育之理想。故二人虽有分工，却时有争执，不过"终乃各放弃其几分主见，以归于一致"。①

匡、熊二人本就是热血沸腾的革命青年，在北高师求学期间，广泛而深入地经受新文化运动的洗礼，又有教育理想。二人在湖南第一师范，主张教育革新和思想启蒙，和易培基趋新求变的心理不谋而合。他们抱着极大的希望和决心，想要打破守旧者的教育罗网，把湖南第一师范办好，办成湖南新文化和新教育的中心。

张敬尧督湘时期，思想开明的教育家皆因张敬尧的迫害而流离外省，湘省教育奉行"湖南饭湖南人吃的主义"，②不仅不能广纳天下异材，连毕业于外省的湖南人也往往被排斥在外。他们思想守旧，害怕新思想影响学生，竟然将涉及新思想、新学说的书籍杂志封存起来，不让学生阅读。③依靠这样的教师群体，要实现思想启蒙和教育改造，简直就是异想天开。

基于此，匡互生认为："要把一师建成全省新文化运动的先锋阵地，首要的任务是必须更新教师队伍"。④因而，匡、熊二人皆主张教师专任，聘请教师"完全采取人才主义"，"不重视所谓党派"，又以为"湖南的人才太少，且有些人因为在张敬尧治下服务，品格上发生疑问，即算是才，也不便用"，⑤主张打破湖南的派系主义，力主人才主义和思想唯新，从全国思想、教育发达地区聘请

---

① 熊梦飞：《忆亡友匡互生》，《师大月刊》1933年第5期，第6～32页。
② 毛泽东：《湘江评论》创刊宣言，张迪杰：《毛泽东全集（1）》，润东出版社，2013，第445页。
③ 毛泽东：《好计策》，张迪杰：《毛泽东全集（2）》，润东出版社，2013，第3页。
④ 李少全：《匡互生集》，光明日报出版社，2019，第39页。
⑤ 舒新城：《我和教育——三十五年教育生活史（1893～1928）》，广东人民出版社，2016，第117～118页。

教师。

1920年8月，熊梦飞专程前往苏浙沪汉等地聘请教师。浙江省立一师的夏丏尊、沈仲九，武昌三杰之中的余家菊、陈启天，在教育学领域崭露头角的舒新城，以及毕业于北高师的孙俍工等青年才俊因此汇集湖南第一师范。①

其后的教务主任彭静仁、周谷城、王凤喈等人，依托北高师的学源优势，秉承匡互生和熊梦飞教师专任和人才主义的原则，继续从北高师和江浙一带聘请思想新、敢开拓的教师。以1923年湖南第一师范的教师来源为例，有毕业于英国爱丁堡大学、香港大学、上海美专者，以及毕业于武昌高师、南高师和北高师等著名师范院校者，其中以北高师毕业者最多。当年一师有教师34人（包括教务主任、训育主任、编辑主任和事务主任，不含其他职员），其中北高师毕业者有17人，来自江浙地区的教师有9人，另有留学生及其他省份的教师数人，湖南学校毕业和来自湖南省内学校的教师寥寥无几。②

李济民担任校长后，一是因为易培基去职后，一师大部分教师尤其是北高师毕业的一些青年教师离职他去，另外他也想通过聘请有名教师得到学生认同，因而在教师聘请方面颇费心思。李济民聘请教师时，除开对北高师毕业者避而远之外，面向全国而以江浙、四川、东北等地为主，聘请有名教师如汪馥泉、吴芳吉等。尤其是加大了对留学生的引进力度，虽然最终来校者只有黄士衡、刘天铎、赵惠谟等人，但也可以看出李济民对教师学源的重视。

彭一湖掌校后，依然秉承全国聘请和人才主义的原则，以敦本

---

① 舒新城：《我和教育——三十五年教育生活史（1893～1928）》，广东人民出版社，2016，第118页。
② 出自湖南省档案馆教育厅全宗档案（M0059-005-4）之"湖南省立第一师范学校一览（1923）"。

务实为主，教师聘请的标准，总体为中西兼通、温厚中和，思想要新但不激进。但在一定程度上也受一师学生影响，重视来自北高师的青年教师。

王凝度时期，选聘教师再次趋新，一些思想较为激进的青年教师得以在一师任教，包括从一师毕业的、倾向于马克思主义思想的陈章甫、李维汉、李达等人。此时期，本土来源的教师有逐渐增多的趋势。

清华校长梅贻琦曾言："所谓大学者，非谓有大楼之谓也，有大师之谓也。"优秀的教师能够引领学校的教育理念、营造浓厚的学术氛围、塑造良好的育人环境，诚为一所学校发展的核心和关键。

五四运动以后，尤其是易培基掌校时，湖南第一师范极为注重教师的学源及思想，并让他们深度参与各项教育改革，上下一心，共同打造新文化的校园氛围，对学生进行思想启蒙。舒新城后来感叹，他一生任教的学校众多，但基本和学校"不发生重大关系"。唯在湖南第一师范任教，时间虽只一年，却深度参与校务，"与学生同事相处都相得，算是我教师生活中最完满的一段"。[1]

五四运动以后，湖南第一师范的教师，多来自思想和教育发达地区，教师学源多样，不仅没有学派之争的旧弊，还能经常进行学术交流和研讨，拓展了教师的视野，提升了教师的学养。尤其是大部分教师刚毕业或毕业未久，初生牛犊不怕虎，勇于打破旧制度、开创新格局，是五四运动以后湖南第一师范教育革新的强大动力。他们积极拥抱新文化和新思想，思想活跃甚至可以说是激进，开新全力以赴，破旧不遗余力，故五四运动以后湖南第一师范的教育改

---

[1] 舒新城：《我和教育——三十五年教育生活史（1893～1928）》，广东人民出版社，2016，第123页。

造极为彻底,引领着一师成为湘省新文化和新教育的中心,并受到全国关注。

这些思想得到解放的青年教师,在一师自然也以启蒙青年为己任,以破旧立新为追求。他们在课堂上讲学弘道,谆谆教诲,启发思想;他们在课堂外言传身教,濡道陶德。他们追求民主共和、自由平权的思想,锐意革新、勇于开拓的精神,废寝忘食、致力学术的态度,传道解惑、教书育人的行为,成为学生为学、为人、为事的示范。

二 一师教师的群像素描

所谓物以类聚、人以群分,正是在思想锐进、力图改造的北高师主任团队的努力下,湖南第一师范在五四运动以后汇聚起一批志同道合的青年教师。这些青年教师,虽然年龄不大、资历不老,但人生阅历丰富,[1] 多数都有着崇高的教育理想和坚定的教育信仰。他们成为湖南第一师范教育改造的主导和生力军,在学制、课程、教法等众多方面进行根本改造,推行学生自治,追求男女教育平权,成为五四运动以后一师学生为学、为师、为人和为事的榜样与示范。五四运动以后一师教师的特征,也可以说是一师大先生的历史镜像,值得借鉴。

(一)心怀天下、兼济苍生的家国情怀

鸦片战争以来,精英知识分子一直在寻求救国救亡之道。辛亥革命成功推翻封建帝制,但民族危机依然存在,国人依然处于蒙昧状态。随着五四运动以后的新文化运动和思想解放,接受了中高等

---

[1] 清末民国时期,知识分子求学,多经历私塾、新式中小学、中等或高等教育几个阶段。但因为当时教育制度不完善,学生入学极不规范。有的在中小学毕业之后,或自修,或谋事,几年之后再入校园,成为常态。故青年教师虽然毕业未久,但人生阅历其实较为丰富。

教育和留学归国的知识精英,一是对辛亥暴力革命效果存疑,二是基于自身的教育经历和成长经验,视教育救国为实现民族独立和国家振兴的希望。

五四运动以后的一师教师,大多心怀国之大者,他们把教师职责和国家利益结合起来,从民族独立和国家复兴的全局去思考教育问题和自身责任。正是因为具有心怀天下、兼济苍生的家国情怀,虽然一师没有高楼大厦,没有厚薪高名,但老师们往往以自己的生命体验引导青年,以自己的内在感悟启蒙青年。因而,他们的教学,能让一师学子热血沸腾,能启发学生思考,能触动学生灵魂,从而成为青年学生的学业导师、思想导师和人生导师。

徐特立还是乡村蒙师时,就因为中国贫弱和民众蒙昧,决心投身教育,觉醒国民、驱逐列强、改造社会。后来在宁乡速成师范学习时,创办者周震鳞曾说:"我们办这个学校(指宁乡师范),不是培养你们当一个好教员,得到社会上的名誉地位;更重要的是希望你们创造事业,创造有利于国家民族的事业。"徐特立自承"我一生致力于教育事业,周先生的这几句话,对我的影响是很深的"。[①]

五四运动以前,徐特立就长期在一师任教。1924年6月,从法国勤工俭学回来后,徐特立担任长沙女子师范学校校长,同时在一师兼任教职,讲授教育学科。他在教学中"引用欧洲教育名家的言论,结合他自己的所见所闻,发现问题,提示解决问题的方法"。[②] 他希望一师学生——未来的教师——能更好地改造旧教育,创造有利于国家民族的事业。徐特立勤俭好学、诲人不倦的高尚人

[①] 江来登、孙光贵等:《徐特立人生轨迹及教育思想发展研究》,湖南人民出版社,2009,第34页。
[②] 中国人民政治协商会议湖南省宁乡县委员会文史资料研究委员会:《宁乡文史资料(第五辑)》,内部资料,1988,第68~69页。

格及心怀家国的精神，对一师学子的为人、为师、为事等影响至大。如早年学生周世钊，毕业后曾入东南大学学习，后追随徐特立在湖南省立第一女子师范执教国文，成为著名的教育家。

匡互生在北高师求学时，就萌生建设新村的想法，希望通过新村改造中国社会。在参加五四运动和驱张运动之后，开始反思部分青年因缺乏引导而"腐化"，决心"奋然而起，作点革命的工作，为人类留点正气，为社会开条生路"。[1] 匡互生所言的"革命的工作"，并非暴力革命，实指通过教育"造就完全的人",[2] 以改造社会、振兴民族和国家。故他最终放弃留洋、入仕等各种机会，投身教育，希望通过改造教育而实现改造社会和国家的理想。

（二）作育"新民"、为国培才的理想信念

20世纪初，面对列强环伺之危局，梁启超指出"未有其民愚陋怯弱、涣散混浊而国犹能立者"，大声疾呼"故今日欲抵当列强之民族帝国主义，以挽浩劫而拯生灵，惟有我行我民族主义之一策；而欲实行民族主义于中国，舍新民末由",[3] 主张作育新民以救国。

随着清末新政和新式教育的规模化实施，越来越多的知识分子对于国家富强、民族独立有着责之于己的认同和志向，信仰教育救国，以作育"新民"、为国培才为自己的理想信念。

毛泽东尚在学生时代，就认为"应以学校教育为急，造成新国民及有开拓能力之人材"。[4] 1920年担任一师附小的主事后，即

---

[1] 熊梦飞：《忆亡友匡互生》，《师大月刊》1933年第5期，第6～32页。
[2] 匡互生：《中等学校的训育问题》，《教育杂志》1925年第8期，第1～7页。
[3] 梁启超：《新民说》，商务印书馆，2016，第7页。
[4] 中共中央文献研究室、中共湖南省委《毛泽东早期文稿》编辑组：《毛泽东早期文稿（1912.6～1920.11）》，湖南出版社，1990，第83页。

"提倡放宽入学年龄,以方便工农子弟入学",① 并筹资开办补习班,招收失学青年。1921年担任一师22班的国文教师,他虽然年青,但其学具根底,又注重学习研究马克思主义思想,1920年夏天,毛泽东就自认:"我已经在理论上和在某种程度的行动上,成为一个马克思主义者。"② 尤其是参与中国共产党的创建等系列活动后,毛泽东已经是一个成熟的马克思主义者,对马克思主义有着坚定的信仰。他在一师教学,着眼于对青年学生的思想启蒙和平民主义观念的建构。

毛泽东教授国文时,注重补充新文化、新思想等教学资源,他"常从上海、北京等地新出版的杂志报纸,如《新青年》、《新潮》、《新生活》等刊物上选出文章"给学生读,③ 助力学生了解时代思潮,并引导学生"重视写文章与现实斗争的关系"。在毛泽东的着意熏陶下,22班学生作文"大多是写关于'五四'新文化运动和爱国反帝等方面的内容"。④ 作为湖南最早的马克思主义者之一,毛泽东尤其注重以马克思主义思想启蒙青年学生,引导其关注社会现实和社会改造,探索新的救国路径。在毛泽东的宣传引导下,一师不仅有"马克思主义研究会",亦有不少学生在接受马克思主义思想的基础上陆续加入中国共产党。一师学子在比较21班的张石樵和毛泽东的国文教学时,就认为"唯张不谈主义。在联系实际,启发学生思想,奖掖后进诸方面,似稍逊于毛"。⑤

---

① 孙海林等:《毛泽东早期教育实践与教育思想概论》,中南大学出版社,2008,第56页。
② 腾纯等:《毛泽东教育活动纪事》,湖南教育出版社,1993,第35页。
③ 许志行:《毛主席教我学语文的一点回忆》,《语文学习》1978年第3期,第1~5页。
④ 许志行:《毛主席教我学语文的一点回忆》,《语文学习》1978年第3期,第1~5页。
⑤ 中国人民政治协商会议湖南省宁乡县北区政协文史资料委员会:《宁乡文史资料(第五辑)》,内部资料,1988,第68页。

毛泽东善于奖掖后进、提携青年，指导青年学生的人生方向。22班的肖述凡，作文很受毛泽东赏识，大段的批语后，对他寄予厚望："勖哉夫子，跂予望之。"肖述凡也没有辜负毛泽东的厚望，在一师众多学生社团中，他领导的"崇新学社"规模最大，社员达到两百多人，成员思想倾向于社会主义。① 他还很快就加入共青团和共产党，一面学习一面从事革命工作。②

一师教师满怀教育热情，对教育有着"虔诚的信仰"。③ 志同道合者经常在一起品学论道，"有时夜以继日地睡在床上通夜谈话"，在聚会交谈中，学问范围得以"扩大"；对于造就学生，"无不竭诚指导"，以至于每每感到自己时间之不够用。④ 对于培育新民，也着实是殚精竭虑。

（三）学贯中西的专业素养

五四运动以后湖南第一师范的教师，绝大多数是新式学堂毕业或留学生，但他们幼时多接受传统教育，既厚植传统文化根基，又深研西方学理思想。他们虽然年轻，但不少人已经著述等身，有自己的思想体系和教育理念。他们学高为师，身正为范，故虽不把立德树人作为对外宣言，却总是以身教轨物范世。德高望重者以其老成持重、立身行道影响于一师学子；青年先生虽为翩翩少年但德才兼备、人格清高，足为青年学生行为之示范。

作为五四闯将的匡互生，大学毕业未久即在一师任教，虽然年轻但极富人格魅力。和他挚交十七年的熊梦飞描述他："态度极温

---

① 中国人民政治协商会议湖南省委会文史资料研究委员会编《湖南文史资料选辑（第11辑）》，湖南人民出版社，1979，第47页。
② 中国人民政治协商会议湖南省宁乡县北区政协文史资料委员会：《宁乡文史资料（第五辑）》，内部资料，1988，第68页。
③ 匡互生：《青年教育者的修养》，《教育杂志》1926年第1期，第1~9页。
④ 舒新城：《我和教育——三十五年教育生活史（1893~1928）》，广东人民出版社，2016，第119~124页。

和，情感极真挚，言论极诚恳，故容貌言语，均非世人所谓漂亮者流，自有令人可敬可爱之魔力。律己甚严，待人则甚宽，人有过失，寻其过失所由生，如为生活问题或生理问题，则多方设法解决，予以温情之慰藉。惟对于奸巧狡猾、捐人利己之途，则丝毫不肯假借。且极尊重他人之个性，不强同诸己。"①

匡互生在一师任教，虽然极具话语权，但对于青年学生，却总是以嘉言善行和人格魅力行不言之教。曾经有一个学生窃人钱财但拒不承认，其他学生气极欲殴，匡互生阻止了学生打人，将涉嫌盗窃的学生带到自己寝室，和他同居两个星期。两个星期来，匡互生对人对事的态度、为人服务的真诚，终于感动了这个学生，承认了自己的盗窃行为。学生虽然承认偷窃，匡互生并没有用校规来处罚他，而是许诺学生"不以告他人"，并自掏腰包赔偿被盗窃的学生。该生得以留校学习，自此"品洁行修"，后成为"闻人"。②

总体而言，五四运动以后，湖南第一师范聘请教师唯才是举，注重学有专长、思想趋新而力图打破保守，关注学源学养而对其政治信仰兼容并包。一师能对教师的政治信仰兼容并包，主要是因为当时主事者多信仰民主与自由，加上有些青年教师的政治信仰尚未分化或者政治信仰已明确，但当时政治信仰之间的矛盾冲突并未激化。故 20 年代初的一师教师，既有共产党人毛泽东、李达、李维汉、张石樵、樊树芬等人，也有国民党人王凤嗜、孙俍工、吴晦华等人，还有无政府主义者匡互生、沈仲九，以及无党派之周谷城、陈奎生、汪馥泉、辛树帜等人。③

不过，随着湖南第一师范校长更易及其治校方略的变化，不同

---

① 熊梦飞：《忆亡友匡互生》，《师大月刊》1933 年第 5 期，第 6～32 页。
② 熊梦飞：《忆亡友匡互生》，《师大月刊》1933 年第 5 期，第 6～32 页。
③ 中国人民政治协商会议湖南省委会文史资料研究委员会编《湖南文史资料选辑（第 11 辑）》，湖南人民出版社，1979，第 54 页。

时期教师的思想也有所不同。总体而言，五四运动以后一师教师在思想上都趋向民主自由、追求平等，但易培基时期的教师刚刚经过五四运动洗礼和驱张运动，血气方刚，思想趋新且极为激进。易培基以后，一师教师在思想上逐渐温平，思想趋新但以稳健为主。

五四运动以后，因有众多省外名师加持，以及一师新教育声名在外，加之以前饱受张敬尧摧残的湖南青年思想得到解放，其求知热情空前高涨，故投考学生"如潮涌一般"，即便有学生愿意自费旁听，但一师在增加两班之后，不得不以"额满而遗"。①

五四运动以后的一师教师，学源上以北高师毕业生，苏浙沪等新思潮、新教育发达地区教师以及留学生为主，因而对欧美近代教育改革及其新教育理念和方法极为熟悉，有较为强烈的推行教育改革、实施新教育的主观愿望。

正是在这些来自天南海北、学源多样、思想民主的教师努力下，五四运动以后湖南第一师范大力改造旧教育、实施新教育，很快成为湖南新文化的中心、全国新教育的重镇。舒新城后来评价此时期各学校的教育改革，认为浙江省立一师是新教育实施之"先锋"，"其次恐怕要算湖南省立第一师范罢!"②

---

① 舒新城:《我和教育——三十五年教育生活史（1893～1928）》，广东人民出版社，2016，第118～119页。
② 舒新城:《我和教育——三十五年教育生活史（1893-1928）》，广东人民出版社，2016，第117页。

第三章

推行新学制：学年编制与训育管理的改革

五四运动以后，在思想解放大潮中，青年教师和学生对于旧社会的一切都开始"重新估价"，认为"当时的学校制度以及教育制度，本不能满足青年以及社会的需要"。① 改革学校制度，成为湖南第一师范教育革新的重点。

湖南第一师范的新学制，包括可以自由选科、能满足不同学生兴趣爱好与学力差异的学科制和选科制，也包含化消极制裁为积极引领、注重对学生进行个别指导以及由全体教师参与学生成长的导师训育制。

第一节 关注天性与差异：由学年制改为学科制和选科制

一 为何要改制

清末教育改革以来，我国中学教育一直有两个目的：一是为升学之预备，二是为职业之考量。1909年学部颁行《变通中学堂课

---

① 舒新城：《我和教育——三十五年教育生活史（1893～1928）》，广东人民出版社，2016，第116～117页。

程分为文科实科折》，决定中学实行文、实分科，文科为升学，实科为谋生。民国建立后，首任教育总长蔡元培反对中学分科，并一直坚持这一主张不曾改变。蔡元培反对中学文、实分科，实则是他反对中学的目标之一：养成社会中坚人物即职业预备。他认为，中学毕业之后就去社会上做事，"中学所得的知识很浅，并不能够应用他去做特殊的事业，纵然可以做一点儿，也不过很平常，甚至可能变成中等游民"。[①] 因而，蔡元培主张中学应该只为升学之预备。作为升学预备的中学，自然应该是打牢普通知识基础。如果中学实行文、实分科，学生选习文科者，不愿研究实科；学习实科者，不研究文科，养成偏科的习惯，升学以后就会存在很多困难。[②]

蔡元培基于中学毕业生程度太浅的现实，建议中学应致力于提高学生普通知识以为升学之预备，其实颇为理想主义，也对民国时期的人才标准悬格较高。民国时期，大学基本上是一省一所，高等专科学校也为数甚少，加上教会大学和私立大学，也远远不能满足中学生的升学需要。况且还有部分中学生因经济困顿，中学毕业之后也没办法继续升学。因而，中学教育的职业预备是一个现实且不可回避的问题。

1915年，黄炎培在考察江苏省中学毕业生的出路后，批评中学教育"在养成社会中坚人物，究其结果，适产出若干高等游民，其将何以自解？"[③] 中学教育对学生职业培训不足，再次引起人们对中学教育目的的讨论。

1917年教育部正式提出在中学增设第二部。第二部学生毕业后即从事职业，故其学科设置，删减一定的普通学科，根据地方实

---

① 高平叔：《蔡元培教育论著选》，人民教育出版社，1991，第306页。
② 高平叔：《蔡元培教育论著选》，人民教育出版社，1991，第311页。
③ 黄炎培：《考察本国教育笔记》，转引自王伦信《清末民国时期中学教育研究》，华东师范大学出版社，2002，第28~29页。

际情形增设农业、工业或商业等职业学科。①

然而,二部制的实施,并未能平衡中学升学和职业两种教育目标。教育实践中,因为分科科目多且未必适合学生的将来需求,亦未必全为学生所愿意学习,其结果是"学生之入第二部者甚少,又有已入第二部而请求转入普通科者"。② 理论探讨中,认为中学设二部制,实则是将普通教育和职业教育混为一谈。

五四运动前后,随着欧美留学生陆续归国以及新教育思想的引介,北京大学最早改学年制为选科制。随后江浙一带的中学也开始试行选科制度,该制度在1922年颁行的壬戌学制中得到正式认可。

中学因为升学和职业之矛盾而实行选科制度,湖南第一师范作为师范学校,虽在程度上为中等学校,但其教育宗旨非为升学,实为培养教师,属于职业培训。为何要改制呢?

选科制,是五四运动前后借鉴美国经验,在学科分科的基础上,学生自由选择学科。民国时期的中学选科制,有广、狭二义。广义的选科是仿照美国有限制选科制,即每分类中有若干学程可以自由选择,但须经学校行政的指导。由于对经费、教师、教材要求较高,广义选科制虽更适合学生个性,但试行的学校不多。实行更多的是狭义选科,即采用分科制,在一年或二年或三年的基础学习结束后,分为几科,每科的学程都是固定的。学生虽不能选择学程,但可以选择与兴趣爱好相近的分科。③ 通常认为,选科让升学的学生可以在普通知识上更加精进,而欲谋职业的学生也可以得到相应的职业训练。尤其重要的是,选科有利于根据学生的兴趣爱

---

① 李桂林、戚名琇、钱曼倩:《中国近代教育史资料汇编普通教育》,上海教育出版社,1995,第794页。
② 陆殿扬:《江苏省立中学学制变更的历史观》,转引自王伦信《清末民国时期中学教育研究》,华东师范大学出版社,2002,第29页。
③ 陆殿扬:《民国史十年之中学教育》,《新教育》1922年第2期,第220~222页。

好，因材施教，可以鼓励学生自主学习和探究，迎合了五四运动以后致力于民主自由、追求个性的时代潮流。

1920年暑假，易培基担任一师校长后，师范本部由匡互生和熊梦飞负责，附小则由毛泽东为主事，一师校务基本上由这三位新进青年主持。

参加过五四运动的匡互生和熊梦飞对自由和个性的追求自不待言。毛泽东刚到一师求学时，湘省在汤芗铭的统治下，思想控制极严。公立学校"一切都要遵循官方的意旨，于是学生们的一切活动都被禁止，都受到镇压。学生们除了读死书外，休想有一丝儿自由作为校内校外的各种活动"。[1] 一师作为省立师范院校，自不例外。

其时，毛泽东在一师学习，对学校的严苛管理和思想控制极为不满，而于课程学习，虽然"反对自然科学中的必修课程"，"希望专攻社会科学"，[2] 但没有选择的自由。1915年底，在给黎锦熙的信中，毛泽东抱怨："弟在学校，依兄所教言，孳孳不敢叛，然性不好束缚。终见此非读书之地，意志不自由，程度太低，俦侣太恶，有用之身，宝贵之时日，逐渐催落，以衰以逝，心中实大悲伤。"[3] 一师当时部分教师思想保守以及学校呆板僵硬的管理制度，对思想活跃却又偏科的毛泽东而言，实为桎梏。其后孔昭绶再掌一师，民主治校，但前期的思想和行为控制给毛泽东留下了难以忘怀的印象。

匡互生、熊梦飞以及毛泽东三人，在驱张运动中有过合作，又都受新文化运动影响，都主张进行彻底的改革，以建立一个新的世

---

[1] 斯诺等著，刘统编注《早年毛泽东：传记、史料与回忆》，三联书店，2011，第78页。
[2] 斯诺等著，刘统编注《早年毛泽东：传记、史料与回忆》，三联书店，2011，第16页。
[3] 中共中央文献研究室、中共湖南省委《毛泽东早期文稿》编辑组：《毛泽东早期文稿（1912.6~1920.11）》，湖南出版社，1990，第30页。

界。选科制作为一种新的制度，有利于发挥学生个性，适合不同学生的兴趣，北大已经率先实行，又有浙江省立一师试行的先例，符合匡互生等人破旧立新、解放个性的需求，自是愿意尝试。毛泽东在求学时期就对一师划一呆板的制度及不能自由选择学科不满，对选科制应该也是极为支持，并对匡、熊二人有所建议。而来自已经实施学科制的浙江省立一师的沈仲九等人，更是推行选科制的强大助力。

湖南第一师范作为中等师范，本无一般中学升学和职业之间的矛盾。但一来当时政府对于师范生毕业之后的从教义务执行得并不太严，二来相当部分的师范生是因为无中学可上或因为家庭经济不好才上免费的师范学校，升学意愿强烈。一师曾经做过调查，一半以上的学生有升学需求。见表3－1。

表3－1　湖南第一师范学生调查（1923年）

项目	人数(人)	占比(%)
预备升学	257	62
预备从事教育	196	47
不定	103	25
学校总人数	417	

注：该调查表，载《湖南第一师范学校一览（1923）》，内部资料，1923，第19页。

此个性调查表，调查项目不局限于升学意愿，学生有多项选择的自由，故其百分数之和不等于100％。此表虽为改制之后的调查表，还是能在一定程度上体现一师学生的升学意愿。

对于师范生的升学意愿，刚从学校毕业的青年教师自然是有同感且同情的，而且追求自由的他们也极力赞成师范生自愿升学的自由选择。因而，在事实上，湖南第一师范也存在一般中学升学和就业之间的矛盾，对于选科制，也有实际上的需要。当然，最为重要的是，"五四运动以后，旧社会上的一切被否定，对于什么都要重新估价。青年们多少年来被社会风俗习惯的种种压抑，当时都可以无顾忌地推翻"。① 经受五四思想启蒙的青年教师，本就追求自由民主、关注学生的个性解放，对于限制学生天性的旧制度，他们非常乐于且勇于去挑战和打破。

1921年，湖南第一师范开始改学年制为学科制和选科制。据著名教育家、当时正在一师任教的舒新城回忆，湖南第一师范的选科制"是允许学生于必修科目之外，可以就其性之所近选修若干种科目"；学科制即能力分组，"将年级制度打破，而将各年级同一科目排在同一时间上课，听学生依其程度随班上课，依其能力随时升级"。② 这种学制，既实行选科，也注重学习程度的差异，可谓广义选科和狭义选科的结合，既考量了湖南第一师范的教学条件和师资，更照顾到学生的兴趣爱好和个体差异，有利于因材施教，比较符合匡互生等人追求个性解放和破旧立新的心理。

二 学制改革的酝酿与筹备

学制改革，不仅对学校的教师、经费等都是很大的挑战，而且这种破旧立新的行为，往往会面临旧秩序和既得利益者的反对。一师从外地所聘请的青年教师，在湖南没有任何根基，也无社会威望，完全是凭着青春热血和教育理想，希望对旧教育进行根本改造。当然，也正是因为他们青春热血、无所顾忌，才能勇往直前，也因为有校长易培基这棵大树给予他们莫大的支持和保护，学制改

---

① 舒新城：《我和教育——三十五年教育生活史（1893～1928）》，广东人民出版社，2016，第116~117页。
② 舒新城：《我和教育 三十五年教育生活史（1893--1928）》，广东人民出版社，2016，第121页。

革才能顺利进行。

湖南第一师范在1920年秋季学期开始酝酿学制改革,但正式实施则在1921年。据1923年《湖南省立第一师范学校一览》记载:"(1920年)九月开学。……教务方面筹备改革学年编制,采用学科与选科两种办法,由沈仲九起草,全校教职员审定。……十年(1921年)一月教务主任匡互生辞职,聘请本校教员熊仁安(即熊梦飞)继任,实行学科、选科制两种办法,提倡学生自动的研究,辅助学生组织各种学会"。[①]

改革惯常采用的旧制度,实施新制度,既需要从无到有的开拓,更要面对打破旧制的强大压力。因而,湖南第一师范在学制改革前,也有充分的酝酿筹备,以求完备。在此期间,长沙举行名人演讲,最早在北大推行选科制的蔡元培也应邀前往。这对于正推行教育革新的湖南第一师范,是一个极好的向蔡元培及其他名人请教的机会,于是特请蔡元培、吴稚晖、张溥泉、李石岑、杨端六等人到校讨论教育事宜,并在讨论之后由蔡元培进行演讲。此次讨论的首要问题就是学科制应如何实行,然后是考试方法应如何改良、学生应如何与社会联络、学生自治问题、男女共学问题、师范学生的修养、师范生的服务以及学校行政的组织等一系列问题。[②] 可以说,讨论话题几乎囊括一师最为关注且准备进行革新的所有议题。

湖南第一师范的这次教育研讨,由于时间匆促,讨论并不充分,但在随后的师范专场讲演中,蔡元培对选科制进行了回应。蔡元培认为,中等师范是培植将来的小学教员,"小学内常常以一人兼教各种科学,初等小学常以一人兼学校中一切科学,如手工、图画、音乐、体操,所以一个师范生可以办一个小学。师范生的程度,必须

---

① 《学校之历史》,载湖南省立第一师范学校:《湖南省立第一师范学校一览(1923)》,内部资料,1923,第3页。
② 《昨日讲演会讲演纪略:第一师范》,《大公报》1920年10月30日第6版。

各科都好，才能担负这种责任。……小学教师的各种科学都完善，才能得良好的小学教育。所以师范生须兼长并进，不能选此舍彼"。他进一步指出，选科制"只能行之于高等以上的学校，且学生也只有相对的选择，无绝对的选择，除必修科以外的科学，才有选择权"。并明确提出普通教育不能实行选科制，只可采用选科精神，即不因一两门课程不及格就降级，其不及格者可随低年级听讲，考核合格，即可正常升学，"普通师范学校当然也是这样"。①

虽然蔡元培并不主张中等师范实行选科制，但一师的学制改革步伐却在稳步迈进。1921年春季学期，湖南第一师范开始试行选科制和学科制。为表慎重，又专门派员前往江浙实施学科制的学校考察学习，以资参考。② 在江浙之行中，浙江省立一师是此次考察的重点。

浙江省立一师的学科制以北大的选科制为模板。据姜丹书回忆，浙江省立一师的校长经亨颐在五四运动以后，"对于新潮流与际情趋势，在大体上唯北京大学的旗帜是瞻"。③ 因而有学者认为，北大的选科制实为浙江省立一师学科制的"范本"。④

浙江省立一师于1920年2月开始试行学科制。其实施理由包括：可免除学力之偏向、免除优等生之抑进或劣等生之不及、免除全体学科之留级、可免除年级之界限。因而，浙江省立一师将部颁师范学校的十九门学科，经过归并和增删改为教育科、国语科、数学科、外国语科、理科、艺术科、体育科和公民科等八科，并加习外语和艺术两科。又根据教材分为不同学目（如国语的学目有修

---

① 高平叔：《蔡元培教育论著选》，人民教育出版社，1991，第303~304页。
② 《第一师范变更学制案之批准》，《大公报》1921年7月11日第6版。
③ 姜丹书：《我所知道的经亨颐》，转引自张直心、王平《现代文学与现代教育的互动共生》，广西师范大学出版社，2020，第175~176页。
④ 姜丹书：《我所知道的经亨颐》，转引自张直心、王平《现代文学与现代教育的互动共生》，广西师范大学出版社，2020，第176页。

辞、读解、语法、作文、速写）并赋学分，将学分分为五组，根据学生学力酌量进退。① 学生基于新构建的八大学科和个性爱好，自由选科学习。

湖南第一师范的学制改革，其借鉴学习的对象应该是近采浙江省立一师的学科制，远采北大及美国的选科制，最后形成湖南第一师范的学科制和选科制。

三 学科制和选科制的实验与推广

（一）学科制和选科制的早期实验

湖南第一师范在1921年的春季学期开始试行新学制，并将其学制改革案发表于湖南《大公报》，公告其改革缘由和具体办法。在改革缘由中，认为学年制以时间上的"年"为标准，存在四大弊端：一是学生智力有个体差异，要在同一时间完成相同难度的功课，智力强的学不够，智力弱的躐等，学生不能得到自然发展；二是学年制下，学生如有一两科科目不及格，需要留级一年，在学习不及格科目的同时，尚需重修原已合格的科目，耗费学生的时间、脑力和金钱；三是同一年级的学生存在学习程度的差异，教材及教授方面难以做到因材施教；四是学年制下，年级界限容易发生冲突。反之，学科制以"各科"为标准，学生根据自己的程度选择相应的科目学习，不至于因为一两科不及格就降级，教师也可以根据学生差异因材施教。而选科制可以打破原有的划一的必修制不能适应学生个性和兴趣爱好，以及不能兼顾学生升学和职业（如有的学生想当小学正科教师、有的想当艺体类的专科教师）的弊端，学生可以基于自己的兴趣和需要选择学科，一方面养成做人必需的品

---

① 《浙江第一师校试行学科制说明书》，《教育潮》1920年第8期，第91~100页。

格、知识、技能，一方面预备毕业以后的需要。①

湖南第一师范实验阶段的学科制和选科制，具体规定如下：

一、每一学科在一学期内，每周授课一小时，为一学分；实验实习，每二小时为一学分；一学期以十八周计算。

二、各科定为若干学分，根据教材的难易分为甲、乙、丙、丁、戊、己、庚、辛、壬、癸等十种程度。一学程为一学期，一年分两学期。

三、学级编制以学生各科程度为标准，每一学科同一程度的学生编为一组。学生学级的上升以完成学科的学习并取得合格学分为依据，不牵扯其他各科。

四、学生学科的选择，须由教员考查审定并经教务会议审核同意，一经公布，不得更改。具体编组事宜，由教员编组委员会办理。

五、学生所修学科，分为必修科、选修科。选修科共分三系，学生除必修科外，应选修一系。

六、修业期限定为五年，学生修满规定学分且已满四年，即可毕业。如修业年限已满五年而学分不够者，得延长一年毕业。

七、各科各组人数，至少须在二十人以上；如满五十人以上，得另编一级。

八、设学生选习学科指导委员会，以教员组织之。

九、各科教材，依性质分为学目，学目细则由各科教员会议定之。②

湖南第一师范的学科制和选科制，根据教材的难易程度分为不

---

① 《湖南第一师范学校改革学年编制案》，《大公报》1921年2月18日第7版、1921年2月19日第7版。
② 《湖南第一师范学校改革学年编制案》，《大公报》1921年2月20日第7版；湖南省立第一师范学校：《湖南省立第一师范学校一览（1923）》，内部资料，1923，第5页。

同学程，并按学生的学习程度进行分组，照顾到学生在学习能力上的个体差异；又将课程分为必修科和选修科，满足了学生的个性爱好，以及升学和教师职业的双重需要。因而，学科制和选科制的实施，有利于学生各取所需、取长补短，达到发展个性和因材施教的效果。

湖南第一师范的新学制，体现了浙江省立一师的学科编制理念，以及北大乃至美国选科制的要义，而且汲取了蔡元培所建议的师范生必修科不能自由选择的选科精神。舒新城在其回忆中指出湖南第一师范学科制和选科制的采择依据："此方法行之于美国大的中学，其教育原理之根据为发展个性。中国的学校自'五四'而后，如浙江一师、东南高附中已在采行这种办法……所以一师要迎头赶上去。"[①]

湖南第一师范的学科制和选科制主要适用于第一部本科学生，第二部学生依然采取学年编制和必修学科制。第一部本科学生前三年为基础课程学习，学科制和选科制从第四学年开始（其时湖南第一师范本科学制五年）。因为1920年尚未实施选修制，所以当时的三年级学生分四学程（两年时间，即第四、第五学年），四年级便只有两学程（一年时间即第五学年）。[②]

湖南第一师范的新学制，虽然增加了对教师的挑战——讲义需要重新编写，选课学生多的教师课外改卷和指导压力极大，但因为新制度既然是采自五四运动以后知识分子所景仰的美国和北大，国内也有实践样本，又符合学生个性发展和因材施教，对一师那些既有教育理想又勇于挑战、力图革新的青年教师而言，自是极为"赞成"。舒新城后来在中国公学负责教务时，就大力推广湖南第一师范的新学制，进行教育革新。

当然，湖南第一师范在试行新学制的过程中，存在不少问题。

---

① 舒新城：《我和教育——三十五年教育生活史（1893～1928）》，广东人民出版社，2016，第121页。
② 《湖南第一师范学校改革学年编制案》，《大公报》1921年2月20日第7版。

学生方面：学生自由选习学科，自由到纯以主观好恶、虚声崇拜为选择班级与学科的标准，而不是根据自己的兴趣爱好和学习能力，因而出现躐等躁进、食而不化，浪费光阴等弊端。教师方面：学生选择教师及其任教课程分化较大，有的教室拥挤不堪，教师来不及课外改卷及指导；而有的教室寥寥无几，甚至寂无一人。[1]

基于早期试验中的各种问题，一师不得不对学科制和选科制进一步修改完善。改进后的措施如下：

一、每一学科在一学期内，每周授课一小时，为一学分。

二、在小学实习，每二小时为一学分。

三、从第四年起，须修满八十六学分，始得毕业。

四、庚组以习满二十五学分为最小限度，三十学分为最大限度；辛组以习满二十五学分为最小限度，三十学分为最大限度；壬组以习满二十四学分为最小限度，二十八学分为最大限度；癸组以习满十二学分为最小限度，二十学分为最大限度。

五、凡英文、数学程度不能在本组听讲者，须在程度相当之组补习，直至辛组为止，否则不得毕业。

六、选修科目，得斟酌情形随时增减之。

七、每届选课，均于上学期末，由学校公布学程标准及学分，经教育指导，各随需要，依法填记选课表。

八、选课经学校审查后，方为有效。一经公布，不得更改。

九、选习科目，非修完竣，不给学分。

十、选习科目中之有连带关系者，选习其中一门时，必兼选其他之一门或数门。

十一、选课时间如有冲突时，得改选他科。

---

[1] 舒新城：《我和教育——二十五年教育生活史（1893--1928）》，广东人民出版社，2016，第121页。

十二、选科不满二十人者，不得开班。

十三、一学期内，学生于某科上课时间，缺席在三分之一以上者，该科不给学分。

十四、每学期各科成绩及格者（以六十分以上为及格），给予学分。不及格者，于下学期开学时，令其补试；如仍不及格时，不给学分，并令改选他科。①

改进后的学科制和选科制，对各班人数、学科程度、学科选择及选科程序等方面的要求更为详细具体，更具操作性。

改进后的学科制和选科制，在实施中虽然还存在一些问题，但在教师的精心指导和制度规范下，"学生于学业上，比较有良好的结果：第一就是学生勤学，第二就是学生少偏重某科及蔑视某科之弊，第三学生于学问有求真实的倾向"，②且"对于研究学科之兴趣亦增浓厚"。③湖南第一师范的学制改革既然实施有序且初见成效，遂呈报省署备案，正式实施。

1922年9月，教育部召集全国学制会议，湘省教育会提交"请教育部组织教材要目编审会案"并获得通过。提案中，有一条建议为"自由选课"："为求适应个性与社会之需要，小学一段以上之学校，除分科外自当采用学科制及选科制。高材生无妨分门提早毕业，低能生必需分门延期肄习，决不能再如旧日所行之进级、留级各办法。此中标准，全视学生已否习毕某门规定之细目为转移，如教材细目未为规定，必多以意为出入。"④

---

① 《选科章程》，载湖南省立第一师范学校《湖南省立第一师范学校一览（1923）》，内部资料，1923，第5页。
② 熊梦飞：《省立第一师范采行学科制之经过》，《湖南教育杂志》1921年第2期，第34~38页。
③ 《第一师范变更学制案之批准》，《大公报》1921年7月11日第6版。
④ 来自1922年《湖南省教育会年鉴》中所载之"学制研究会报告：请教育部组织教材要目编审会案（湖南教育会提议）"。

细考湘省教育会之提案，其学科制和选科制精神和一师的新学制无异。考之湖南省教育会会员名单和职员名单，1921年湖南省教育会中的一师教职员工有13人，校长易培基、匡互生和熊梦飞等都是会员；而省会评议员中，一师有3人，即匡互生、熊梦飞以及蔡人龙。1921年秋匡互生离开湖南，但熊梦飞和蔡人龙依然是省教育会的评议员。① 一师的学科制和选科制，本就因其成效显著迅速蜚声省内外，不仅有报刊报道，还有长沙的校长会议和教职员联合会的日常交流，以及省教育会评议员讨论议案时的发言，都使得省教育会职员对一师的学制改革极为熟悉，因此有理由认为此提案是基于湖南第一师范的学制改革经验而提出。

1922年10月，第八届全国教育会联合会基于部定学制（教育部于1922年9月所制定）以及1921年全国教育会联合会的广东学制草案，修正后呈送教育部，并得以颁行，即1922年新学制——壬戌学制。壬戌学制中关于初级师范，"依（教育部）学制会议的图表，六年自然一栏，而不采广州案图表上把前三年划入初级中学的办法"。② 最终，壬戌学制规定"师范学校修业年限六年"，"后三年得酌行分组选修制"。③

（二）壬戌学制颁行后的学科制和选科制

湖南第一师范1922年新招的学生，主要根据壬戌学制选科制的规定，结合一师的既有经验进行教学。1923年，湖南第一师范实行六年制师范学校制，并继续实施学科制和学分制，在学科方面

---

① 来自湖南省教育会编《湖南省教育会民国十年会务概况》（1921年）、《湖南省教育会年鉴》（1922年）中的"湖南省教育会职员一览"部分。
② 胡适：《记第八届全国教育会联合会讨论新学制的经过》，《新教育》1922年第5期，第125~134页。
③ 教育杂志社：《教育法令选（上）》，商务印书馆，1925，第5页。

分必修科和选修科。选修科在原有基础上进行了调整和完善,分为第一、第二、第三三个系,分别对应文科、理科和艺体科。学生除必修科外,应选修一系。选修科从第四学年起,设共同选修科目,各系学生每学期须选习2~8学分。

壬戌学制指导下的湖南第一师范的学科制和选科制,前三年的必修课程主要是部定课程,包括公民、伦理、国文、英文、数学、理科(生理卫生、理化、生物学、矿物)、历史、地理、音乐、图画、手工、体育等。后三年在必修课程的基础上实行选修制,其课程设置、作业时间和课程学分见表3—2。

湖南第一师范从第四学年开始,必修课程之外,文科、理科和艺体科的选修课程完全不同。同系之内、不同组之间,课程设置虽然大同小异,但在课程难度、课程时间(课程时间即表3—2中的"作业时间",包括课堂时间和自修时间)及课程学分方面则有区别,尤其是课程难度、课堂时间和自修时间方面的差别较大,以满足不同学力学生的学习需要,实现因材施教。

湖南第一师范的学科制和选科制,在鼓励学生自由选科、自主学习、基于学生个性差异进行因材施教、促进学生基于自我兴趣进行自由研究等方面,很有助益,一师校园内出现"自由讨论、百家争鸣的学风","同学们开始组织各种团体。团体和团体之间,个人和个人之间,常就政治和学术问题,各抒己见,展开辩论,从而在学校内形成一种生动活泼的学风"。[①] 学生根据自己的兴趣爱好,积极参加各种学会。当时一师设有中国文学、英文、数理、史地、博物、美术、体育研究会以及小学教育研究会,几乎囊括师范学校的所有学科。

---

① 中国人民政治协商会议湖南省委会文史资料研究委员会编《湖南文史资料选辑(第11辑)》,湖南人民出版社,1979,第47页。

表 3—2　湖南第一师范后三年课程及学分（1923 年）

学程		必修课程及学分	选修课程及学分		
			第一系（文科）	第二系（理科）	第三系（艺体科）
第四学年	午组	普通心理学 教育史 国文 英文 生物学 科学概论 （作业时间/学分 31/15.5）	文学名著 文学概论 英文 东亚史 地理概论 （作业时间/学分 17/8.5）	立体几何、初等分析 物理—理论及实验 化学—理论及实验 生物学—理论及实验 用器画 （作业时间/学分 21/10.5）	音乐 手工 图画—木炭画 透视学 体育 （作业时间/学分 22/11）
	未组	普通心理学 教育 国文 英文 生物学 科学概论 （作业时间/学分 31/15.5）	文学名著 文学概论 英文 东亚史 地理概论 （作业时间/学分 19/9.5）	数学—初等分析 物理—理论及实验 化学—理论及实验 生物学—理论及实验 用器画 （作业时间/学分 21/10.5）	音乐 手工（二者同上） 图画（木炭画、美学大纲） 体育 （作业时间/学分 22/11）
第五学年	申组	儿童心理学 教育原理 国文 英文 农业 伦理学 （作业时间/学分 20/10）	文学名著 文字学 英文 中国文化史 人文地理学 （作业时间/学分 28/14）	数学—初等分析 物理—理论及实验 化学—理论及实验 进化论大要 遗传学大要 制图画 气象学 （作业时间/学分 28/14）	音乐 手工 图画（色粉画、色粉学） 体育 （作业时间/学分 28/14）
	酉组	教育心理 教育原理 国文 英文 农业 伦理学 社会问题 （作业时间/学分 20/10）	文学名著 中国文学史 英文 西洋文化史 人文地理学 （作业时间/学分 28/14）	微积分、高等代数 物理—机械学大要 应用化学大要 制图画 天文学 （作业时间/学分 28/14）	音乐 手工 图画（油画、艺术学大纲） 体育 （作业时间/学分 28/14）

续表

学程		必修课程及学分	选修课程及学分		
			第一系（文科）	第二系（理科）	第三系（艺体科）
第六学年	戌组	教育实习 参观 实习 （作业时间/学分 4/2）	文学名著 中国文学史 英文 历史研究法 地理研究法 社会学 经济学 法学通论 哲学通论 （作业时间/学分 36/18）	微积分、高等代数、教学法 物理—机械学大要 应用化学大要、理化教学法 制图画 天文学 （作业时间/学分 32/19）	手工 唱歌教学法 图画—油画、美术史、图画教学法 体育 （作业时间/学分 36/18）
	亥组	实习 参观	国文教授法 英文教授法 地理教授法 历史教授法 （作业时间/学分 8/4）		

注：《后三年必修科课程学分表及选修科第一至三系课程学分表》，湖南省立第一师范学校：《湖南省立第一师范学校一览（1923）》，内部资料，1923，第9~12页。

湖南第一师范的学制改革，由学生自由选科、自主研究，符合五四运动以后关注天性、注重差异的时代潮流，进而影响到整个长沙学界及其学风。这种学风，对于思想解放、追求个性的人而言，自是十分拥护。但对于饱受传统师道尊严影响、思想尚未完全解放而习惯于主导学生学习的教师而言，还是有点难以接受。宫廷璋评论当时长沙学风："言感化则不准开缺，言兴味则上课自由，言个性则专修一科。教职员复推波助澜，长沙学风遂新至不可收拾。……教职员复提倡自由研究，于是各科研究会之重要甚于教师教室内之传授，因而学生对于各科，每有偏长，而不能为平均的发展。"[①] 宫廷璋对学

---

① 吕芳文：《五四运动在湖南》，岳麓书社，1997，第218页。

生偏科及不能全面发展的评价是极为中肯的，但对于能发展学生个性、有利于因材施教的选科制还是存有一定的抵牾之心。

宫廷璋对学科制和选科制的态度，代表了湘省教育界那些思想尚未解放的人的想法。只是易培基任校长时，他们即便有所不满，也无从着手取缔。1923年易培基去职之后，第一师范学区的教育界人士即召开会议，以小学教师需要承担各科教学为理由，议决初级师范禁办选科。同时严令师范生在服务年限内，不得升学及就他事。① 其后，省视学也屡屡向教育司呈报一师实施选科制，与师范教育宗旨不符。

易培基以后的校长为李济民，因任校长职时被一师学生强烈抵制，极力想通过一些趋新的政策获得学校师生的认同，故并没有执行学区会议的议决案，而是继续实施课程选修制度，但选修的形式和学科，较之易培基时期有较大变化（具体可参考第四章的表4—1）。当然，李济民没有取消选科制，也可能是因为壬戌学制有师范选修的相关规定，以及学生对选科制的极力维护，李济民无力取消。

随着新文化运动势头衰减，赵恒惕对湖南思想的控制逐渐收紧，教育界对学生所表现出来的偏科趋势逐渐重视并进而反思，在思想上逐渐趋向温和，不再如五四运动和驱张之后那么激进，并对之前激进的改革措施有所调整，"中学校注重智能平均发展，分科专攻之势渐衰"。因而，彭一湖担任一师校长后，"所有科学，注重平均发展，力矫偏重习惯"，② 主要根据壬戌学制的规定执行，不再如易培基时期那么激进。

彭一湖以后的校长王凝度，在部章的基础上，根据1925年全国教育会联合会讨论通过的《新学制师范科课程标准纲要》实行课

---

① 《教育界消息汇志：昨日第一师范学区会议纪》，《大公报》1923年11月22日第6版。
② 《一日一校：第一师范学校》，《大公报》1925年3月27日第6版。

程选修，在共同必修、系必修的基础上实行共同选修和系选修制度。

第二节　养成健全人格：导师训育制的实施

一　清末民国时期的训育思想及实践

"训育"是赫尔巴特教育学说的重要范畴。赫尔巴特认为，教育工作要实现两个目的：一是选择的目的，又称"可能的目的"，即培养和发展儿童多方面的能力和兴趣，以便其将来选择职业；二是道德的目的，"教育的唯一工作和全部工作可以总结在道德这一概念之中，道德普遍地被认为是人类的最高目的，因此，也是教育的最高目的"。为了实现其教育目的，他将学校教育工作分为管理、教学和训育三个方面。教学在于培养儿童的能力与兴趣；训育在于培养五种道德观念，养成道德；管理则是更好地实现教学和训育的必要方法和途径。

什么是训育呢？赫尔巴特说："对青少年的心灵产生直接影响，即有目的地进行的培养，就是训育。"[①] 虽然训育是"直接对儿童的心灵发生影响"，但这种影响并不像教学一样总需要有一个第三者的东西（教材）作为介质，也和管理不同。他告诫教育者，"对训育最有害的事情就是教育者像通常发生的那样去习惯于管理"。[②] 赫尔巴特进一步说明："为了使性格向道德方向发展，必须使个性好像浸入一种流体成分中那样，按照环境状况使它受阻挡，或者有

---

① 《赫尔巴特教育文集（3）》，李其龙、郭官义译，浙江教育出版社，2002，第146页。
② 《赫尔巴特教育文集（3）》，李其龙、郭官义译，浙江教育出版社，2002，第10页。

助于它流动，但在多数情况下使它几乎感觉不到成分的存在。这种成分就是训育。"① 可见，赫尔巴特所谓的训育，是要营造一种师生相处的融洽环境或氛围，从而达到对人个性和心灵进行熏陶和陶冶的潜移默化的效果。

赫尔巴特教育学说通过日本传到我国，其训育思想也在清末通过报刊宣传和翻译日人教育学论著引介进来。

不过，清末即已引介的训育思想并没有引起学人重视，也尚未在新式学堂进行实践。其时，学校教育除开教学工作之外，主要是通过《圣谕广训》和《修身》课程对学生进行思想上的规训和劝诫，通过《各学堂管理通则》对学生进行行为上的管理和赏罚，以维持学堂秩序。无论是《圣谕广训》还是《各学堂管理通则》，都没有对于训育的规定。

民国以后的训育，五四运动是一个分界线。五四运动以前，虽然主要还是通过学校管理对学生进行外在的行为约束，但由于教育宗旨发生了变化，由以前培养"君子"转变为养成具有"健全之人格"的现代国民，而逐渐开始具有训育观念。1912年颁布的《学校管理规程令》中，就在一定程度上体现了民初的训育理念："本规定为各学校管理学生之准则。凡关于养成学生品格之各项管理规则，学生应遵守之；校长教员及学监负训育学生之责任，对于学生所施之训告，学生应服从之。"② 同时颁布的《训管理员及教员令》也规定："凡学校管理员与教员者，于其职务，宜竭诚将事，以尽先知先觉之责。对于学生亲之如子弟，本身作则以陶冶其品性，养成其独立自营之能力。"③

---

① 《赫尔巴特教育文集（3）》，李其龙、郭官义译，浙江教育出版社，2002，第9页。
② 《中华民国教育新法令（第1册）》，商务印书馆，1917，第1～2页。
③ 《训管理员及教员令》，载湖南省立第一师范学校：《湖南省立第一师范学校志·纪第二（1918）》，内部资料，1918，第20页。

民初教育界虽然初具训育理念，但在实践中依然是融之于学校管理之中，由学监、舍监负其责。罗廷光后来总结民国时期的训育制度，认为五四运动以前的训育，"学监负管理学业方面的责任，舍监司学业以外的行为，尤其关乎学生宿舍方面。我国兴学之初，这种制度颇为盛行；惟自五四运动以后，业已废除"。①

1919年3月，教育部颁定新的教育宗旨："以养成健全人格，发展共和精神为宗旨。"所谓健全人格，"私德为立身之本，公德为服务社会国家之本；人生所必须之知识技能；强建活泼之体格；优美和乐之感情"。② 教育部对人格养成的明确规定，成为新时期教育发展的指导方针。尤其是五四运动以后，基于对旧教育的反思和批判，加之学生思想大解放，学生对于以前压抑个性和行为自由的学校管理颇多反抗，主张学生自治，对于社会事务也颇多建言并积极参与，导致学潮频发。故教育界开始反思学校管理，进而逐渐关注训育及其实践。

五四运动以后，多数人认为训育即"指导学生的行为"，但也有主张训育即教育者。③ 故而在教育实践中，开始专设训育主任，下设数名训育员共同进行训育事宜；不设训育主任的学校则采用委员制，由一位委员负责一个学校的训育实施。④

国民政府成立后，政府陆续颁发《中小学训育主任办法》《青年训育大纲》《训育纲要》等系列政令，训育成为20世纪30年代以后的高频教育术语，对训育的研究和讨论也成为热点。其时，对于训育的理解，主要有以下几种：认为训育即学校行政工作之一种；训育即德育或道德教育；训育即教育；训育即思想政治教

---

① 罗廷光：《教育行政（下）》，福建教育出版社，2010，第132页。
② 李永春：《湖南新文化运动史料（1）》，湖南人民出版社，2011，第91页。
③ 匡互生：《中等学校的训育问题》，《教育杂志》1925年第8期，第1~7页。
④ 罗廷光：《教育行政（下）》，福建教育出版社，2010，第132~133页。

育。在教育实践中，小学训育主要采用级任制，以一学级为训育单位，由每级级任教师负责训育事宜。中学及以上学校主要表现为导师制，学校将每一级学生分为若干组，每组设导师一人，由校长指定专任教师充任之，"导师对学生之思想、行为、学业及身心摄卫，均应体察个性，施以严密之训导，使得正常发展，以养成健全之人格"。[①]

二 由管理式训育到导师制训育的转向

（一）养成"完全的人"：匡互生的训育理念

20世纪初，教育改革的取向由人才教育转向国民培养。作为培养国民学校师资的师范院校，对于师范生的品行自是十分重视。清末主要通过修身科，以古今名人的嘉言懿行对师范生进行思想熏陶，并通过舍监和管理员对师范生进行行为指导。

民国以来，对于师范生的训育要求秉承严格主义准则。1914年教育部《整理教育方案草案》中指出："所谓师范者，必具可为人师之模范也；自教育发达，乃知即为人师亦有其必须之学与术，最要莫过于教师人格之养成；学科讲授犹偏于知的方面，必也修养情意，甄陶品性，俾对己有自治力，对人有责任心，然后出任教师，克尽天职，此严格训育之要旨也。"[②] 因之，民初师范学校的训育皆采严格管理和消极制裁的办法。

湖南第一师范在五四运动以前的训育更多地表现为管理，而且是极为严格的管理。其时，一师设学监四名，专门管理学生。在管理中，学监将教室、自习室和寝室严格分开：上课时锁自习室和寝室；自习时锁教室和寝室；就寝后锁教室和自习室，不准随便出

---

① 吴圣苓：《师典》，上海人民出版社，2004，第481页。
② 宋恩荣、章咸选编《中华民国教育法规选编》，江苏教育出版社，2005，第10页。

入。学监不断地巡查自习室，不准随便交谈；查寝则不准寝后讲话。学生没有假条不准出校，一天到晚在学校读书。①

这种管理方式，学生虽然在校读书，但读的是死书，对于其个性发展和服务社会国家的公德方面，几无助益。

1920年8月，匡互生和熊梦飞任职一师后，二人虽在职位上有所区分，实则校务互商，彼此合作无间。二人决意改革一师严苛的管理式训育，实施训育改革。故一师的训育改革，可以认为是匡互生训育思想的早期实践。

匡互生青少年时期即有任侠之气。十岁那年，邵阳大旱，饿殍遍地，匡互生尝试割了树皮混合在粮食里做饭吃，并把这个经验推荐给乡邻。邻人贺金声向省里请得粮食十万石，分发灾民，使得数十万人免于饿死。贺金声的侠义之举，使得年幼的匡互生深为感动，进而一直关注其行为。壬寅年间，贺金声因倡导革命而被戕，匡互生幼小心灵里非但没有害怕，反倒对革命充满了向往。随后匡互生开始阅读经史学说，偏好任侠仗义的墨家学说并颇有心得，并以此作为自己行为的轨范。

匡互生1915年考入北高师数理部预科，1916年入数理本部，读天文学专业。求学期间，阅读了梁启超、克鲁泡特金及俄国托尔斯泰等人的书籍，思想上倾向于安拉其主义（无政府主义）。

墨家的任侠兼爱、天文学的浩瀚广大，造就了匡互生兼爱仁德、任侠好义和纵横开阔之博大胸怀；无政府之自由主义和对新教育理念的追求，奠定了匡互生打破旧教育、力行新教育的思想基础。因而，对于学校以消极制裁为特征的管理式训育，匡互生极不满意，认为"现在的中等学校的训育问题很有讨论的必要了"，力

---

① 中国人民政治协商会议湖南省委会文史资料研究委员会编《湖南文史资料选辑（第11辑）》，湖南人民出版社，1979，第46页。

主改革。

匡互生认为，五四运动以前办学校的人多为科甲出身，脑袋里充满了"权威""尊严""阶级"等观念，所以他们对于学生的管理，概以严厉、消极制裁的手段从事，俨如专制国家的政府对于人民所取的手段一样。抱这样的态度、持这样的见解以谈教育，哪还有训育可言？[①] 而且，学校在以往的训育实践中，总是将训育责任交给学校的舍监、学监等少数几位管理员身上，而忽视全体教师对于学生身心和个性之影响。

匡互生在1925年、1926年发表过两篇文章，总结他在湖南第一师范及其他几所学校的教育经验，并阐述其教育理想。这两篇文章，一从教师之修养问题立论，以为教育并不只是知识的传递，而于"知识以外的责任更是重要"；[②] 二从学校训育问题出发，认为训育并不仅仅是"指导学生的言行"，而实则"与教育的涵义完全相同"。[③] 匡互生认为，以前的教育往往以军国主义和实利主义为宗旨，因之养成青年残忍的、奴隶的、偏私的、计算的和狭小的习性，实则是一种非人的教育。因而，匡互生主张以积极的指导，来实现一种较伟大的、永久的教育宗旨即"以造成完全的人为目的"，"对于青年须求身心两方面的完全发展，以便他们能成为一个一个完全的人"。[④]

训育宗旨既定，含义已明，如何实施训育？匡互生提出了以学生为本的五条训育措施。[⑤]

一是以个别训练去代替划一的规则。匡互生一直信奉个体的人

[①] 李少全：《匡互生集》，光明日报出版社，2019，第44页。
[②] 匡互生：《青年教育者的修养》，《教育杂志》1926年第1期，第1~9页。
[③] 匡互生：《中等学校的训育问题》，《教育杂志》1925年第8期，第1~7页。
[④] 李少全：《匡互生集》，光明日报出版社，2019，第49页。
[⑤] 匡互生：《中等学校的训育问题》，《教育杂志》1925年第8期，第1~7页。

具有独特性，主张训育过程中要因材施教，对学生进行个别指导。否则，极易抹杀学生的个性和养成虚伪的行为。

二是以积极的人格感化去代替形式的赏罚。匡互生认为，以往的教育注重形式的赏罚，但只养成了学生的虚荣心、奴隶性以及自私自利、嫉妒猜忌和虚伪狭小等恶劣心理。而人的高尚思想、伟大魄力、光明磊落的心地、宽厚温和的态度，无一不是从偶然的机会受了有特别精神的人的行为的暗示以后，才修养成功的。

三是以全体专任教师代替学监等少数人进行训育。既然训育就是教育，教师在课堂内外的言行举止，对学生的个性和人格都会产生潜移默化的影响。

四是主张学校教师要以恕恶的精神去消除在教育上不生效力的嫉恶的态度，从根本上把行为品性不好的学生的毛病在无形中去掉。匡互生颇有圣人遗风，对于教导学生，他认为，记过、开除这些强硬的手段，只会使学生的毛病更为深固。他强调春风化雨式的浸润，用"深厚的同情去慰藉他们、医治他们"。

五是教师要引导学生对理想和趣味的追求，以远大的理想和高尚的信仰从根本上扫除心中的烦闷和物质的欲念。匡互生认为，中等教育阶段的学生，性欲萌动，心中烦闷，从而对现实生活不满足，导致种种问题发生。但如果他有远大的理想或高尚的趣味，他就有了精神寄托，注意力集中到自己的理想和兴趣，就会抛却恋爱问题和物质享乐，自然也就不会出现种种问题了。

匡互生以积极的指导来养成完全人格的训育理念，可以说是五四运动以后湖南第一师范训育改革的思想基础。

（二）由消极管理到积极引导：导师训育制的实践考察

匡互生的训育主张，虽然是在离开湖南第一师范之后才发表于报刊，但其训育理念的形成和实践，湖南第一师范是其首发站。

推行新学制：学年编制与训育管理的改革 | 第三章

匡互生在一师任教时，① 虽然有一批从外省请来的青年教师，学识人格皆足以为学生示范。但一师还有少部分旧有的手工、体育、图画等学科教师，这些教师多是旧学出身，受过一定程度的新式教育后，到新式学堂任教，但五四新文化运动对他们的思想和行为没什么影响，对于教师责任的认知也限于传授知识，尚未形成熏陶学生人格的理念。加之当时业余生活贫乏，因而，课余时间，这些教师就经常在宿舍打牌。舒新城也曾提及一师的部分教师"放下课本即行聚赌之事"。匡互生认为教师课余打牌会对学生造成不良影响，对他们进行劝诫。但这些教师振振有词，认为他们并不是舍务主任，怎么会影响到学生呢？②

鉴于此，匡互生和熊梦飞决定对湖南第一师范进行训育改革。1920年秋季学期，湖南第一师范实施导师制训育，成立训育科，设训育主任一人。一师的训育主旨为"养成健全人格、发扬共同生活之精神"，训育原则为"注重积极的诱导，少消极的禁止"，训育方法为"参加、辅导、督促、训诫"。③ 训育主体方面，打破以往由学监、舍监等少数人负责的传统，由训育主任负责训育的规划指导，而以全体专任教师担任导师，负训育责任。

舒新城后来回忆，"（湖南第一师范）在训育上采用导师制，由学生自由选择导师，学生选我们做导师的达百余人。他们的生活我们也得负一部分责任……故对于学生之来问者不问其为学校功课，或为社会问题至个人私事无不竭诚指导。学生以其可亲，于是来者

---

① 匡互生《中等学校的训育问题》的原题是"在长沙一个中学教课"。从匡互生的履历看，他从北高师毕业后，即到长沙楚怡小学任教，后来到湖南第一师范，并没有在长沙的其他中学教课。当时湖南第一师范在程度上是属于中等教育，故他所说的这个中学即湖南第一师范。
② 匡互生：《中等学校的训育问题》，《教育杂志》1925年第8期，第1～7页。
③ 《自治会规约》，载湖南省立第一师范学校：《湖南省立第一师范学校一览（1923）》，内部资料，1923，第3～4页。

络绎不绝,我们为表示诚挚起见,每每废寝忘食地尽情讨论"。①

导师制源于英国的牛津大学。牛津大学的导师,主要视导学生的学业进修、道德培养,并保障学生利益、增进学生幸福。一般以为,我国导师制最早试行于大夏大学,1929年开始实施;中学则始于江苏省。

大夏大学的导师制,每位导师视导若干学生,以十二人为限;学生自行选择导师;师生之间以茶话、聚餐、游园、交游等方式进行集会,以个人谈话或全体谈话方式进行,内容则涉及身心修养、学术研究、家庭与婚姻、时事与为人处世等方面。大夏大学实施导师制后,师生之间感情融洽,学生在立身处世和学术研究方面日有进益。②

考之牛津大学的导师制,以及大夏大学导师制的具体方法到实施效果,湖南第一师范在五四运动以后的训育制度,形质兼具,实可谓导师制的先行者。湖南第一师范的导师训育制,在李济民担任校长后被取消。也许是因为实施的时间较短,也许是因为当时虽有导师制之实,而无明确的导师制之名,故教育史上未能认可湖南第一师范的导师制。

正如赫尔巴特所认为,训育在于营造一种师生和谐相处的氛围,于不经意间产生心灵相融,实现人格陶冶。五四运动以前,我国教育学主要受赫尔巴特学说的影响,匡互生对赫尔巴特的训育思想自是熟悉。而五四运动前后,北高师对欧美新教育的高度关注,使得匡互生对美国的导师制也极为了解。因此,他十分重视教师对学生的人格熏陶,主张以春风化雨的方式去浸润学生,而非以严厉的、划一的规则对不同个性的学生进行强制规定和消极制裁。③ 他

---

① 舒新城:《我和教育——三十五年教育生活史(1893~1928)》,广东人民出版社,2016,第119页。
② 王士亨:《教训合一与导师制》,《常熟教育》1933(创刊号),第1~6页。
③ 匡互生:《中等学校的训育问题》,《教育杂志》1925年第8期,第1~7页。

认为学校里"所有的各种科目都与做人方面可以直接发生影响",当教师登台授课时,他们对于任教学科的趣味和信念,无形中就会影响到学生,于学生的修养有莫大的帮助。并由此和熊梦飞决定在湖南第一师范实施导师训育制,充分发挥专任教师言传身教的作用。

综观湖南第一师范的训育改革,从宗旨、方法、主体到实践,实则是在教学中融入训育,在训育中融入学习指导,实现训育"与教育的涵义完全相同"的理想,培育学生的健全人格。

确实,湖南第一师范实施导师训育制后,"因为训育主任既系专任教员,平时教课,对于学生,素有信仰,故实施训育,特别有效力"。[1] 为了进一步增进课堂教学中教师对学生的潜在影响,一师要求各科教师,每次上课,要和学生进行二十分钟的师生谈话。[2] 希望通过课内外的熏陶,对学生进行学习引导和人格陶冶。

在导师训育制下,湖南第一师范所有专任教师"须常驻校,担任训育责任",其校内授课时间以十四小时为限(每周),校外兼课时间不超过八小时。[3]

导师不仅要负责学生的学习和生活,更要关注学生的道德和行为,以身教示范于学生。因而一师的教师极为注意自己的言行举止,以自身之嘉言懿行,熏陶学生人格。在这一点上,匡互生可谓模范。

白瑜认为,易培基之所以如此器重匡互生,将校务委托其全权处理,跟他"识匡之善良、诚恳有关"。[4] 匡互生以其自身的高洁

---

[1] 《训育科之过去与现在》,载湖南省立第一师范学校《湖南省立第一师范学校一览(1923)》,内部资料,1923,第17页。
[2] 《半年来的湖南第一师范》,《民国日报》1921年1月24日第6版。
[3] 《第一师范学校概况》,《大公报》1922年1月14日第6版。
[4] 郭廷以、张朋园等:《白瑜先生访问记录》,九州出版社,2012,第178页。

人格，而濡化为对训育的较高期待。

事实上，一师时期的匡互生，在训育方面非只高言提倡，实则言行一致，通过自身嘉言善行和高洁人格去感化学生，实现训育。匡互生正因为对一师学生积极训导和真诚爱护，得到学生的高度认同和尊敬，1921年底，学生专程前往江苏宜兴（匡互生正在那里办理农场，试行工读主义），邀请他回校继续担任教务主任，在1923年的易长风波中，也将他作为校长人选之一。①

实施导师训育制后，一师的专任教师都住在学校，加上当时有不少教师为留学生，或是毕业于新式学堂，或者为青年教师，思想较为开明。他们有着自己的教育理想和教育信念，崇道爱生，于师生关系并无传统师道尊严之等级和隔阂，主张平等，因而师生关系极为融洽。师生经常在晚餐后三五成群，一起散步，品学论道，畅谈人生；学生也喜欢聚集在老师房间问学谈论。师生之间的经常交游和亲密关系，使得一师学生愿意一亲师泽。教师关于国家、社会之理念，其为学、为人、为事之身体力行，均为示范，对学生的学识、人格产生重要影响。

一师实施导师训育制以后，师生关系亲密，学生对教师极为信任和钦敬，即便在毕业以后，也保持密切联系，交流工作，请教学问。1925年，一师毕业生伍开榜、李春化、岳德威、何巍等人结合自己的教学和研究，编著了《新编高小国文教材》《新著高小国文科指导法》两本教科书。在出版之前，他们写信给舒新城，请舒新城为教科书作序，并希望对相关教材、参考书的指定以及教材选辑标准提出意见。② 舒新城收到来信后，立即回信并提出自己的看法和建议。

---

① 熊梦飞：《忆亡友匡互生》，《师大月刊》1933年第5期，第6~32页。
② 《舒新城君复伍开榜、何巍、岳德威、李春化等论小学教科书缄》，《大公报》1925年2月21日第5版。

匡互生和熊梦飞所主导实施的导师训育制，为一师训育奠定了良好基础。在随后湖南第一师范的相关文献中，都自承一师"自民国九年（1920年）以后，训育方面，注重积极之指导，学生人格之修养，及学生之自觉"。[1]

在以匡互生等人开其端、继任者仍其旧并不断完善，由一师专任教师全员参与的训育改革中，老师们不仅在课堂教学中对学生谆谆教诲，在课堂外更是倾心引导。他们指导学生自主学习，追求人生所必需的知识技能；他们引导学生自动探索，致力于学术研究；他们鼓励学生积极参与社会服务，养成服务国家社会的公德心和公共精神；他们打破传统师道尊严的界限，在融洽亲密的师生交往和同学关系中，培育优美和乐的师生感情。五四运动以后，湖南第一师范的训育改革，对于养成学生独立进取、积极向上的健全人格以及服务社会国家的公共精神和家国情怀，具有重要影响。

不过，湖南第一师范的导师训育制，在李济民担任校长后即行取消。湖南第一师范的训育由训育科和训育主任负责，但一师的导师教风仍在，专任教师依然重视对学生的人格熏陶，对其学术、思想和生活进行全面指导。

---

[1] 《训育科之过去与现在》，载湖南省立第一师范学校《湖南省立第一师范一览（1923）》，内部资料，1923，第17页。

第四章

实施新课程：基于个性发展和思想启蒙的课程设置

五四新文化运动，如滚滚春雷，震醒了思想界和教育界，尤其是对于因辛亥革命未能造成真正民主共和政府、正积极探索救国新路径的青年知识分子而言，更是思想大解放和救国新希望。同时，欧美新教育运动中所主张的儿童解放、个性观照等新的教育思想和理念，尤其是杜威历时两年、跨越中国十余省份的演讲以及报刊对其思想的大力宣传，使得实用主义和儿童中心思想在中国教育界广为传播，并深入教育实践。

为适应社会需要和思想解放潮流，湖南第一师范在部章框架下，重新建构课程体系，不仅基于社会需要和教育发展趋势开设新的课程，并随时对课程进行调整，尤其是在课程内容方面进行了全面革新，以启蒙学生思想、解放学生个性。

第一节 五四运动前后的课程变迁

五四运动以前，湖南第一师范主要根据1913年颁行的《师范学校课程标准》进行课程设置，但在课程内容方面，也会基于时代潮流和教育发展趋势进行调整和充实。五四运动以后，虽然1922

年教育部颁行壬戌学制,但并没有随新学制颁行新的课程标准,直至 1925 年 10 月全国教育会联合会制定《新学制师范课程标准纲要》,才有了一个新的师范教育课程标准。因而,五四运动以后的湖南第一师范,主要是基于壬戌学制对师范学校的规定以及新的思想潮流和教育理念进行课程设置。

一 五四运动以前:基于部章的课程设置

五四运动以前的湖南第一师范,在课程设置方面主要是遵循部章《师范学校课程标准》进行。《师范学校课程标准》规定男子师范学校本科第一部的课程为修身、教育、国文、习字、英语、历史、地理、数学、博物、物理、化学、法制、经济、图画、手工、农业(或商业)、乐歌、体操等十八门课程。

从孔昭绶再任校长后的 1917~1918 年的课程设置来看,湖南第一师范设置了部章规定的所有课程。不过,虽然课程按照部章设置,但教材并未统一,在教学内容方面,受校长和教师等主体因素的影响较大。

孔昭绶 1916 年秋重掌一师,是在从日本留学归国之后。在日本留学期间,适逢日本强迫中国签订《二十一条》,在日留学生和华人"愤激莫遏。无如在祖国既不许人民置喙、在彼国则处于强权压迫之下,虽欲求一哭而不可得,忍辱含垢,愤不欲生"。[①] 日本亡我中华之心昭然若揭,而军阀忙于争权置若罔闻,孔昭绶忍不住呼吁:"何时梦也狮王醒,怒向群雄吼一声"。[②] 再任一师校长后,孔昭绶"感于国事益非,慨然有振起学务之志愿","以知耻训诸

[①] 湖南省立第一师范学校:《湖南省立第一师范学校志·书第四(1918)》,内部资料,1918,第 16 页。
[②] 湖南省湘学研究院:《湘学研究(总第六辑)》,中国社会科学出版社,2015,第 165 页。

生,端其趋向"。①

孔昭绶既以知耻训诸生,在主理一师校政时,"首应时势需要确定教育方针","以人格教育、军国民教育、实用教育为现救国强种唯一之教旨"。②

其时,一师以人格教育为宗旨,以军国民教育为救国重要路径,实施体育军事化,在一师各班选择"体格强健、志愿入军者编成学生军,于正课外酌添钟点,实地演习"。③希望通过军国民教育振奋青年,以雪国耻,报效国家。

一师一些思想开明、信仰教育救国的教师也十分注重对学生进行人格熏陶和家国情怀的培养。修身科教师杨昌济讲伦理修身时,既善于从中国传统文化取材,培养青年学生传统君子治国平天下之精神;也给学生"讲中国及西洋的哲学,讲青年的前途,人们应有人生观、世界观或宇宙观",突破传统道德哲学的局限,引导学生逐渐形成世界观和宇宙观,从而超越个体自我,将青年个人前途和国家利益、世界发展联系起来。以一师学生为主体的新民学会,由最初聚焦自我个体的"生活向上"问题,逐渐开始关注"全人类的生活向上",进而主张"改造中国与世界"。

杨昌济在一师授课的同时,兼任湖南高师伦理学的教学。毕业于湖南高师的舒新城多年以后回忆:"他的道德观融合中国的性理学与英国的功利学派的伦理观而贯通之,故极重实践。其处世接物一本至诚,而一切都以人情物理为归。……他教我们的伦理学及伦理学史为时不过一年,但他所给予我的影响很大",因而"在人格

---

① 湖南省立第一师范学校:《湖南省立第一师范学校志·纪第二(1918)》,内部资料,1918,第2页。
② 湖南省立第一师范学校:《湖南省立第一师范学校志·书第四(1918)》,内部资料,1918,第7页。
③ 湖南省立第一师范学校:《湖南省立第一师范学校志·书第四(1918)》,内部资料,1918,第7页。

上最使我受感动。"①

孔昭绶还十分重视实用主义教育。《师范学校规程》指出：缺农业者得酌增他科目时数。这一规定，使得农业课程处于可开可不开的小众科目地位，很多学校基本都不开设。湖南第一师范不仅开设农业，后来还开设了商业课程。

对于农业课程，《师范学校课程标准》规定：农业要旨在习得农业之知识技能，以养成农作之趣味，勤劳之习惯，并解悟高等小学校农业教授法。

也许是孔昭绶受传统民本思想影响，也许是觉得中国以农立国，湖南第一师范极为重视农业课程。1913年孔昭绶初任一师校长时，即开设农业课程。随后一师先后聘请陈熹、盛先觉、方维夏、黄召棠、杨景辉、张荟南、朱继承、朱炎、陈时臬等老师教授农业课程。为了让农业课程落到实处，课堂教学之外，一师在1913年创办农业实习场，学生分组劳作，"以实用教育、锻炼身体、养成劳动习惯为主旨"。1917年设置学校园，以校门口旧操场为毕业班实习农场，开辟校园内各坪及后山空地为肄业班学级园。学级园划分为花卉区、果树区、蔬菜区、谷菽区、桑树区、标本区等，由学生分组劳作。②

农业课程之外，一师在1917年还设置了商业课程，聘请陈家瓒、陈世祺任教，并设置商店。商店业务包括贩卖部，面向学校师生贩卖教育用品、日用品等，向校外出售学生农作、手工及工厂劳作产品，同时设置储蓄部进行储蓄和兑换等业务，以"使学生练习事务，并注重职业实践"。③

---

① 舒新城：《我和教育——三十五年教育生活史（1893～1928）》，广东人民出版社，2016，第76页。
② 湖南省立第一师范学校：《湖南省立第一师范学校志·纪第二（1918）》，内部资料，1918，第61页。
③ 湖南省立第一师范学校：《湖南省立第一师范学校志·纪第二（1918）》，内部资料，1918，第68～69页。

总体而言，五四运动以前湖南第一师范的课程设置按照部章，但具体的教学内容则主要随教师的教育理念以及校长的治校方略进行，因而在教学实践中具有较大的自主性。

二 五四运动以后：部定课程和校本课程并行

1920年易培基担任校长后，大批思想得到解放、具有真才实学的青年教师汇集一师，为一师的课程改革奠定了人才基础和思想基础。

从现有史料来看，五四运动以后至1922年壬戌学制颁行前，湖南第一师范的课程设置依然是在部章框架内进行，并没有太大变化，唯一的变化就是商业课程在1918年以后似乎没有继续开设。课程设置虽无大的变革，但课程内容及教学方法却因为新校长和新教师有了翻天覆地的变化。

1922年11月壬戌学制颁布后，指明学制改革的七项基本标准：适应社会进化之需要，发挥平民教育精神，谋个性之发展，注意国民经济力，注意生活教育，使教育易于普及，多留各地方伸缩余地。壬戌学制的七项规定，体现了五四运动以后的思想潮流和教育发展的新趋势，且为地方办学留下了一定的自主权利。

壬戌学制还将师范教育纳入中等教育系统，设置六年制师范学校、单独设置的后期师范学校、高级中学的师范科以及师范讲习科等四种类型。

湖南第一师范一直独立设置，故按照六年制师范学校的学制进行。壬戌学制颁行后，湖南第一师范的校长为易培基，教务主任分别为北高师毕业的彭静仁和王凤喈。他们根据壬戌学制"多留各地方伸缩余地"的精神，取消了原来部定的修身、习字、法制、经济及农业课程，增设国语课程，其余课程继续保持，主要在课程内容方面进行改革。1923年李济民担任一师校长后，为了向全校师生表明他与时俱进、趋新求变的思想，1924年的一师课程设置有了较大变化，增设文字学、公民学、社会学及注音字母等课程。1925年彭一湖就任校长期间，取消了图画、音乐、社会学、注音字母课程，增设簿记课程。

按照壬戌学制的规定，六年制师范院校在后三年可酌行分组选修制。基于选修制，一师的课程设置在部章之外就具有一定的自主权。学校自主开设的课程，有些在全校作为必修课程，有些则作为选修课程。1924年以后，湖南第一师范对选修课程的开设时间进行了调整，从五年级开始。以1924年的课程为例，基于选科制的湖南第一师范的课程设置，见表4—1。

表4—1　1924年湖南第一师范的课程设置

年级	课程类型及名称		
一至四年级	公共必修课		
	国语、国文、文字、英语、数学、物理、化学、博物、历史、地理、教育学、心理学、伦理学、社会学、公民学、图画、手工、音乐、体育等二十多门课		
五至六年级	公共必修课	文科（必修）	理科（必修）
	国语、外语、教育学、心理学、伦理学、社会学、公民学、体育等	国文、历史、地理	数学、物理、化学
	公共选修课	文科（选）	理科（选）
	图画、手工、音乐中的一门至两门	文字、注音字母	博物

注：本书编写组：《湖南第一师范校史（1903～1949）》，上海教育出版社，1983，第146页。

1925年10月，全国教育会联合会制定《新学制师范课程标准纲要》，其中六年制师范课程分为七大类，即教育科、言文科、社会科、算学科、自然科、艺术科和体育科。①

《新学制师范课程标准纲要》是由民间教育团体——全国教育会联合会制定,未经政府教育行政机构正式颁行,故各师范院校都是自愿遵行,并无强制规定。

1926年,王凝度担任一师校长时,其课程设置在一定程度上采纳了此纲要的一些规定,但又没有完全遵循。此时期,湖南第一师范的课程门类最多,课程变化也较大,除开部定的学科课程都得以开设外,将博物改为生物,取消了簿记、公民学、注音字母和商业课程,但增设国语、法制、经济、日文、农业及社会学课程。

总体而言,五四运动以后,湖南第一师范在课程设置方面,部定课程和校本课程并行。教师基于时代潮流和个人学养,对课程结构和课程内容进行重新建构,并因此形成一批湖南第一师范的特色课程,如李达的经济学、田汉的中国文学史、刘宏度的宋词、曾星笠的文字学、魏先朴和周谷城的论理学、② 赵惠谟的心理学和新教育学、黄士衡的社会学、杨博森(即杨伯森)的人生哲学、辛树帜的生理卫生学等课程。③

为了具体呈现五四运动前后湖南第一师范的课程变化,根据现存资料,以第一部本科课程设置为例,做了一个五四运动前后湖南第一师范的课程变迁表。见表4—2。

---

① 璩鑫圭、童富勇、张守智:《中国近代教育史资料汇编实业教育师范教育》,上海教育出版社,2007,第1091~1092页。
② 一说为《伦理学》。据《周谷城文集》记载,周谷城在一师任教时,曾任教伦理学,并编辑讲义《实验主义伦理学》,于1923年6月出版。
③ 中国人民政治协商会议湖南省委会文史资料研究委员会编《湖南文史资料选辑(第11辑)》,湖南人民出版社,1979,第56页;刘寿祺:《刘寿祺革命回忆录》,湖南师范大学出版社,1994,第14页。

表4-2　五四运动前后湖南第一师范第一部本科课程变迁（1917~1926年）

课程\年份	1917	1918	1922	1923	1924	1925	1926	《新学制师范科课程标准纲要》(1925年)六年制课程
校长	孔昭绶		易培基		李济民	彭一湖	王凝度	
修身	△	△						
教育	△	△	△	△	△	△	△	教育科*
国文	△	△	△	△	△	△	△	言文科：国语、外国语
习字	△	△						
国语			△		△		△	
英语/外语	△	△	△	△	△	△	△	
历史	△	△	△	△	△	△	△	社会科：公民、历史、地理、人生哲学、社会问题
地理	△	△	△	△	△	△	△	
数学	△	△	△	△	△	△	△	算学科：算术、珠算、代数、几何、三角
博物	△	△	△	△	△		△	自然科：混合理科、生物学、物理、化学
物理	△	△	△	△	△		△	
化学	△	△	△	△	△		△	
法制	△						△	
经济	△							
图画	△	△	△	△	△		△	艺术科：手工、图画、音乐
手工	△	△	△	△	△	△	△	
乐歌/音乐	△	△	△	△	△		△	
农业	△	△					△	
体操/体育	△	△	△	△	△	△	△	体育科：体育、生理卫生
文字学					△	△	△	
公民学					△			
社会学					△			自主设置
注音字母					△			
日文							△	
簿记					△			
商业	△	△						

注：本表根据《湖南省立第一师范学校志》（1918年），1917年、1922年、1924年、1925年、1926年《湖南省立第一师范学校同学录》，《湖南省立第一师范学校一览》（1923）中的教师名录编制而成。因缺乏1919~1921年的资料，故此课程表亦缺此时期的课程。

* 教育科包括教育入门、心理学入门、教育心理学、教学法、小学校行政、教育测验与统计、小学各科教材研究、职业教育概论、教育原理、教育实习等十门课程。

三 适应社会需要和个性发展的新课程体系

综观五四运动以后湖南第一师范的课程设置,部定的、必修的学科课程基本都能保证。只有彭一湖任校长期间,必修的学科课程设置最少,连图画和音乐都没有开设,似乎对艺术类课程不怎么重视。部定的必修课程之外,学校自设的课程有较大的自由度。尤其是壬戌学制颁行后,基于"多留各地方伸缩余地"的精神,湖南第一师范课程改革的重心在于适应"社会之进化需要"和促进"个性之发展"两个方面。

为了适应社会需要,湖南第一师范开设了国语、文字学、注音字母、公民学等校本课程,和五四新文化运动所提倡的文字改革、国语统一以及养成新国民、熏陶公民精神等时代要求一致。在杜威"教育即生活"的思想影响下,在晏阳初和陶行知等人的提倡下,生活教育和平民教育逐渐受到重视,一师在课程设置方面开始重视法制、经济、农业等实用性、生活性的课程。

五四运动以后,受西方启蒙运动和新教育运动中对"人"的重视等观念的影响,个性解放成为时代趋势,湖南第一师范的课程宗旨和课程内容也因此发生重要变化。湖南第一师范"极端尊重学生个性",不仅在课程设置方面不断推陈出新,即便是部定的课程,在具体的教学实践中也可以由教师自由发挥,"教材要以改造思想为主体"。[1] 在学校层面,要求"清除封建主义、殖民主义的内容";在教师方面,由于讲义由各任课教师自己编写,各科教师"都以新的教材、新的思想、新的教学方法进行教学,指导学生读各种新书籍、报刊"。[2]

---

[1] 舒新城:《我和教育——三十五年教育生活史(1893~1928)》,广东人民出版社,2016,第117页。
[2] 刘寿祺:《刘寿祺革命回忆录》,湖南师范大学出版社,1994,第14页。

湖南第一师范要求所有课程都要注重学生个性的解放和思想的启蒙，社会科学尤其是国文课程更要"绝对负指导思想的责任"。

下面以国文课程为例，考察五四运动以后湖南第一师范在课程内容方面基于个性解放和思想启蒙的教育趋向。

第二节 五四运动以后的国文课程

一 解放个性：由文学革命到国文教育改革

鸦片战争以后，虽然通过译书、留学日本、引介西方学制和知识体系、借鉴其君主立宪乃至共和政体等不同方式，西学得以东渐。但在五四运动以前，通过翻译或是以日本为中介引进的西学，总有点隔靴搔痒的意味，且主要聚焦于实用性的技术和政治制度等方面，思想方面尚停留在表层。庚款兴学之后，大批青年学生通过庚款支持留学欧美。当欧美留学成为趋势之后，越来越多的青年学生放弃日本而选择前往欧洲和美国。

五四运动前后，欧美留学生开始陆续归国。随着欧美留学生的归国，随之带回的还有欧美的新思想。欧洲文艺复兴和启蒙运动以来，基于人被重新发现和重视，自由、民主、民权思想随着人的解放而成为共识，并体现在文学、哲学及各门科学中。在欧美留学生的有意引介和五四新文化运动的大力传播中，中国思想界、文学界也逐渐意识到"人"的存在，并以"人"为初期新文学的核心主题。

传统儒学文化中，"三纲五常"让人活在封建伦理道德的枷锁中，程朱理学"存天理、灭人性"更是对人性的严重禁锢。在五四新文化运动的浪潮中，打破禁锢人性的双重枷锁、解放人性自然成为题中应有之义。

1920年,周作人在北京孔德学校演讲《儿童的文学》,指出"以前的人对于儿童多不能正当理解。不是将他当做缩小的成人,拿'圣经贤传'尽量的灌下去,便将他看作不完全的小人,说小孩懂得什么,一笔抹杀,不去理他"。在批判传统对儿童误解的基础上,周作人提出儿童"仍是完全的个人",强调儿童"也自有独立的意义和价值"。[①] 周作人对儿童作为人的独立意义和价值的认可,是新文化运动中对"人"重新发现的缩影之一。

"人"被重新发现,解放人性自然就是新文化尤其是新文学的重要使命。鲁迅后来总结说"文学革命者的要求是人性的解放",郁达夫指出"五四运动的最大的成功,第一要算'个人'的发见",茅盾也认同"人的发现,即发展个性,即个人主义,成为'五四'时期新文学运动的主要目标"。[②]

与此同时,欧美新教育思潮也逐渐传入中国,尤其是杜威1919~1921年在中国的演讲及其学生对他思想不遗余力的宣传,杜威的"儿童中心"思想成为教育界的热点。

基于新文学和教育领域对人的提倡和重新认知,追求自由、解放个性、进行思想启蒙成为新文化人、新教育践行者的时代追求。在教育领域,各学科包括理科课程及其教学都承担起思想启蒙和改造的责任。

湖南第一师范秉承人才主义和专任主义原则聘用师资,从新文化和新思潮最为蓬勃发展的北京、苏浙沪等地大胆聘请了一批亲自参与或是深受五四精神洗礼的青年教师,在破旧立新和思想改造方面有着得天独厚的师资条件,利用各科课程进行思想启蒙和改造成为可能。

[①] 周作人:《儿童的文学》,张宝明:《〈新青年〉百年典藏(3)(语言文学卷)》,河南文艺出版社,2019,第362页。

[②] 樊骏:《五四与新文学的诞生》,《中国社会科学》1989年第4期,第129~144页。

五四新文化运动以前，学校中不但社会科学戴上了陈腐的封建枷锁，就是自然科学也极其陈旧和保守。比如讲生理卫生，讲到人的生理构造，许多部分都要避而不谈，免伤"风化"。五四新文化运动的大潮，冲垮了封建陈腐的思想枷锁。辛树帜在讲授生理卫生课时，不但讲人的生理构造，讲进化论，而且公然向学生进行性教育。这在当时"正人君子们"的眼光中，简直是不可想象的异端邪说。但在要求进步、追求真理的青年学生中，却有良好的启蒙作用和思想解放的效果。

因为新文学的核心主题是"人"和人的个性解放，因而，在众多学科中，"国文科要绝对负指导思想的责任"。[1] 因文学革命中所宣扬的言文一致、表达思想等要求，国文教育改革已经无可回避。

事实上，在新文化运动中，文学革命发动较早。1917年，胡适在《新青年》发表《文学改良刍议》，提出文学改良八事：须言之有物、不模仿古人、须讲求文法、不作无病之呻吟、务去滥调套语、不用典、不讲对仗和不避俗字俗语。在文章中，胡适反对用典，反对古人"文以载道"的说法，认为"情感"和"思想"才是文学之灵魂，并认为今日之文学，当以白话小说为与世界"第一流"文学比较而无愧色者。[2]

在文学革命的同时，教育革命也如火如荼。20世纪以来的中国新教育，一反洋务运动和戊戌变法时期注重人才培养的需求，转而提倡国民教育，主张教育普及、提高国民素养。欧洲在文艺复兴和启蒙运动中，因提倡普及教育，故主张以民族语言代之以面向少数精英的拉丁语和希腊语。因而，言文一致也成为五四运动以后教育普及的新要求。

---

[1] 舒新城：《我和教育——三十五年教育生活史（1893~1928）》，广东人民出版社，2016，第117页。
[2] 胡适：《胡适散文经典》，新疆生产建设兵团出版社，2019，第3~11页。

思想启蒙与社会改造 | 湖南第一师范的新教育研究（1919—1927）

1922年10月，章士钊到湖南第一师范演讲，批评白话文不能"深入浅出""祗能拿来做红楼水浒"，以及白话文不如文言"简洁"。① 毕业于北高师国文部的一师国文教师张石樵，立即写了一篇文章《我对于章行严复古学说的批评》，发表于湖南《大公报》，洋洋洒洒占用了两大页报纸版面，一一批驳章士钊的上述观点，并指出：尽管文言文的词句精丽，除少数专攻古典文学的人以外，广大群众缺乏欣赏古典文学的能力；因文言文难学，它是进行普及教育的最大障碍，不宜提倡。②

胡适主张以白话文代替文言文作为文学写作的工具，做到言文一致，拉开了新文学革命的序幕。刘半农在随后的《我之文学改良观》中，提出文学和文字之辩，认为诗歌戏曲、小说杂文、历史传记等为文学，而新闻纸之通信、政教实业之评论以及官署之文牍告令等则属于"科学上应用之文字"。③ 由此进一步引发文学之文和应用之文的争论，并进而引发文学是基于实用还是表达思想的思考。

不过，文学革命的序幕拉开后，并没有立即引起广泛的关注。直至1919年，以林纾为代表的旧文学代表在反对新文学的论战中，逐渐由文学革命而拓及政治思想，并在五四运动之后，应者云集。可以说，新文化、新文学的倡导，为随后发生的五四运动起了先导的思想启蒙作用；而五四运动的爆发，又为新文化运动和文学革命提供了物质基础和群众基础。④ 正因为新文学的发展和摧枯拉朽的

---

① 张石樵：《我对于章行严复古学说的批评》，《大公报》1922年10月23日（增刊1—3）。
② 中国人民政治协商会议湖南省宁乡县委员会文史资料研究委员会：《宁乡文史资料（第五辑）》，内部资料，1988，第70页。
③ 张宝明：《〈新青年〉百年典藏（3）（语言文学卷）》，河南文艺出版社，2019，第206页。
④ 樊骏：《五四与新文学的诞生》，《中国社会科学》1989年第4期，第129~144页。

五四运动紧密相连,因而,思想启蒙和个性解放成为新文学的主流观念。

正如钱理群所言,文学革命与作为教育革命构成之一的国文教育改革,都是构成五四新文化运动的有机组成部分,它们之间的相通也是必然。[①] 因而,在教育领域中,基于个性解放,进行思想启蒙和改造就成为国文教育改革的宗旨和方向。

二 改造思想:国文教学改革

(一)国文教师及其思想倾向考察

多年以后,适逢其会的一师学生程星龄回忆:"(湖南第一师范)国文课的改革是教育改革的一个突出环节"。[②] 国文教学改革成为五四运动以后湖南第一师范教育改革的"突出环节",既跟湖南第一师范一直重视国文有关,如孔昭绶时期就以"国文为各科中心",[③] 也跟一师有着一批优秀的国文教师有着密切关系。

1920年易培基担任一师校长后,即由熊梦飞前往北京、江浙等地聘请教师。最初由来自浙江省立一师的夏丏尊、沈仲九,以及一师原任教师傅君剑、汪根甲等人担任国文教学。1921年,张石樵、毛泽东等新生力量也加入国文教师队伍。根据现有资料,对1920~1926年的国文教师做了一个不完全的统计表(见表4—3)。

易培基时期的国文教师,多数来自北高师,如孙俍工、张石樵、樊树芬、冯成麟、张汉之等。其中不少教师参加过五四运动或经历五四运动的洗礼,如孙俍工、张石樵、冯成麟、樊树芬、毛泽

---

① 钱理群:《五四新文化运动与中小学国文教育改革》,《中国现代文学研究丛刊》2003年第3期,第37~62页。
② 中国人民政治协商会议湖南省委会文史资料研究委员会编《湖南文史资料选辑(第11辑)》,湖南人民出版社,1979,第48页。
③ 湖南省立第一师范学校:《湖南省立第一师范学校校务会议公决案及教职员一览表(1916)》,内部资料,1916,第3~10页。

东等。而沈仲九和夏丏尊更是来自南方新思潮的发源地、新教育的急先锋——浙江省立一师。沈仲九早年曾留学日本和德国,是一个极具文学浪漫气息并在"五四运动中转移东南风气的人",[①] 曾两度在一师任教;夏丏尊更是新文学的大力拥护者和国文教育改革的积极倡导者。

表4—3 五四运动以后湖南第一师范的国文教师统计(1920~1926年)

年份	1920(秋)	1921	1922	1923	1924	1925	1926
校长	易培基				李济民	彭一湖	王凝度
国语			张石樵		汪馥泉		张锦云
国文	夏丏尊 孙俍工 沈仲九 傅君剑 汪根甲	夏丏尊 张石樵 陈文华 毛泽东 谢觉哉	樊树芬 寿昀 冯成麟 毛泽东	沈仲九 张石樵 冯三昧 顾绮仲 张汉之 赵景深	吴芳吉 陈子展 王鲁彦 陈惠鼎 张锦云	何呈锜 田汉 赵景深 樊树芬	张行素、曾庆霄 易希文、郭耘桂 谢国馨、杨宗侃 戴士颖、彭斝雏 龚群钰、萧克勤 樊树芬、杨仲璋

注:本表根据1922年、1924年、1925年、1926年《湖南省立第一师范学校同学录》,1923年《湖南省立第一师范学校一览》中的教师名录编制而成。其中,1920—1921年的国文教师,主要根据1923年《湖南省立第一师范学校一览》中教职员一览表的到校时间和去职教职员的时间表,以及舒新城、程星龄、李绍邺的回忆,谢觉哉日记统计而成,非为完全的统计。

总体而言,易培基时期的国文教师,除开汪根甲思想守旧之外,傅君剑原本也是一个追求民主和革命的"新"人,但因为思想没有与时俱进,五四运动以后与新文化、新文学有点格格不入。其余国文教师几乎都是青年教师,思想进步甚至可以说是激进,一心想要打破旧世界、旧秩序,建立新世界和新秩序。

李济民掌校时,一师学生对他极为反对,不惜罢课以拒之。虽然他在重兵护送下强行掌校,但也知道如果不能得到学生认同,他

---

① 曹聚仁:《我与我的世界》,三联书店,2014,第139页。

的校长是不能久任的。为了与学生和解，李济民同意了学生自治会提出的条件："学术研究自由、信仰自由，期终教师的去留采纳学生的意见",[1] 并且花费精力和金钱从全国各地聘请著名教师。于是毕业未久却是浙江五四运动中心人物的汪馥泉，天津《新民意报》文学副刊主编赵景深，曾参加陈独秀、李大钊等人所办工读互助团并在北大旁听、深受新文学运动影响的王鲁彦，以及深受湖湘文化熏陶并亲承易培基和易白沙兄弟教导、长于近代文学和近代文学史的陈子展,[2] 湖南优级师范毕业且已在长沙教育界小有名气的张锦云，20年代著名诗人、与苏曼殊才华前后辉映的吴芳吉等一批年轻教师前来一师教授国文。这些教师中，汪馥泉、赵景深、王鲁彦、陈子展等人思想进步，拥护并大力推广新文学，张锦云和吴芳吉等人思想相对守成。

彭一湖时期的田汉，毕业于日本东京高等师范，1919年在东京就加入王光祈、李大钊等人所组织的"本科学的精神，为社会的活动，以创造少年中国"为宗旨的少年中国学会，积极投身新文化运动。1921年田汉与郭沫若等人组织创造社，倡导新文学，和李维汉等人为密友。

唯有王凝度时期，国内时局发生重大变化。1925年"西山会议"后，国民党右派就提出了反共、反苏、反对国共合作的议案，当时虽然被国民党宣布为非法，但成为后来国共合作关系破裂的思想前导。1926年3月中山舰事件之后，国共关系陷入危机；5月，国民党二届二中全会在广州召开，张静江、吴稚晖、孙科等人提出《整理党务案》，限制中国共产党的发展。在这种背景下，本就站在新文化运动最前线、思想最激进、在湖南乃至全国都以"新"和

---

[1] 中国人民政治协商会议湖南省宁乡县委员会文史资料研究委员会：《宁乡文史资料（第五辑）》，内部资料，1988，第71页。

[2] 徐志啸：《日本楚辞研究论纲》，福建人民出版社，2015，第193页。

"红"闻名的湖南第一师范,不得不暂避锋芒。于是首先从国文科入手,不再聘用声名太盛、思想太新的教师,以图保存。因而此时期的国文教师,无论是在声名还是在思想方面,较之前几任校长时期,大为逊色,而且流动较为频繁。

(二)解放个性与思想:湖南第一师范的国文教学改革

总体而言,五四运动以后湖南第一师范的国文教师,多为刚毕业或毕业未久的年轻教师,来自京津及苏浙沪地区,包括长沙本地的毛泽东、田汉、陈子展等人,都亲历五四运动或深受五四精神的影响,都有着打破一切不合理秩序、改造世界的闯劲和干劲。因而,湖南第一师范的国文教学,从文体、文法、教学方法及教学内容等各方面,都充分体现了新文学和新教育的理念,注重个性解放和思想改造。

1. 改文言文为语体文

湖南第一师范的国文教学,五四运动以前都是文言文,有的老师喜欢汉魏文,有的附和桐城派,还有专教四六骈体文的,而喜好梁启超的"新民"文体者,就算是当时的"新人物"了。五四运动以后,新聘请来的、拥护新文学、主张国文教育改革的年轻教师们就"彻底废弃了文言文,改用语体文(当时称为白话文)"。①

白话和文言之争,是文学革命中新旧文学争论的第一个焦点问题。新文学发起者认为文学革命的突破口在于解决"文的形式",即文字和文体。胡适认为:"我们认定文字是文学的基础,故文学革命的第一步就是文字问题的解决","这一次中国文学的革命运动,也是先要求语言文字和文体的解放。新文学的语言是白话的,新文学的文体是自由的,是不拘格律的",因为"形式上的束缚,

---

① 中国人民政治协商会议湖南省委会文史资料研究委员会编《湖南文史资料选辑(第11辑)》,湖南人民出版社,1979,第48页。

使精神不能自由发展，使良好的内容不能充分表现。若想有一种新内容和新精神，不能不先打破那些束缚精神的枷锁镣铐"。① 因而，采用白话文就成为新文化和新文学的标签和符号，也代表着对旧文学和旧秩序的反叛。这种打破传统旧规的行为，本就以思想解放为前提，以个性解放为目的。

舒新城回忆他在一师教学时，就自认为他与夏丏尊、沈仲九、孙俍工等人都是"新文化"人，因为"新文化最简单的标识，是弃文言而写语体文"。② 大力提倡新文化的张石樵在教授一师 21 班学生的国文时，就鼓励学生写语体文和新诗，他所甄选的教材文体也多半是语体文。③

2. 注重文法教育

改用白话文只是形式上的变化，要能用白话作文，正确表达自己的思想，文法是重要保证。胡适在《文学改良刍议》中就强调"须讲文法"，"不讲文法，是为不通"。后来他开始关注中学国文教育，在教学目的上提出白话写作要"没有文法上的错误"，甚至主张以后中学的国文教员应该有文法学的知识，不懂文法者不配做国文教员，把文法教育放在一个十分突出的地位。④

夏丏尊是五四运动的积极支持者和国文教育改革的大力提倡者，他在湖南第一师范的国文教学，就极为彻底地践行着新文学的理念，注重文法和修辞教学，后来还在上海开明书店发行的《中学

---

① 钱理群：《五四新文化运动与中小学国文教学改革》，《中国现代文学研究丛刊》2003 年第 3 期，第 37~62 页。
② 舒新城：《我和教育——三十五年教育生活史（1893~1928）》，广东人民出版社，2016，第 123 页。
③ 中国人民政治协商会议湖南省宁乡县委员会文史资料研究委员会：《宁乡文史资料（第五辑）》，内部资料，1988，第 68 页。
④ 钱理群：《五四新文化运动与中小学国文教育改革》，《中国现代文学研究丛刊》2003 年第 3 期，第 37~62 页。

生》杂志上，专辟"文章病院"一栏，很受中学生的欢迎。夏丏尊在进行文法和修辞教学时，喜欢将之融于作文批改和指导之中。如在批改学生作文时，对文法上的错误，总是划上一条直杠，在直杠旁边加上改正的字句。修辞方面的错误，则用勾去的记号。夏丏尊还经常挑选作文卷在文法或修辞方面存在较大毛病、具有代表性的例子，写在黑板上，加以讲解。这种教学方式，使得一师学生在学习国文时进步十分迅速。[①]

深受一师学生欢迎的张石樵，在国文教学时，就以 1/4 的时间进行文法、修辞的训练，用 1/4 的时间进行言语练习，用 1/4 的时间进行字义讲解，再用 1/4 的时间进行讨论辩难，进行思想启蒙和训练。[②]

国文教学中对语法的重视和训练，使得一师学生不仅喜欢大量阅读新文学作品，且在用白话文进行文学创作时，能自如地表达自己的观点和思想，完成规范的语体文写作，并将之发表于报刊，进行新文化和新思想的宣传。

3. 改灌输注入为问答辩论

五四以前的国文教学，主要是针对古文进行逐字逐句讲解的灌输注入式。五四运动以后，白话文的提倡和语体文教材的使用，使得传统国文教学方法不再适合时代需要和教学要求。接受了新教育理念、思想上惯于打破常规、愿意试验新方法的青年教师们，决定对国文课程的教学方法进行改革。他们先对文本大意进行阐述和引申，然后通过提问的方式，由学生各抒己见、自由讨论，有时还启发学生自由辩论，整个课堂一下子变得活泼生动。[③] 有时老师们给

[①] 中国人民政治协商会议湖南省委会文史资料研究委员会编《湖南文史资料选辑（第 11 辑）》，湖南人民出版社，1979，第 49 页。

[②] 张石樵：《我对于章行严复古学说的批评》，《大公报》1922 年 10 月 23 日第 9～10 版。

[③] 中国人民政治协商会议湖南省委会文史资料研究委员会编《湖南文史资料选辑（第 11 辑）》，湖南人民出版社，1979，第 48 页。

学生做学术报告时，学生可以对老师的报告提意见，也可以和老师讨论。[①] 这种重视问答辩论的教学方式，使得学生思维活跃、善于思考，打破传统圣人之言的局限，大大解放了学生的思想。

毛泽东教授国文时，就十分重视教学方法的改革，注重引导学生阅读和思考。22 班的学生钟化鹏回忆："毛泽东在教学方面别开生面，不是拿着一篇文章一字一句地讲。又不用当时的国语教本，而是印发讲义，发得特别多，有关社会科学方面的更多。……上课时，系统地讲文章的作者，社会背景和思想意义。自习时，要我们提出问题，到一定时候他作解答。"[②]

这种学生之间自由辩论、师生之间切磋交流，极大地调动了学生的学习热情和主动性。引导学生主动学习、自由讨论，注重阐发自己的思想，这种教学方法并非外来，传统的书院教学即重视学生之间的切磋琢磨和相互争论。只是，在清末兴学大潮中，书院改学堂后，这种教学理念和方法即随着书院的湮灭而消失，加之在传统的师严道尊思想下，高高在上的教师就是知识权威，怎能容许弟子的质疑和挑战呢？只不过，这些陈腐思想，在以新文化人自居、追求个性和思想解放的青年教师那里，自是需要打破和革除的对象。

而且，这些青年教师，要么是留日、留欧学生，要么是毕业于国内新式学堂，思想开明，追求民主自由。受西方师道观影响，他们主张平等，愿意和学生交往并进行切磋，故一师的师生关系极为融洽。师生之间的交往和讨论，对于学生而言是一种极大的鼓励，也使得学生对这些年轻教师更为信任，更加热心向学，更加愿意亲师信道，更容易受他们的思想影响。舒新城回忆他在一师任教：

---

① 中国人民政治协商会议湖南省委会文史资料研究委员会编《湖南文史资料选辑（第11辑）》，湖南人民出版社，1979，第55页。
② 周秋光、莫志斌：《湖南教育史（2）》，岳麓书社，2008，第744页。

"就一般情形而言,青年在学问上因为识力不足,最易采纳虚声;在情感上,只要接触时,相见以诚,也容易发生信念。……学生以其可亲,于是来者络绎不绝,我们为表示诚挚起见,每每废寝忘食地尽情讨论"。①

一师的青年教师打破旧传统,养成学生自主学习、思考辩论的习惯,解放了他们的个性,改造了他们的思想。这些解放了个性和思想的青年学生,一味求新,对于思想相对守成、教学方法相对传统的国文教师,发起了冲锋。

五四运动以后,一师在聘请思想新、年纪轻的教师的同时,还延聘有少数国学造诣高,以前也是革命派、新人物的教师,如国文科的名牌教师傅君剑。傅君剑,即傅熊湘,号君剑,近代著名文学家和学者,"诗、文、词兼工,而尤以诗成就为高"。② 傅君剑早年留学于日本弘文学院,1906 年与宁调元、陈家鼎、仇亮等人在上海创办《洞庭波》杂志,并与胡适、丁洪海等编辑《兢业旬报》,宣传革命。辛亥革命后,袁世凯窃取政权,傅熊湘常在报刊著文反袁。1916 年,傅君剑主编《长沙日报》,因对北洋军阀口诛笔伐,颇为当局所忌恨,报馆被毁。因好"评论当道得失,动罹文纲",③不得不屡易其名。傅君剑从 1912 年起就在湖南第一师范担任国文教师,直至 1920 年,可以算得上是一师国文科的元老,很受一师教师和学生尊重。他后来回到醴陵办学,只要是一师毕业的各中小学校长、教师,都要去拜谒他。④ 只是时移世易,这样一位革命先辈,因为没有跟上五四新文化和新文学的时代潮流,也可能是因为

---

① 舒新城:《我和教育——三十五年教育生活史(1893~1928)》,广东人民出版社,2016,第 119 页。
② 傅熊湘:《傅熊湘集》,湖南人民出版社,2010,(序)第 5 页。
③ 传记:《傅钝安事略》,《长沙市新闻记者联合会年刊》1933 年第 1~2 期,第 12~15 页。
④ 陈竹影:《追忆傅钝安先生》,《民报》1937 年 5 月 25 日第 8 版。

一直担任一师的国文科主任，手握较大权柄，对自己极具信心，在思想和方法方面没有主动与时俱进，在和学生的辩论中甘拜下风。① 傅君剑最终辞去一师教职，回到醴陵办学。

4. 重视思想启蒙

国文课程内容的变革，最能体现新文学及国文教育解放个性和启蒙思想的理念。文学是思想的重要载体，传统国文教育也重视"文以载道"，但所载之道为古圣先贤之道，非为作文者本人之思想。因而，"文以载道"的要求反倒是对青年思想的限制和禁锢。而五四新文化运动中对"人"的发现以及解放个性的时代潮流，都要求国文教学注重思想的阐发，能向别人传达自我的想法和意见。文学革命先驱胡适就批判传统国文教育"不许学生自由发表思想"，因而将中学国文的理想标准首先定为"人人能用国语（白话）自由发表思想"，从而将国文教育改革提到了"自由发表思想"的高度。②

在追求个性解放和思想改造的时代大潮中，一师原来的国文教师傅君剑、汪根甲等人因未能跟上新文学和新教育的步伐，在教学中被一师学子屡屡辩驳，毫无还嘴之余地。反之，新文学的拥护者夏丏尊等人，本就把启发学生思想、引导学生积极向上、培养其改造旧秩序的能力作为目标，故在国文教学中，极力提倡学生阐发自己的思想，反对用典以及作文时专门替古文做注释。因而，一师喜欢背诵古文、作文时引经据典而屡获以前国文教师表扬的学生，虽然文体改为了语体文，但因为无自主思想而屡屡被夏丏尊教导。而原来不爱引经据典、善于表达自我思想的同学，却总能获得夏丏尊

---

① 中国人民政治协商会议湖南省委会文史资料研究委员会编《湖南文史资料选辑（第11辑）》，湖南人民出版社，1979，第48页。
② 钱理群：《五四新文化运动与中小学国文教学改革》，《中国现代文学研究丛刊》2003年第3期，第37~62页。

的表扬，其作文常常被选为示范。①

1921年秋季学期，毛泽东被易培基聘为一师22班的国文教师。毛泽东还在求学时，就认为中国大多数人因为缺乏教育机会而性情愚陋、思想狭隘，有从事教育以开化国民思想之志。

由于张敬尧督湘期间的思想高压和严密控制，在五四运动以后全国思想解放大潮中，湘省学生显得有点"思想幼稚"。② 毛泽东本就主张湘省由民众自治，更觉得有进行思想启蒙的必要。

毛泽东十分注重国文课程的思想启蒙价值，认为国文"是学习其他各课的入门要径。这门课学好了，脑子就灵了，思路就通了"。③ 他在国文教学中，重视以新文化、新文学思想熏陶学生，指导学生作文时，也注重引导他们关注时代需要，重视写文章与现实斗争的需要。因而，22班的学生作文，大多是写关于五四新文化运动和爱国反帝等方面的内容。虽然，从文学的角度看，将文学当作思想斗争的工具，非文学本意，也非文学的全部。但在半殖民地半封建社会的中国，用文学唤醒国人，尤其是广大尚处于蒙昧状态的国民，对他们进行早期思想启蒙，文学确实是最好的武器。

在众多号称"新文化人"的国文教师中，毛泽东对学生的思想启蒙与众不同，他有目的、有意识地对一师学子进行马克思主义思想启蒙。早在一师求学期间，毛泽东就深信知识影响人的信仰，而信仰又直接影响于人的行为。故他在坚定了自己的思想信仰之后，就十分注重以马克思主义启蒙青年学生，希望学生在马克思主义的

---

① 中国人民政治协商会议湖南省委会文史资料研究委员会编《湖南文史资料选辑（第11辑）》，湖南人民出版社，1979，第48～49页。
② 毛泽东：《给罗璈阶的信》，《毛泽东全集（2）》，润东出版社，2013，第285页。
③ 许志行：《毛主席教我学语文的一点回忆》，《语文学习》1978年第3期，第1～5页。

指导下进行全面的、彻底的思想改造和社会改造。

毛泽东因赴法勤工俭学、驱张运动等原因，几次前往北京并有较长时间的停留，深受李大钊、陈独秀等人的影响，加上其后创办文化书社以及参与中国共产党的创建等系列活动，在成为一师的国文教师时，已经是一位坚定的马克思主义者。尤其是苏俄工农革命的胜利，使得毛泽东开始关注平民的解放和平民的力量，希望通过马克思主义思想塑造民众信仰，以民众大联合的力量，建立一个大众的、人民的新民主主义国家。因而，毛泽东在教学时注重联系实际，善于以马克思主义、科学社会主义思想启蒙引导青年学生。

国文课程的学习，课外阅读和写作是基本功。一师的青年教师，十分重视学生的课外阅读。为了给学生提供良好的阅读条件，五四运动以后，一师的图书馆开始不遗余力地搜集全国新书刊，如俄国文学方面的书籍《夜未央》《托尔斯泰短篇小说集》等，新文学代表如鲁迅的《呐喊》《中国小说史略》以及新报刊如《新潮》《雨丝》《东方杂志》《少年中国》《学艺》《孤军》《小说月报》《小说世界》等。[1] 可以说，五四运动以后湖南第一师范图书馆的藏书，尤其是新书，是当时长沙任何学校都望尘莫及的。

1924年，汪馥泉经李达介绍担任湖南第一师范的国文教学。汪馥泉本身极具浪漫气息，又受新文化和新文学解放个性的思想影响，因而在行为上颇为张扬，很有点"竹林七贤"放浪旷达的意味。多年以后，汪馥泉回忆他在长沙时，"有点猖狂。独自在路上倮高声歌唱，和铁民一起的时候，两个人一同高声歌唱。那时候，常常喝酒，一喝便是一个大醉，醉后常常向学生'说法'

---

[1] 中国人民政治协商会议湖南省委会文史资料研究委员会编《湖南文史资料选辑（第11辑）》，湖南人民出版社，1979，第56页。

（身体醉了，心却不曾醉）"。虽然行为放浪，但汪馥泉在新文学的提倡方面却是不遗余力，他和章铁民以及一师的部分学生如肖述凡一起创办《野火》周刊，所刊发的第一篇文章"野火烧长沙"轰动了长沙文学界。《野火》随后成为一师师生进行文学和思想交流的重要阵地，也是他们和反新文化、新文学进行思想斗争的武器。故有人认为汪馥泉开一师"浪漫风气之先"，而田汉"集其大成"。[①]

同时期，田汉也在一师教授国文。作为进步文学的积极提倡者和践行者，田汉对积极寻求新思想、研究新文学的青年学生也给予了很多指导。当时袁国平在一师学习，积极参与各种文学座谈和讨论，引起田汉的关注。袁国平也经常就古文、诗词乃至戏剧和写作知识向田汉请教。在田汉的指导下，袁国平广泛涉猎中国古典文学、现代文学和戏剧创作，知识面越来越宽。[②]

正是在众多提倡新文学和积极进行国文教学改革的教师影响下，一师学生的个性得到极大解放，思想改造也较为彻底，以致在学生自治方面表现得较为激进。尤其是对文学极具兴趣的学生，在国文教师的鼓励和支持下，还创建文学研究会等学生团体，积极进行新文学的宣传与推广，主张打破旧传统、提倡新思想。

三 思想启蒙下的文学研究会

五四运动以后，一师的青年教师尤其是国文教师，高举新文学的大旗，作为思想启蒙的先锋，引导一师学生打破旧思想、学习新思潮。在国文教师的影响和指导下，一师学生相继成立了文学研究会、儿童文学研究会，进行文学创作和研究。

---

① 汪馥泉：《长沙底回忆》，《东方杂志》1935年第1期，第90～91页。
② 董恒峰：《袁国平传》，江苏人民出版社，2016，第9页。

实施新课程：基于个性发展和思想启蒙的课程设置 | 第四章

1922年春季学期，一师国语学会的部分会员，基于对文学的浓厚兴趣，"本感情之结合，以研究文学为主旨"，①组织成立文学研究会。在成立大会上，有樊晓云、张石樵、阮心潭、史子芬、伍开榜、王三辛、刘祖沛、方卓、喻焕生等九人参加。选举阮心潭为总务干事，喻焕生为文书干事，史子芬为经济干事。②随后陆续加入文学研究会者不乏其人。在组建文学研究会及随后的研究中，国文教师樊晓云尤其是张石樵一直参与其中，对会员进行指导。

文学研究会成立后，会员不仅通过演讲等方式进行思想交流，还在课余时间，本着自动的精神，做公开的研究。为了让更多人了解自己的思想、以文觉人，会员们在老师们的影响和鼓励下，开始向《湖南通俗日报》《民国日报》等报刊投稿。

随着会员的自主研究常态化，研究成果日益增多，最终觉得有必要成立自己的周刊，不仅能将本会会员的成果如诗歌、小说、戏剧、文评及文学研究等向大众宣示，通过文学作品宣传新文学和新思想；亦可以文会友，结交校外研究新文学的志同道合的朋友。在湖南《大公报》的大力支持下，1922年9月25日，湖南第一师范文学研究会的《文学周刊》创刊，附于《大公报》。在发刊词中，指出文学研究会发行周刊的两大宗旨：一是发达新文学；二是整理新旧文学，使成系统。③

在《文学周刊》创刊号上，张石樵用白话文为周刊创刊写了祝词《喜文学周刊出版》，表达了自己的喜悦之情。祝词之一：

---

① 《文学研究会最近概况》，载湖南省立第一师范学校：《湖南省立第一师范学校一览（1923）》，内部资料，1923，第8页。
② 湖南省立第一师范学校：《文学研究会的经过》，《湖南省立第一师范学校旬刊》1922年第1期，第16页。
③ 《文学周刊发刊词》，《大公报》1922年9月25日第9版。

上帝创造给人们居住的乐园，

不肖的子孙竟让他蔓藤封闭了！

孱弱的，我底心么？

举起柴刀，便觉得无力了！

纵使自己真的无力，

听着有能用力者继起，

也应该欣喜罢！①

由于文学的形式多样，生动活泼，大家都喜闻乐见。学生也愿意通过文学交流思想、宣传新文化。因而，加入文学研究会的学生不少，当然，也有会员因为兴趣发生变化或毕业等原因出会。

《文学周刊》创刊时，文学研究会有会员19人：樊晓云、张石樵、冯书春、寿普暄、易维桐、葛光运、匡槐静、阮心潭、伍开榜、喻焕生、陈清河、刘祖沛、王三辛、魏一民、匡光照、方卓、李伯昌、袁名榜、史子芬。②

1922年底，随着新招录的女生及其他新会员的加入，如曹孟君、吴家瑞、刘寿祺、刘宾炎、徐知林、谭昭、田德辉等人，③ 文学研究会成员进一步增加。

1923年4月，老会员田德辉、王三辛、徐知林退会，新加入冯三昧、顾倚伸、沈仲九、肖述凡、何汉文、谭晚成、吴镜清、刘克明、马暮霞、孙晚霞等十人，其中冯三昧、顾倚伸、沈仲九三人为一师新聘请的国文教师。④ 加上原有会员谭云山、魏一民、匡光

---

① 张石樵：《喜文学周刊出版》，《大公报》1922年9月25日第9版。
② 《会员一览》，《大公报》1922年9月25日第9版。
③ 《本会新加入会员》，《大公报》1922年12月18日第9版。
④ 《大公报》1923年4月9日第9版《文学周刊》中缝广告中有"本会启事"，登记了出会和入会会员名单。

照、李伯昌、孙永康、饶长卿、马永定、刘丙炎、秦熏陶、曹孟君、谭昭等人，会员达到二十多人。①

这些会员中，王三辛、伍开榜、史子芬、秦熏陶、刘寿祺等人为核心成员，也是《文学周刊》的主要作者。其他成员，也经常在周刊及其他报刊中发表文章。

湖南第一师范文学研究会的《文学周刊》从1922年9月创刊，至1923年底，不间断地发行了40期。由于会员对文学研究和创作的热情和兴趣很高，成果丰硕，仅《文学周刊》已不能满足会员的发表需要，遂又联系上海《民国日报》，准备在其副刊上另行刊发文学刊物。②

通过在《文学周刊》及其他刊物上刊发各种文学作品，会员不仅自我思想不断解放，亦通过大众喜闻乐见的文学作品进行思想启蒙，推广新文学，成为湖南第一师范影响甚广的学生团体之一。

在进行文学创作和学术研究的同时，文学研究会还通过表演戏剧，增加学生对于文学的兴趣，并通过戏剧对民众进行思想启蒙、提倡女子解放、打破男尊女卑的旧思想。

1922年7月底，一师文学研究会在湖南《大公报》发布广告，宣称要在一师大礼堂表演新戏，以筹款购买图书和印刷品。不少市民、学生前往观看。文学研究会的此次表演，准备了好几部新剧。如8月2日的新剧表演，本来广告宣传的是《说不出》和《英雄与美人》两部剧，最后换成了《孔雀东南飞》。有观众事后评价，认为学生所演之剧，"虽不说十分妥善"，但也算"学生界爱美的戏剧中，不可多得之事"。北高师的学生也曾演过《孔》剧，其服装因

---

① 《文学研究会最近概况》，载湖南省立第一师范学校《湖南省立第一师范学校一览（1923）》，内部资料，1923，第8页。
② 《文学研究会最近概况》，载湖南省立第一师范学校《湖南省立第一师范学校一览（1923）》，内部资料，1923，第8页。

不合古代而被报纸批评。湖南第一师范的《孔》剧,则"完全痛痛快快地把它'现代化'了",不仅布景、服饰、吸烟等现代化,兰芝母亲和兰芝口中甚至冒出"说英文""某师"司令部等,都是现代的事实。①《孔》剧结合五四运动以后女性解放的时代背景,通过仲卿和兰芝的悲剧,宣传反抗封建婚姻和封建礼教思想。

一师文学研究会在表演《孔》剧时,对于剧本之悲情,"虽没表情十分周到,然而很有几处足以唤起我们表同情于弱者的心理",故剧评者颇能共情,涕泪交零。然而大部分市民观众不仅"没有一点慈悲心,反而因之拍掌助笑,哄闹满堂"。剧评者愤懑莫名,认为这些观众缺乏"观剧的道德"。是观众缺乏"观剧的道德"还是对封建家长制以及封建礼教下兰芝和仲卿的家庭悲剧习以为常?恐二者兼有之。

正因为广大民众因缺乏受教育的机会而对封建礼教麻木不仁,故觉醒民众成为五四运动以后学界和教育界的共识。湖南第一师范的文学研究会不仅编演新剧,而且将古代戏剧现代化,穿插现代内容,通过戏剧这种喜闻乐见的方式,对民众进行思想启蒙。而民众观剧的表现,表明这种觉醒民众的思想改造工作确实很有必要。

---

① 峥:《第一师范文学研究会的孔雀东南飞》,《大公报》1922年8月7日第9版、1922年8月8日第9版。

第五章

采用新教法：道尔顿制的实践探索

五四运动以后，湖南第一师范的青年教师不仅致力于课程改革，注重个性解放和思想启蒙，亦注重创新教学方法，充分发挥学生的主体性和自主性。他们鼓励学生自觉学习，采用问答、讨论、实地教学等新方法，引导学生独立思考，自由探索。他们积极引进欧美新教育运动中所创立的新教学方法如道尔顿制，在集体教学的基础上关注个性差异，引导他们自主学习和研究，锻炼自觉性和主动性。

第一节 新教法的引进与道尔顿制实验

五四运动以前，中国教学方法以灌输为主。湖南第一师范的青年教师们，求学时期多在五四运动以前，亲历灌输式教学对思想限制的痛苦。在五四运动以后自由民主思潮和学生中心的新教育理念影响下，他们鼓励学生自主学习，自由探索。人文社科尤其是国文科教师在讲解的基础上，善于引导学生阅读和讨论，甚至鼓励学生和教师辩论。自然学科教师则开始带领学生走出课堂和学校，采用实地教学方法，采集标本，丰富学生的学习体验。如博物教师辛树帜，每周带学生去岳麓山采集标本，节假日还远至衡山或庐山，在实践中进行生物教学。① 辛树帜理论联系实际、注重实践操作的教学方法,很受学生欢迎,能激起学生的学习热情。

在教学方法的改革过程中,青年教师对于欧美新教育运动中所创立的新教法最为上心,这也是他们革新教学法的重点。

一 欧美新教法的引进

中国近代教育改革始于洋务运动。洋务学堂往往以西方传教士为西学教习,并采用西方习以为常的班级授课制,进行集体教学。随着20世纪以来国民教育的提倡与新学堂的大量设置,班级授课制成为我国最基本的教学组织形式。

虽然,班级授课制在20世纪初的我国还算是新生事物,但在西方已经暴露出集体教学的种种弊端。尤其是随着垄断资本主义的出现,欧美教育家对于学校教育中的思想控制、对学生及其生活缺乏关注的现实极其不满,力图改革。班级授课不能实现因材施教和发展个性,针对这一点,欧美教育家借用自然科学的实验方法,探索出多种新的教学方法,如设计教学法、葛雷学校制度、游戏教学、道尔顿制、哈沃特制等。这些新的教学方法,在五四运动前后,经由欧美留学生介绍到中国。在新教育理念和新教学方法的对比下,班级授课制下的大班上课、灌输式的讲授法等弊端日益凸显,教学方法的改革已经箭在弦上。

经由五四运动的洗礼后,教育界思想得到大解放。为实现个性解放、培养学生的健全人格,教育界人士很愿意在教育方法方面破旧立新。加上北洋政府忙于争权,无暇顾及教育,而教育制度的不完善,使得各种新教学法在实践领域得以自由实验。因而,欧美新教育实验中所探索的各种新方法在中国教育实践领域得以遍地

---

① 史念海:《辛树帜先生诞生九十周年纪念论文集》,农业出版社,1989,第3页。

开花。

其时，欧美各种新的教育方法在中国都有实践。总体而言，影响小学较大的是设计教学法，中学则以道尔顿制为主。湖南第一师范作为中等师范和教育改革的急先锋，亦是探索实践道尔顿制的前卫。

二　道尔顿制在中国的实验与推广

道尔顿制是由美国教育家帕克赫斯特于 1920 年在马萨诸塞州道尔顿市立中学所创立的一种新的教学方法，旨在克服班级集体授课与儿童个性发展之间的矛盾。道尔顿制以自由、自主为基本原则，由教师给学生指定自学参考书、布置作业，学生通过自学和独立作业，遇有疑难处请教师辅导，完成一定阶段的学习任务并考核通过后，再进行下一个阶段的学习。由于道尔顿制有利于调动学生学习的主动性，能提高其学习能力和创造能力，对于五四运动以后正苦于班级授课制下的集体教学限制学生个性解放和追求自主、尚无良法的中国教育界而言，无异于一剂良药，故传入中国后，很快就掀起一股实验热潮。

道尔顿制创立未久，即传入中国，并很快影响于教育实践领域。一方面体现了此时期国人对于欧美新教育的密切关注以及希望向美国求取教育"真经"的迫切心情；另一方面也体现了五四运动以后中等教育领域对于教育方法革新的迫切需求。

1921 年 8 月，《教育杂志》的"欧美教育新潮"栏登载了《达尔顿案》一篇短文，但这篇文章没有引起教育界的关注。1922 年 6 月，《教育杂志》再次刊载《道尔顿实验室计划》一文，这是国内介绍道尔顿制的第二篇文章，引起上海吴淞中学（吴淞中学为中国公学的初中部）教员舒新城、沈仲九等人的注意，进而开始研究，并准备在吴淞中学实验。

经过一段时间的研究和筹备，吴淞中学于 1922 年 10 月开始在国文科试行道尔顿制,并很快将实验结果刊发于当年《教育杂志》的第 11 期,引起教育界的极大关注。

吴淞中学成为国内第一所实验道尔顿制的学校,和教员舒新城、沈仲九及孙俍工等人有密切关系。此三人正值青春热血之时,又都很"前进",虽然每人的教育理想有所不同,"但于旧制度及方法之怀疑,却是一致的"。其时,舒新城醉心教育学术研究,对于新教育方面的理论和实践都很注意,"每想于破坏旧教育之余,能提出一些新的建设方案"。① 而沈仲九和孙俍工两人同为国文教师,对于国文教学的现状很不满意。认为传统国文教学,教师只是口头上翻译,手头上写黑板;学生耳朵听讲,手抄黑板。提倡白话文后,很多国文教员虽然赞成白话文教学,但在方法上也没有什么创新,只是以讲演代替了翻译,学生依然只是被动地听讲,而无主动的学习和思考。② 在五四运动以后注重个性发展和思想解放的时代背景下,年轻有为而少于固有经验束缚的舒新城等人改革旧教育之心很是急切。

早在 1920 年,舒新城三人已经在湖南第一师范聚首。在易培基的大力支持下,包括舒新城三人在内的一师青年教师,和匡互生、熊梦飞一起筹划了一师的各项教育改革。其中的学制改革,由学年制改为学科制和选科制,目的就是打破旧有的学年制弊端,激发学生学习的主动性,发展学生天性。到了吴淞中学后,校长张东荪依然给予舒新城等人极大的办学自由,他们"把当时的学校当做实验理想的自由园地",③ 继续学科制实验。但在深入实验后,学科制的弊端逐渐暴露,而学科制的弊端,道尔顿制正好可以补足。

---

① 舒新城:《我和教育——三十五年教育生活史(1893~1928)》,广东人民出版社,2016,第 138 页。
② 沈仲九:《国文科试行道尔顿制的说明》,《教育杂志》1922 年第 11 期,第 1~35 页。
③ 舒新城:《我和教育——三十五年教育生活史(1893~1928)》,广东人民出版社,2016,第 139 页。

因而，吴淞中学率先开始道尔顿制实验。

吴淞中学道尔顿制实验的经验和效果，一经《教育杂志》刊发，全国轰动，各省教育界前来参观学习者络绎不绝。舒新城因最先提倡且对道尔顿制多有研究，成为道尔顿制的研究专家，全国各地都邀请他前往演讲道尔顿制，进行教师培训。舒新城本就致力于新教育研究，热心于新教育的推广，自然乐意于将他的研究心得和吴淞中学的实践经验进行介绍推广。

仅 1923 年一个暑假，舒新城就接到上海、白马湖、武进、宜兴、武昌、长沙等六个地方的邀约，请他去暑期学校讲授道尔顿制。因时间关系，舒新城最终前往四个地方讲演，其中一个是家乡——长沙。

1923 年暑假，湖南省教育会举办第二届暑期学校，邀请舒新城主讲道尔顿制。湖南暑期学校的道尔顿制培训，既有教育原理的讲解，也有操作实习，报名的教师众多。舒新城从道尔顿制的历史、道尔顿制的原则及其与班级教学之不同、作业室及功课指导、成绩考核和实施要项等方面进行了为期两天的理论讲授，然后是实操练习和讨论。经过舒新城在暑期学校的推广普及后，湖南省教育会又主持成立道尔顿制研究会，道尔顿制在湖南得到迅速推广和实践。

道尔顿制自 1922 年开始在吴淞中学实验，很快就在全国掀起道尔顿制实验热潮。据统计，1922~1925 年，相关研究专著达 17 种，论文 150 篇，实验学校百余所。[1] 1925 年帕克赫斯特应邀访问中国，道尔顿制再度形成小高潮。但随后道尔顿制实验急流勇退，在 30 年代更是销声匿迹。道尔顿制由开端即高潮到退出如洪流、一去不复返，既跟中国当时的教育现实有关，也跟道尔顿制本身的

---

[1] 熊明安、周洪宇：《中国近代教育实验史》，山东人民教育出版社，2001，第 154~155 页。

不足有关。

实施道尔顿制,不仅对于教师的学识素养等有较高要求,教师专任也是必需。而图书、作业室等方面的配置,对教育经费的要求颇高。北洋政府时期,教育经费不足,在各省皆为常态。师资更是严重缺乏,很多教师因为一校之薪水无法养家糊口,不得不在多校兼职,难以满足道尔顿制对教师专任及长时间停留作业室以便随时指导学生的需要。

1923年,道尔顿制方兴未艾,廖世承为"唤起国人对于实验之兴趣,比较道尔顿制与学科制之优劣",力邀舒新城到东南大学附中开展了为期一年的教育实验。实验结果表明道尔顿制并不优于班级教学,它的"自由与合作"在教学中难以实现,只适合于天才或低能学生及数学等部分学科。[①]

道尔顿制一经介绍到中国,恰如一股洪流,冲击着中学旧有的教育方法。但因其自身存在不足,来得猛,去得也快,1926年以后,道尔顿制实验急速衰退,至30年代则基本销声匿迹。道尔顿制虽然退出了实践领域,但其倡导的自主学习、自由探究、发展个性的精神却一直影响于我国中等教育。

第二节 关注差异,促使自主:湖南第一师范道尔顿制的实施及效果

一 道尔顿制在国文科的试行

当舒新城等人在吴淞中学紧锣密鼓试行道尔顿制的同时,湖南

---

① 高翔、张伟平:《20世纪20年代道尔顿制实验回顾与思考——以东南大学附中为例》,《教学研究》2010年第1期,第28～32页。

采用新教法：道尔顿制的实践探索 | 第五章

第一师范的青年教师们也正在为试行道尔顿制进行各项准备。1922年秋季学期，周谷城任一师训育主任，彭静仁为教务主任，拟先从国文科入手，试行道尔顿制。

其时，湖南第一师范已经改学年制为学科制和选科制。但当道尔顿制传入中国后，道尔顿制所宣传的优点，立刻就反衬出学科制的缺点：一是编排功课困难——实行学科制后，同一年级的学生，上课不在一班，编课容易发生冲突；二是仍不能避免降班的弊病；三是聚成绩较劣之学生于一班，教师授课时缺少兴趣。① 于是，一师的青年教师们决定在1923年的春季学期，先在国文科试行道尔顿制，其筹备方案和实习办法分别由张石樵和王凤嵋起草，全校教职员审订。

从时间上看，湖南第一师范对于道尔顿制的反应并不算慢。一是因为一师的大部分青年骨干教师毕业于北高师，对欧美新教育本就比较关注；二是和舒新城、沈仲九及孙俍工等人有关。舒新城等人在1920～1921年曾在湖南第一师范任教，且孙俍工也毕业于北高师。他们虽然离开了一师，但和同学故旧一直互通有无，和一师一直保持密切联系。如1924年5月，湖南第一师范的十八班学生临近毕业，前往江浙参观教育，到南京以后的参观行程，即由正在东南附中任教的舒新城负责。② 所以，湖南第一师范的道尔顿制不仅筹备较早，而且也是从国文科入手。

1923年春，湖南第一师范从吴淞中学请来有道尔顿制实践经验的沈仲九，并从江浙聘请冯三昧和顾绮伸，在国文科实验道尔顿制。具体方案如下：

一，每一学期的作业，分为四大段，每一大段的作业，约需一

---

① 《教务科之过去与现在》，载湖南省立第一师范学校《湖南省立第一师范学校一览（1923）》，内部资料，1923，第1页。
② 《一师毕业生赴江浙参观》，《大公报》1924年5月15日第7版。

"学月"做完。每一大段的作业,得再分为四小段。每一小段的作业,约需一"学周"做完。

二,各段作业概要表,由本科教员准酌旧有学分和学生能力规定。

三,同一段的作业标准,得由学生智力的高下,分为天、地、人三级,由学生自由认定。但教员认为不适宜的,得劝其改级。

四,每一学期开始后,学生须依据工作概要提出工约于教员,并须取一学月作业日记表,随时到作业室作业,并须将作业结果,登记于作业日记表。

五,学生做完一大段或一小段各项(如读本、作文、语法等)作业,须将作业成绩报告教员,经教员考查及格,须向教员领取下学月作业日记表。做一大段的作业,不及格的须重做。教员考查学生成绩及格即在作业日记表上签字,并登记于悬在作业室内的作业成绩表。如一大段中有一项不及格,不得进修其他各项次一大段的作业。

六,作业室开放时间,上午8~12时,下午1~5时,晚间7~9时。在开放时间内,学生可随时到作业室作业。

七,每组每一周至少有堂课一次,由教员召集学生对于功课加以讲演释疑、讨论考问。堂课时间表另定。

八,稽查学生成绩据左列各项:

(1)读书录。子丑组的读书录,须记载下列格事:篇名、段落、摘录、杂记。寅组以上的读书录,当作全书或全篇的概要和批评。

(2)听讲笔记。

(3)作文。作文方法,分写生、实录、编纂、创作、听写、问答、通信、随感录、日记等。

(4)语法。作文法、修辞学、辩论术的例题练习。

（5）错字测验、词句重组、读书力测验、记忆力测验等。

（6）随时的口试、笔试。[①]

湖南第一师范的道尔顿制，基于学生的不同学习能力，将学生作业分为不同阶段，又根据学生智力将同一阶段的作业分为天、地、人三级，充分照顾到学生的个体差异。学生在选定作业后，需要自主完成学习任务，并主动向教师请益，才能进入下一个阶段的学习，充分激发了学生的自主性和主体性。

为了保证学生在作业室能随时请益，从周一到周六，早上8点到晚上9点期间，作业室开放的10个小时中，由国文科的四位教师轮流值班。如周一的值班时间表见表5-1。

表5-1　1923年湖南第一师范春季学期国文科教员值班表

时间	上午		下午		晚上
	8~10时	10~12时	1~3时	3~5时	7~9时
周一	顾绮仲	张石樵	沈仲九	冯三昧	顾绮仲

注：《国文科教员在作业室的时间表》，载湖南省立第一师范学校：《湖南省立第一师范学校一览（1923）》，内部资料，1923，第9页。

湖南第一师范应该是湘省实验道尔顿制最早的学校，故1923年3月，湖南《大公报》在调查各学校的发展现状时，专门对一师国文科的道尔顿制进行了报道。

二　道尔顿制的多学科实施及效果

随着道尔顿制在国文科的实践及经验积累，湖南第一师范随后对道尔顿制进行修订，拟从国文科扩大到其他各科。面向全部学科

[①] 《国文科试行道尔顿办法》，载湖南省立第一师范学校《湖南省立第一师范学校一览（1923）》，内部资料，1923，第8~9页。

的道尔顿制，基本思路和方法一仍其旧，但在作业标准、作业时间、堂课规定、考查方法等方面有所变化，使其操作更加灵活。其变化如下：

一，各科同一大段的作业标准，可依智力的优等、中等、劣等，分为高级、中级、低级三种，由学生自由认定。但教员认为不适宜时，得劝其改级。

二，学生作业时间，除艺术、体育外，每日八小时，每科每一星期至少有"堂课"一次，由教员召集学生对于功课加以讲演、释疑、讨论、考问，堂课时间表另定之。

三，堂课时，学生除教员认为可以自由出席的以外，必须出席。必须出席的学生，如有一学月中的堂课的时数的1/2不出席，该科该月成绩，不能及格。

四，各科教员得随时规定时间，召集数学生行特别教学。成绩考查方法，由各科教员自定，但须报告教务科。各科教员，须随时考查学生成绩，登记"作业成绩表"。该表在各科作业室内挂悬。[1]

要将道尔顿制拓展到其他学科，实践经验和实施方案之外，硬件设施是基础，因而经费最为关键。为此，湖南第一师范首先做了一个经费方面的预算方案，见表5-2。

实行道尔顿制，对教师和经费都有较高要求。仅经费而言，赵恒惕主湘时期，教育经费经常被军队强提，各校经费被拖欠成为常态，师范学校不收学费且完全依靠政府，教育经费更是严重不足。湖南第一师范能实施道尔顿制，并很快从国文一科向其他学科拓展，和校长易培基的大力支持密不可分。

---

[1] 《试行道尔顿制办法草案》，载湖南省立第一师范学校《湖南省立第一师范学校一览（1923）》，内部资料，1923，第16~17页。

表 5－2　湖南第一师范试行道尔顿制设备费预算案

单位：元

学科	书籍费	用具费（书桌等、橱子）	仪器标本费	总计
国文	200	100	—	300
英文	300	200	—	500
数学	300	200	—	500
理化	300	100	1000	1400
博物	300	200	700	1200
史地	300	100	100	500
图画	20	100	100	220
音乐	20	400	—	420
手工	20	300	—	320
教育	400	100	100	600
总计	2160	1800	2000	5960

注：《试行道尔顿制设备费预算案》，载湖南省立第一师范学校：《湖南省立第一师范学校一览（1923）》，内部资料，1923，第 14～15 页。

易培基担任一师校长后，虽于具体校务操心不多，但对于一师外在政治关系和社会环境的建构，尤其是经费筹措方面极为用心。到 1923 年春季学期，易培基以私人名义为一师借款已达 9000 余元，每月仅利息就要支付 200 元左右。[①] 即便如此，为了实施新教育，易培基苦心孤诣，总是想方设法筹措经费。

不过，要在所有学科中推行道尔顿制，将近 6000 元的经费依然是一个难题。故 1923 年秋季学期，道尔顿制虽在湖南第一师范扩大了试行范围，由国文拓及历史、地理等科，但花费较大的其他学科暂缓。

1920 年考入湖南第一师范的学生刘寿祺在回忆中，指出道尔

---

① 《省城各校现况调查记》，《大公报》1923 年 3 月 30 日第 6 版。

顿制有利于促使学生更加主动积极地学习："这种制度由教师指定精读和浏览的书籍，规定学习进度，学生把主要精力用于精读，学习时必须做笔记，写心得、体会，送请老师评阅。老师则根据学生的学习情况进行辅导。这个制度虽试行时间不长，但学生的主动性和自学习惯培养起来了。智力较高的学生可以充分发挥自己的创造能力。"①

刘寿祺对于湖南第一师范道尔顿制实践及其实践效果的回忆，进一步证实了廖世承关于道尔顿制适合于天才或低能学生的实验结论。

本来，道尔顿制创立于中学，在中国也主要是在中学进行实验。但湖南第一师范在试行道尔顿制的同时，一师附小的高年级也开始试行道尔顿制，而且几乎涉及小学各科。

一师附小的道尔顿制，从四年级以上学生开始，学科包括英语、算术、历史、地理、自然、国文等。各科定为若干学分，又依教材的程度，分为第七、第八、第九、第十、第十一、第十二几个学程。学生修完本学程后，可依次学习其他学程。在学习时间方面，学生早上七点半以前一律到校，八点钟开始作业，十一点半停止。指导员在每星期末，检查学生对于该科作业的进度状况。如遇某生某科作业甚少，即应召之前来，询问其少作之原因，并设法督促之。学生在完成某科一大段工作后，须经该科指导员签字；学生做完一学月的工作后，须持日课登记表到教务室换下一次，并须教务主任签字认可。每一学月完毕时，教务部须调集教师作业进行核查。②

可见，湖南第一师范对于新教育和新方法的热情欢迎，已经到

---

① 刘寿祺：《刘寿祺革命回忆录》，湖南师范大学出版社，1994，第15页。
② 晏远怀：《第一师范试行道尔顿制的报告》，《湖南教育杂志》1924年第1期，第1~4页。

了只要是"新"的，都可以一试的地步。

　　湖南第一师范试行道尔顿制，基于学生的个体差异，不仅促使其自主学习，利于其主体性的发挥，而且，对教师的学养要求也较高，教师不能照本宣科，须不断学习，随时注意各种新思潮、新文化和新知识的汲取，才能解答学生在课堂内外所提出的各种问题。故而，道尔顿制虽未能在一师持续进行，但其自主探究、自由学习的精神，对于促进青年学生自由发展个性、培养其自主研究能力、养成其自觉学习习惯，具有重要的促进作用。

第六章

养成新国民：公民教育视域下的学生自治

"国民"和"公民"概念，在西学东渐的大潮中逐渐附加上西方的天赋人权、主权在民等理念。但是，民国虽然建立，民主共和却并未实现，主权在民更是无从说起。知识精英在对革命救国失望的同时，开始反思国民性问题，并形成一股改造国民性的思潮，也被称为"新国民"思潮，希望通过教育养成新国民，即真正的共和国公民。

五四运动以后，"德先生"和"赛先生"成为近代中国发展的两面旗帜和社会进步的两大助力，更是共和国公民所应具备的基本素养。随着自治思潮的滥觞，以及杜威民主教育思想的影响，教育者希望在课堂教育之外，通过学生自治，通过学生在学校的公共生活实践进行公民教育，养成学生的自主精神、自治能力，使之成为能参与国家和社会事务、具有公共精神和意志的共和国公民。

湖南第一师范的青年教师，更是大力提倡学生自治，鼓励学生自主管理、自动研究，积极参与社会服务，为成为未来的共和国公民奠定基础。

养成新国民：公民教育视域下的学生自治 | 第六章

第一节　湖南第一师范学生自治的背景考察

一　思想造势：共和国公民的身份认同及其对学生自治的提倡

20世纪以来，民主共和成为知识分子的理想与追求。辛亥革命推翻清政府而建民国，知识分子对民主、共和，抱以无限期待。民国虽建，但存在国民程度不足、伪领袖、党祸以及横征暴敛等乱象，与知识分子期待的民主共和相去甚远。知识分子通过不断反思，认为通过暴力革命建立的政府如此让人失望，皆因国民教育程度不足，对共和国公民所应享有的权利和义务懵懂无知，公民所应具有的民主平等和公共精神更是缺乏。通过教育培养具有主体意识和公共精神的共和国公民即新国民，成为知识分子新的救国希望。

陶行知就认为"教育实建设共和最要之手续，舍教育则共和之险不可避，共和之国不可建，即建亦必终归于劣败"。认为要建共和民国，在于提高国民素养，而国民素养的提高，必赖之于教育。因为，"人民贫，非教育莫与富之；人民愚，非教育莫与智之；党见，非教育不除；精忠，非教育不出。教育良，则伪领袖不期消而消，真领袖不期出而出。而多数之横暴，亦消于无形。况自由平等，恃民胞而立，恃正名而明。同心同德，必养成于教育；真义微言，必昌大于教育"。[①] 希望通过教育培养国民的民主共和观念、自由平等精神。

五四运动以后，随着政治层面的地方自治和民治观念的提倡和宣传，与之相应的公民教育便成为教育界关注的焦点。梁漱溟就认为，由于中国传统文化和教育缺乏对民主和平等的追求，因而中国

---

① 方明：《陶行知全集（1）》，四川教育出版社，2020，第189页。

的问题，主要是国民大众对自己的权利看得不重要，不去参与国政及争取个人自由，而任由少数人假冒民意掠夺政权。[①] 故当今教育，便承担着教导国民对自由平等和民主自治的追求。教育本应自学校始，因而，五四运动以后学生自治思想便迅速在校园里传播并开始实践。

由于学生自治是外来的概念，而且是伴随着政治观念的自治在中国广为传播。因而，对于学生自治的理解便因身份、目的和期待而各有不同。

从知识精英的角度看。学生自治有助于养成未来的国家公民，通过学校的自治实践，形成其作为国家公民的主体意识和公共精神。蒋梦麟在北高师自治会成立日上发表演说，认为学生自治有助于培养公共意志以及担负各种社会责任的能力，学生自治是"移风易俗"的运动，是养成"活泼泼地一个精神的运动"。[②] 刚从美国回国未久的陶行知也认为学生自治是做共和国公民最需要的操练，可以帮助学生积累经验，辅助风纪之进步。[③] 知识精英尤其是欧美留学生，基于对国外学生自治的实践认知及现实需要的理论思考，对于学生自治的理解更为深刻和全面，他们看到的是学生自治对于养成共和国公民的价值，对其公共精神和社会主体责任的实践意义。希望通过学生在学校里的自我管理、自主参与并服务社会的实践锻炼，为未来的公民生活做准备。

从学校教师的视角看。五四运动以后，经历新文化、新思想启蒙的教师尤其是刚从新式学堂毕业的青年教师，他们在学生时代就

---

① 中国文化书院学术委员会：《梁漱溟全集（第四卷）》，山东人民出版社，2005，第 678~681 页。
② 蒋梦麟：《学生自治——在北京高等师范演说》，《新教育》1919 年第 2 期，第 118~121 页。
③ 陶行知：《学生自治问题之研究》，《新教育》1919 年第 2 期，第 193~201 页。

参加过五四运动及学校里的各种学生运动，总是力图打破旧思想旧秩序。认为以前的教师，脑袋里充满了权威、等级观念，故对于学生管理，往往施以严厉手段。这种严厉手段，非但不能对学生起到人格教育，反倒使得师生关系紧张。他们从训育和人格养成的教育目的出发，对于学生自治持赞成和支持态度。以为学生通过自我管理、自主学习，既是解放个性的需要，也是学生"锻炼自己管理自己的能力，可以做将来在社会上独立自营协同合作的准备"。[1]

无论是知识精英还是学校教师，对于学生自治，既主张学生自我管理、自主学习，同时也指出学生的自我管理并非为完全放任和绝对自由，而是应该在教师的指导下进行自治练习。故知识精英和教师最初对于学生自治，是提倡并支持的。但在实践过程中，当学生自治超越于他们的期待而出现各种乱象之后，不仅师生关系开始紧张，对于学生自治也由最初的提倡转向批判，进而反对。

从学生的角度而言。五四运动以后，民主自由和个性解放思潮喧嚣尘上，政治上的自治观念也渐入人心，学生自身对于自治观念虽无深入认知和研究，多是基于社会思潮而提出要求，以及对作为未来共和国公民的身份高度认同。故学生既受政治观念的民治思想影响，有着较高的身份认同，又有五四学生运动的前辈经验，在自主管理、自我负责的基础上，对学生自治的期待逐渐超越于领悟和实践"自主"、"自动"和"自觉"的自治精神，而开始着眼于自身权益，如对于校务的参与和决策要求，进而希望翻身作主人。这就使得学生在践行自治精神时出现种种乱象，并最终由乱象走向失败，当然此乃后话。

当学术界和思想界正因学生自治讨论得热火朝天、教育界正准

---

[1] 姜琦：《学生自治的性质及其促进的条件》，《新教育》1920年第2期，第195～204页。

| 思想启蒙与社会改造 | 湖南第一师范的新教育研究（1919—1927）

备践行学生自治大干一场的时候，美国民主主义教育家杜威正在中国各处演讲，宣扬他的民主教育和学生中心思想。在杜威及其学生胡适、陶行知等人的大力宣传下，杜威"民治主义的教育哲学尤其是'教育即生活''学校即社会'两句话，差不多是教育界——包括学生、教师——的口头禅"。其理论实践于教育界者，第一是学生自治会之组织；第二是极端尊重学生个性，学校功课应听学生自由选择，自由进修；第三是教材要以改造思想为主体，不独形式上一律要用语体文，内容上除去国文科要绝对负指导思想的责任而外，甚至于理科教学也要如此。① 学生自治成为教育界践行杜威教育即生活、学校即社会思想的实验。

二 政治实践：湖南地方自治的示范与启发

清末新政改革中，清政府预备立宪，民主和民治思想逐渐从封建制度的裂缝中渗透进来。在近代改革浪潮中，作为弄潮儿的湖南一直走在自治运动的前列。1903年，革命党人杨毓麟出版《新湖南》一书，成为公开提倡湖南自治的开端。1908年，湖南咨议局筹备处成立，开始了湖南地方自治的探索和实践。

辛亥革命以后，国人满怀热情拥抱新政府，希望实现民主、共和与自治。然而，临时政府的昙花一现以及袁世凯的妄图复辟，都使得民主和自治依然只是国人的梦想。反袁爱国运动之后，国人一直在探索新的民主共和之路。直至五四新文化运动，"德先生"和"赛先生"强势进入我国思想领域，成为国人探索救国路径的新方向。当五四运动的消息传到湖南之后，引发了湖南的"五四运动"——驱张运动的爆发。

---

① 舒新城:《我和教育——三十五年教育生活史（1893~1928）》，广东人民出版社，2016，第116~117页。

驱张运动之后，湖南掀起一场轰轰烈烈的自治运动。在 20 世纪 20 年代湖南的这场自治运动中，出现了两种自治思潮：一种是以毛泽东、彭璜、龙兼公等为代表的知识分子所主张的以人民为主体的"湘人自治"，即民治；另一种是以谭延闿、赵恒惕等为代表的军阀以及官绅所宣扬的"湘人治湘"，即官治。

1920 年，张敬尧被驱离湖南之后，谭延闿和赵恒惕率领湘军入主湖南。其时，湖南因为地处要冲，成为各路军阀必争之地。多年来，军阀征战，以及汤芗铭、傅良佐和张敬尧督湘时期的祸湘，使得湖南人民饱受战争和军阀的蹂躏。驱张之后，湘军将领谭延闿等人为了控制湖南，乃借地方自治之名，希望脱离北洋军阀对湖南的操控，因而提出湖南实行"地方自治"和"省长民选"的呼吁。

在 20 年代的湖南地方自治运动中，湖南学界、思想界以湖南《大公报》为阵地，发表了大量关于湖南自治的思考和呼吁，希望能将西方的民主制度移植于湖南，主张湖南要实现地方自治，首在宪法。宪法的制定应该由革命政府召集各界代表参加制宪会议并共同起草，省宪通过之后再组织议会，成立民选政府，真正实现民治。

在民治思想中，毛泽东的自治思想非常具有代表性。短短的几个月内，毛泽东发表了 20 多篇文章和书信，主张地方自治，先由湖南"部分解决"再到"全国总解决"。湖南如何实现部分解决呢？毛泽东认为驱张之后，湖南对中央应采取自决主义，湖南人"有自己处理自己的事的完全主权"，以摆脱中央政府的控制。毛泽东强调在湖南实行民治主义，即人民当家做主，无论是军政、财政、教育、交通还是人民自由等地方事务，都应该由湖南人民自决之，即人民当家做主。谭延闿等军阀所主张的"湘人治湘"，毛泽东认为这只是针对"非湘人治湘"而言，其实质依然是一种"官治"，是由少数湖南军阀或官绅所把控的"官治"。真正的民治，"不仅不愿被外省人来治，并且不愿被本省的少数特殊人来治"。①

毛泽东及资产阶级知识分子主张民治，提出由湖南革命政府召集湖南人民召开宪法会议，制定湖南宪法，以实现湖南自治。这一方面固然是因为此时期毛泽东等人依然主张非暴力革命；另一方面也是因为谭延闿政府在此时期鼓吹湖南地方自治，表现出"是一个革命的政府"，使得知识分子对谭延闿尚抱有希望。

谭延闿在驱张之后，发布湖南自治通电，主张"湘人治湘"，并很快召集自治会议，讨论湖南地方自治的实施。谭延闿被排挤离湘之后，赵恒惕坚持湖南自治与"湘人治湘"。在军阀和湘省各界一直争执不休的由谁制定湖南省宪法这个关键问题上，赵恒惕宣布由专家制宪，再交由全省人民公决。随后，由李剑农、王毓祥、王正廷、彭允彝、黄士衡等来自全国各地的13位专家学者组成制宪团队，制定了湖南省宪法草案，经过150多位审查员的审查后，于1922年1月公布实施。

湖南省宪法颁行后，随后由全省公民用无记名方式投票产生省议会，并在省议会的选举下产生湖南省长。赵恒惕通过种种手段，挫败谭延闿及临时省长林支宇，成功当选为湖南省第一届民选省长。

湖南省宪法虽然由专家学者草拟，但从制定到审查乃至实施，都是在赵恒惕的控制下进行。因而无论是民主思想还是湘人自决等方面，都没能真正体现民治，依然是由极少数的、湖南军阀和官绅实行的官治。

不过，湖南的地方自治，从驱张之后的大力宣传鼓吹，到省宪制定及省长民选过程中的舆论造势、官治民治双方的持续争论，使

---

① 陆文培：《试析青年毛泽东关于湖南自治的主张》，《中共党史研究》1993年第6期，第14～19页。

得自治思想深入民心,并成为学生自治的思想基础和实践依据。

思想界对于学生自治的讨论和宣传,湖南自治的政治实践,成为湖南第一师范实施学生自治以养成未来公民和沟通"教育即生活""社会即学校"的思想助力和实践助力。

第二节 公民生活的学校实践:湖南第一师范 学生自治的实施

何谓学生自治?最喜欢讨论也最喜欢说学生自治的杜威认为,学生自治"乃在自由思想,乃在养成自立性,乃在求学,乃在将来成一个健全的国民"。① 即通过学生自主管理、自觉学习与研究、自动参与,养成未来自治之国民,具有共同生活之能力,具备公共精神与意志。作为 20 世纪影响最大的教育家,杜威在五四运动以后对于中国思想界和教育界的影响不可谓不大,故而他对于学生自治的观点,成为五四运动以后学生自治实践的重要指南。

一 锻炼自治能力:自主管理与民选校长

(一)校园生活的自管与自律

五四运动以前的湖南第一师范,坚持严格的管理制度。上课、自修及休息时间和场所严格区分并限制,学生不能自由出入校门,不许他们参与社会事务,一天到晚关在学校里读书。

湖南第一师范的管理制度僵化、死板,不仅五四运动以后追求自由和个性的学生对此难以容忍,就是匡互生和一帮青年教师也对这种管理制度腹诽不已,师生对于学生自治都心向往之,于是在 1920 年 10 月设立学生自治会,实行学生自治。

---

① 李永春:《湖南新文化运动史料(1)》,湖南人民出版社,2011,第 167 页。

湖南第一师范的学生自治，既是对学校管理制度的变革，也是学生对于公共生活和公共精神的实践和练习。因而，学生自治会的组织和实施都颇类于政治领域中的地方自治，由会员选举出会长和干事，拟就会章，规定各员的职责和义务。

湖南第一师范的学生自治会，以"谋公共幸福与练习公共生活"为宗旨，以全体学生为自治会员，共同参与"学校秩序之维持、学校行政之提议、与夫共同生活上一切之设施"。[①]

湖南第一师范的学生自治会成立后，在管理方面实行自主管理，即学生自己遵守纪律，自己管理自己，"全不要教职员干涉"。[②] 会长和干事由学生竞选，并选举热心公共服务的学生作为自治会的委员，处理学生的自我管理和生活事务。

学生自治会成立后，重新划分校内区域，将自习室和寝室合并，分设第一、第二、第三、第四四个自治区。自治区内设置游艺室或俱乐部以及各种娱乐的器具，作为学生的娱乐场所。[③] 学生在课余的娱乐，如果遇到节日，就由同学们自行编排节目，或演新剧，或开音乐会，结合唱歌、跳舞、说笑话，还有同学表演双簧。喜欢文学的同学在平时也练习表演话剧，郭沫若的《卓文君》《湘累》，田汉的《咖啡店之一夜》以及《夜未央》《孔雀东南飞》等，一师学生都曾表演过，以戏剧形式反封建礼教，开湘省风气之先。[④]

学生自治会还在寝室摆设桌椅，兼作自修室。寝室同学不再由学校统一安排，而由学生自由组合，四至八人一间。学生可以在寝

---

① 《学生自治会会章》，载湖南省立第一师范学校《湖南省立第一师范学校一览（1923）》，内部资料，1923，第2页。
② 《半年来的湖南第一师范》，《民国日报》1921年1月24日第7版。
③ 《半年来的湖南第一师范》，《民国日报》1921年1月24日第7版。
④ 主要参考姜凤文、程星龄及李绍邺的回忆文章，分别收录于《宁乡文史资料（第五辑）》以及《湖南文史资料（第11辑）》。

室学习、开会讨论,也可以在教室切磋研讨,不再有人干涉。① 实施学生自治之后,虽然自修室和寝室合并,但寝室再无睡懒觉的行为,"特别是学生学习的积极性充分发挥出来了,随之纪律性也无形中得到加强,学校呈现出了一派生动活泼、奋发向上的新气象"。②

不过,将寝室和自修室合并的做法,在彭一湖任校长时期被取消。寝室和自修室再次分开,以第五区为学生自修室,第三区和第四区为学生寝室。③

实施学生自治后,如果学生对于教师的教学有意见,既可以由班代表向教务处反映,亦可由学生自治会向校长陈述,建立起良好的师生沟通桥梁。由于师生之间彼此信任、学生自主管理,湖南第一师范在废除严格的管理制度后,"不用记过、记罚等办法而秩序仍能维持"。④ 当然,遇到学生严重违反校规校纪,学生自治会也会向学校提出建议,给予一定的处分,直至开除学籍。⑤

学生的自主管理不限于学业和纪律管理,学生生活和卫生亦实行自治。伙食由同学选出总会计及周会计经管伙食费,每天轮派同学一人偕同厨房工友采购柴米油盐等。总会计根据学校所拨学生的膳费,按周核算,并将膳费交给周会计经管。因而,一师的学生伙食,虽然全由学生管理,但因为是自己的生活,管理方面尤其用心,伙食办得有声有色。当然,也有个别周会计经不起金钱的考验而企图舞弊,学生一旦发现伙食变差,便会立刻查账。在全校学生

---

① 中国人民政治协商会议湖南省委会文史资料研究委员会编《湖南文史资料选辑(第11辑)》,湖南人民出版社,1979,第46页。
② 刘寿祺:《刘寿祺革命回忆录》,湖南师范大学出版社,1994,第18页。
③ 《一日一校:第一师范学校》,《大公报》1925年3月27日第6版。
④ 王凤喈:《我对于训育科与自治会的意见(对本校全体学生演词)》,载湖南省立第一师范学校《湖南省立第一师范学校一览(1923)》,内部资料,1923,第18页。
⑤ 刘寿祺:《刘寿祺革命回忆录》,湖南师范大学出版社,1994,第18页。

的自主监管下,一师学生自治会的伙食管理很少出现贪污现象。[①]学生自己采买、自己种菜,伙食较之以前由学校事务员管理时好多了,每周都可以吃到一两次红烧肉和其他荤菜,有时甚至还有节余。这在教育经费严重不足的北洋政府时期,实在是极为难得的事情。

伙食之外,寝室的清洁卫生,一师也不再请工人洒扫而由学生自己负责。虽然在学生自治之前,一师学生也打扫卫生,但因非自觉自愿,往往敷衍了事。学生自治之后,清洁卫生全出自学生本意,自是认真负责。经由学生打扫之后的寝室,非常清洁:地板擦拭干净,入室必须换鞋,成为一师特点。

陶行知从美国留学归国后,反思中国的学校教育,认为中国清末以来就开始进行教育革新。但所谓新教育,培养出来的多是少爷或小姐,不事生产,与生活相隔绝。因而主张以试验的态度,打破教育和生活的界限,打破学校和社会的隔阂,真正实现大众教育。湖南第一师范在学校管理和生活卫生方面实行学生自主管理、自我负责,在一定程度上正是陶行知也是杜威所主张的教育和生活、学校和社会相联系的实践。

(二)自选校长,参与治校

学生自治,本为学生自己管理自己,自己对自己负责任,以为未来共和国国民之预备。因而,北京、江浙一带较早实施的学校,学生自治皆在管理学生自己的事务而不参与校政,并且需要接受教师的指导。

湖南第一师范的学生自治,以匡互生、熊梦飞、王凤喈、周谷城等人为代表的青年教师,对于学生很是信任。除开自我管理和共

---

① 中国人民政治协商会议湖南省宁乡县委员会文史资料研究委员会:《宁乡文史资料(第五辑)》,内部资料,1988,第69页。

同生活的练习外,还有参与"学校行政之提议"的权利,即学生不但要自治,还要治校。因而,湖南第一师范的学生自治会,可以选派代表参加校务会议,关于学校的兴革事项包括教职员的进退、经费的开支乃至执行纪律(如处分学生),学生自治会代表都可以提出意见,参加讨论。①

湖南第一师范的学生自治何以会超越学生"自律、自管"之权限范围,而可以参与校政?舒新城认为:湖南当时是全国的自治模范省,就政治立场而言,学生是人民的精英,自然要有更大的自治权。且当时《民国日报》常常鼓吹"学校犹政府,学生犹国民",鼓励学生治校。②另外,湖南第一师范此时期执掌校政的多数青年教师,在学生时代就向往民主自由,渴求更多的学生权利,并积极参加五四运动。因而,这些经受五四思想启蒙的青年教师对于学生作为学校的一种力量极为认可,加之正在全国泛滥的杜威思想也宣扬学生中心、学校即社会,主张教育要与生活相联系,因而竟在学生自主管理的基础上,给予学生治校之权力。

当时正在一师任教的舒新城,支持学生自治,但反对学生治校。舒新城虽为湖南人,但在张敬尧督湘时期前往江浙任教,是作为客卿和人才引进湖南第一师范的。舒新城从湖南高师毕业后,一直致力于教育研究,对于西方的学生自治自不陌生。加之他有在江浙从教的经历,对于江浙地区的学生自治及其权限较为了解。舒新城并不赞同学生参与治校,他认为学生"知识未充,诸事待教",由学生来判断指导他们的师长本不合适,希望学生还是应以知识学习为主。

---

① 中国人民政治协商会议湖南省委会文史资料研究委员会编《湖南文史资料选辑(第11辑)》,湖南人民出版社,1979,第46页。
② 舒新城:《我和教育——三十五年教育生活史(1893~1928)》,广东人民出版社,2016,第122页。

对于湖南第一师范及湘省学生超越学生自治范围而力图参与校政的行为,作为五四运动发起学校的北大校长蔡元培也不支持。在长沙名人演讲中,蔡元培曾在湖南第一师范分会场做过一次《对于学生的希望》的演讲。蔡元培认为,五四运动以前,社会对于学生及其力量是一种轻视的态度;五四运动以后,不仅社会不再轻视学生,学生亦开始重视自我,发生一种向前进取、开拓自己命运的心。① 对于学生自治,蔡元培极为赞成,但对于学生希望参与教务和校政,蔡元培旗帜鲜明地加以反对,认为校政应该反映的是学校教职员对于学校发展和管理的规划和方法,如果加入学生的意见,则甚为纷扰。并指出,北大学生也曾要求加入评议会,但被北大明确拒绝。② 至于学生参与政治事务以觉醒民众,特殊时期可以理解,但如果习以为常并至于荒废学业,则不可取。

虽然蔡元培、舒新城等人对于学生参与治校持有不同意见,但湖南第一师范的多数青年教师,都曾参加五四学生运动或深受五四精神的影响,对于学生较为放任,不仅允许他们参与校政、锻炼自治能力,而且受湘省民选省长的影响,还要在一师民选校长。

湖南第一师范由学生选举校长,固然是因为学生自治,要参与校政,也与赵恒惕和谭延闿分道扬镳,以致赵恒惕和易培基之间的关系日益紧张有关。一师学生则希望通过民选校长,传达学生拥护校长的坚决态度,以示五四运动以后"德先生"及自治精神在湖南的体现。

1921年春,湖南第一师范创行民选校长制。易培基在驱张之后能担任一师校长,本就是学生多次请愿的结果。五四运动以后,湘省思想大解放,虽然以前没有过校长民选,但也没有过民

---

① 高平叔:《蔡元培教育论著选》,人民教育出版社,1991,第284页。
② 高平叔:《蔡元培教育论著选》,人民教育出版社,1991,第287页。

选省长。因而，湖南第一师范民选校长，就是基于湘省自治和民选省长的政治先例，以开教育领域的前路，同时也是表达一师学生作为学校自治主体的权利尤其是对易培基的支持和拥护，在意义上形式大于实质。随后，校长民选在湖南成为风气，其他学校相继跟进。

赵恒惕其时正忙于湖南制宪及竞选省长，加之背着全国自治模范省的名头，竟然默认了一师的校长民选。随着赵恒惕成功竞省长，军政一统之后，开始抽手控制湘省思想和风气，以"趋新"为标志的湖南第一师范，自然成为他的首要目标。1923年暑假他借易培基前往谭延闿驻军处的机会，宣布撤销其一师校长之职，从而引发一师的"易长风波"。

在"易长风波"中，一师学生充分发挥学生自治的作用，通过校内校外的沟通、协调与四处奔走，其自治能力得到迅速提升。当易培基被通缉、一师校长虚位以待之后，学生自治会立即行动起来，召开全校学生会议，暂停一切课外研究和服务性活动，将全部时间和精力用于校长民选以及后来的"排李行动"。他们发表宣言，要求继任校长由学生提出、教育司任命。会后还派遣学生代表赴教育司请愿，表达一师学生民选校长的强烈意愿。①

一师学生最初属意李石岑。为避免其他野心家掌控一师，学生自治会再次召开全校学生大会，向教育司请愿任命李石岑为校长；并代教师表明态度，欢迎李石岑继任校长，否则全体辞职。②

虽然一师学生对继任校长有强烈的自主意识，并多次向省府请愿，但已将湘省军政大权一手抓的赵恒惕，显然并不想让一师学生如愿以偿。在经历两个多月的相持之后，教育司悍然宣布由李济民

---

① 《一师学生对校长问题之请愿（欢迎李石岑）》，《大公报》1923年8月23日第7版。
② 《一师校长问题再志（学生二次请愿）》，《大公报》1923年8月24日第7版。

继任一师校长,由此引发学生罢课拒李风潮。

学生罢课的同时,学生自治会继续召集全校学生商讨对策,一方面由学生联合会接洽报馆,发表宣言以请全国各界援助;另一方面组织校务维持会,负责校外事务,由学生自治会负责校内责任。①

为了赢得学界同情,学生自治会还派遣代表前往长沙各学校联络,得到长郡、楚怡、明德以及公立法政等学校的支持,同时商请省教育会进行协调。

最终,李济民在重兵保护之下入主一师,一师学生拒李失败。其后屡次在校长继任问题上,学生虽然都有属意的校长推荐,但都未能得到教育司的认可,校长民选事实上走向失败。

一师的"易长风波",虽为一师校内事务,但因涉及教育行政问题,故由校内走向校外,并最终演变为一场轩然大波。在这场风波中,教师也许对于学生的抗争起到了一定的指导作用,但冲锋在前线、付诸行动的都是学生。无论是向省府请愿、联络长沙各校的支持、向报刊投文以图引起各界同情等举措,实已超出学生自治之范围和权限。故而有学者研究五四运动以后的学生自治,认为各界对学生自治的认知差异,导致学生自治在实践中成为学潮的重要诱因。②

宫廷璋回忆此时期长沙学风:"学生驱张成功后,气焰极盛,举校长、倡自治、废管理、反对试验。言感化则不准开缺,言兴味则上课自由,言个性则专修一科。教职员复推波助澜,长沙学风遂新至不可收拾。"③ 宫廷璋对于五四运动以后长沙学风的总结,虽

---

① 《一师反对新校长之轩然大波》,《大公报》1923年10月1日第6版。
② 娄岙菲:《"五四"后学生自治与校园学潮》,《四川师范大学学报》(社会科学版)2013年第6期,第114~124页。
③ 吕芳文:《五四运动在湖南》,岳麓书社,1997,第218页。

则在一定程度上表现出他的相对守成,但从一个侧面表明五四运动以后湖南学风之新潮和激进。湖南第一师范的校长民选,是学生深度参与校政的具体表现,虽然超出了学生自治的基本范畴,但对于自治能力的锻炼大有助益。

二 养成自主精神:自觉主动的学术研究

(一)基于知识与兴趣的学科研究会

1920年10月,杜威在湖南第一师范演讲《学生自治》时强调,学生自治"乃在自由思想","乃在求学",重在"研究各种重要问题,互相开诚辩论,求真理的所在。专事演说运动,不能叫做研究"。[①] 五四运动以后,在新文化和新思潮的启蒙下,青年学生对于人生意义和个体责任有了新的思考,加之青年教师的启蒙引导,自动求学和自主研究的意愿加强。在实施自治的学校中,学生通过自治以谋"自律、自学、自强",对于学习和研究,主动性和自主性空前增强。课堂的功课固然要紧,自动自习、自主研究、自己探索学问门径更为要紧。

湖南第一师范因为青年教师较多,和青年学生年龄相差不大、思想相近,故青年学生愿意亲其师而信其道。在青年教师的激情影响下,自主学习的热情高涨,出现了自由讨论、自动研究的学风。学生不再需要教师机械式的督促,多能自动勤学,各科研究会非常之多,学生还在文学、教育方面发表了众多有价值的文章。王凤喈后来在总结一师的学生自治时,就认为一师学生自动研究的精神和自我发表的能力是学生自治成功的主要表现。[②]

五四运动以后湖南第一师范的学生,在青年教师的引导和启发

---

① 李永春:《湖南新文化运动史料(1)》,湖南人民出版社,2011,第167页。
② 王凤喈:《我对于训育科与自治会的意见(对本校全体学生演词)》,载湖南第一师范学校《湖南第一师范学校一览(1923)》,内部资料,1923,第18页。

下，对于知识追求极为用心，对于学术研究极为崇尚。出于知识追求和兴趣爱好，一师学生组织了多个学术色彩浓厚的学科研究会，如中国文学研究会、史地学会、英文研究会、博物研究会、数理研究会、美术研究会、小学教育研究会等，学生可以根据自己的兴趣爱好自由参加。[①] 其时，一师的学生积极参加各种学会或研究会，有的学生甚至同时参加两个以上学术团体。如刘寿祺就是各种学术研究团体中的活跃分子。他参加了学校的文学研究会，担任过《文学周刊》的编辑，还与一师附小的教师发起组织儿童文学研究会，撰写了相当数量的文艺作品和研究论文，在《湖南通俗日报》、湖南《大公报》、《民国日报》等报刊上发表。[②]

当然，随着时间的推移和学生的出入更替，以及会员在思想上的分化，这些研究会也有所变化。如文学研究会的核心成员赵景琛、王鲁彦两位老师和刘寿祺等学生另组文学团体"霓裳社"，另有少数成员后来分化出来成立"飞鸟社"，追求"海阔天空任鸟飞"的自由自在的生活，并在上海出版《飞鸟杂志》和《光明》两本册子。[③]

1923年，湖南第一师范带有学术色彩的学科研究会或学会有十余个（见表6-1）。

从表6-1可知，1923年参加各科研究会或学会的学生达到300余人，而当年湖南第一师范的学生人数才400余人。[④] 虽然有的学生同时参加两个以上的学术团体，但也可以看出学生对于自主学习和学术研究的热情。

---

① 中国人民政治协商会议湖南省委会文史资料研究委员会编《湖南文史资料选辑（第11辑）》，湖南人民出版社，1979，第55页。
② 刘寿祺：《刘寿祺革命回忆录》，湖南师范大学出版社，1994，第16页。
③ 刘寿祺：《刘寿祺革命回忆录》，湖南师范大学出版社，1994，第16～17页。
④ 《省城各校现况调查记》，《大公报》1923年3月30日第6版。

表 6—1 1923 年湖南第一师范学科研究会一览

名称	研究会的宗旨	会员总数
儿童文学研究会	儿童文学	十余人
文学研究会	文学	三十余人
飞鸟社	文艺	十六人
国语学会	国语	四十余人
俄文学会	俄语	六十余人
日文学会	日语	六十余人
英语学会	英语	二十余人
史地学会	史地	二十余人
音乐作曲研究会	音乐作曲	十余人
美术研究会	美术	三十余人
小学教育研究会	小学教育	十余人
总人数		三百余人

注：石清：《湖南省立第一师范男女同校底经过》，《民国日报（妇女周报）》1924 年第 23 期，第 1～2 页。

众多学术团体中，参与人数较多者当属语言类和文学类的学会，尤其是俄文和日文学会人数最多。俄文学会参与人数较多，应该是跟俄国十月革命的胜利引起青年学生对于救国新路径的探索有关，日文学会则跟当时留学趋向有一定关系。清末新政以来，留学日本成为国人首选，清华学堂成立后，欧美留学渐成趋势。由于欧美留学路遥费巨，庚款留学的申请也有一定难度，留学日本则因路近费省和语言难度较小依然是国人的重要选择。

随着校长和教员的更替及其思想主张的转移，一师的学科研究会也有所变化。到 1925 年底，尚存的各科研究会大为减少，仅有小学教育研究会、科学研究会、文学会、辩论会、美术会、史地学会、英语学会、晨社等八种。[①]

---

① 《学校调查：第一师范》，《大公报》1925 年 11 月 28 日第 7 版。

这些学科研究会，民主自由的气氛很浓厚，以座谈、讨论、演讲、展览、演戏剧、文艺创作和出刊物等形式开展活动。会员在研究过程中，没有拘束地发表意见，开展批评与自我批评，也有反批评，进行学术商榷。这种良好的研究氛围，"大大促进了学术的繁荣，使同学们获得的知识远比在课堂上获得的广泛、深刻、实用"。①

学生基于知识和兴趣参与各种学会或研究会，自主研究，各种研究会办理得有声有色。如英文学会每周举行英语演说会，并将演说稿缮写张贴，以供众览；数理学会和博物学会经常举行学术讨论会，由会员报告学习心得，授课教师参加辅导；美术研究会曾多次举行绘画展览，博得师生员工和校外观众的好评；喜欢文学的会员还自己排演话剧，反对封建礼教，提倡新文学。一师学生通过课堂上教师的精心教导及课外的自主学习及自动研究，学业成绩提高很快。

1924年，湖南省教育司举行第一届选优会考。会考结果，全省的男师范学校中，各科总分500分以上者10人，第一师范占了8人，分别为李道宗、刘大栋、杨世刚、黎尚曙、谢甲南、方严、童步衢、萧乃丰。前三名中第一师范有两人，为李道宗和刘大栋，总分分别为643.3分和595.7分，而第三名总分为571.8。② 在单科排名中，是全省的中学和师范一起排名，除开理化、数学学科的前五名中没有一师学生外，其余几乎每科都有一师学生名列前茅，分别为：国文第一名为李道宗（97分），地理第一名萧乃丰（94分）、第二名李道宗（90分），历史第二名李道宗（86分），博物第二名谢甲南（99分），英文第五名饶长卿（94.5分），教育学第一名李道宗（88分）、第二名李大栋（74分）。③

---

① 刘寿祺：《刘寿祺革命回忆录》，湖南师范大学出版社，1994，第16页。
② 《优选会考分数揭晓》，《大公报》1924年7月31日第6版。
③ 《优选会考前数名揭晓》，《大公报》1924年7月30日第6版。

从选优会考的结果来看,一师的优势学科在国文、史地和教育学等文科方面,理化、数学则榜上无名。这些优势学科,正是五四运动以后一师所重视、学生感兴趣且自主投入大量时间和精力的学科,也是一师当时从外省聘请名师较为集中的学科。虽然科学和民主是五四新文化的两大旗帜,但对于注重思想启蒙和思想改造的一师师生而言,明显更为偏爱民主一些。

也要看到,上述学科成绩优秀的同学,似乎将自主学习和自动研究的时间和精力主要用于知识追求,而在学术研究和社会服务方面少有建树。当然,这也可以反衬,用于课外学术兴趣和社会服务的时间越多,用于学科知识的时间就越少,确实会影响到知识学习。这正是蔡元培等人反对学生过多参与社会尤其是政治活动的主要原因。

不过,对于学生的学习评判,到底是以知识追求还是以服务社会和公共关怀为标准?在不同时代,面向不同层次、不同追求的学生,本就是仁者见仁、智者见智,不能一概而论!

一师学生通过各种课外活动的熏陶,在各种演说、演讲活动中,更是经常拔得头筹。当时长沙各中等学校如一师、一中、明德、岳云和妙高峰中学等曾联合举办演说比赛、英语演讲赛及辩论赛,三项比赛中,一师学生都取得第一名的好成绩。[①]

杜威曾言,学生自治重在研究问题、追求真理。五四运动以前,中等及以上的学校,虽也有学生进行学术研究,但人数少、成果弱。五四运动以后,由于青年教师极为注意实际问题的解决,对学术研究十分用心,也注重对学生进行引导和鼓励,一师的学生虽不能说人人崇尚学术,但有相当部分的学生对学术研究具有热情,

---

① 中国人民政治协商会议湖南省委会文史资料研究委员会编《湖南文史资料选辑(第11辑)》,湖南人民出版社,1979,第55页。

愿意去思考、去探索，并有着丰富的研究成果。在众多研究会中，文学研究会、史地学会和小学教育研究会的会员，对于学术研究极富热情，在自主研究的基础上撰写刊发了很多文章，并在长沙的《国民日报》、湖南的《大公报》以及《湖南通俗日报》投稿、出版副刊，影响已经远远超出一师校园而及于社会。

尤其是教育科的小学教育研究会，部分学生基于师范生和未来教师的身份认同和社会关怀——"以小学教育为社会根本事业"而致力于研究小学教育。会员不仅将研究结果发表于各报刊，并在《湖南通俗日报》、湖南《大公报》等报刊编辑"小学教育专栏"和出版《小学教育研究周刊》刊发会员和商榷者的研究文章，以引起学界、教育界对湖南小学教育的关注。下面以小学教育研究会为例，考察湖南第一师范学生的学术研究及其成效。

（二）小学教育研究会及其研究旨趣

在西方大学发展史中，随着自由、民主、自治思想的兴起及其在学校的实践，学生的自主性不断增强，学生群体日益关注学术交流和演讲。伴随学生群体的壮大及其社团的发展，学校和社会的边界慢慢消失，学生社团不再局限于校园内娱乐、交际的范畴，也积极投身于社会慈善、民主政治和社会改革的运动中。西方学生社团的发展特点在五四运动以后的中国各级各类学校中日益得到体现。

湖南第一师范的青年学生，他们关注社会现实、关心国家前途。面对家国危机，在"先天下之忧而忧"的传统思想及教育救国信念的启发下，由纯粹的学术追求逐渐演进到关注教育发展、促进教育进步，其主体意识和社会责任在思考问题解决和学术研究中逐渐加强。

1. 教育学教师及其对小学教育研究会的支持

甲午战争后，西学东渐，随着国人思想的新陈代谢，培养师资的师范教育受到空前重视。西学知识外，国人皆以为"所以教弟子"之法的教育学科,能培养教学技巧,养成教育家之精神,是师范教育的特色所在,故教育学科成为近代师范教育最重要的学科之一。五四运动以后,随着思想大解放和欧美新教育的传入,知识精英对师范教育的认识日益深化,对教师的要求由"经师"发展到"人师",认为教师不只是传授知识,尤应注重对学生人格的熏陶。师之道,正以其师道尊严、学识人品、立身处事,于课堂内外濡染弟子生员。"学高为师,身正为范"逐渐成为新时期教师的标准,故各师范院校对于教育学科教师的专业素养要求日益提高。

五四运动以后的湖南第一师范,在教育科教师的聘请方面,注重的是其思想和学养,非为年龄和资格,故教育新秀舒新城、余家菊等人成为第一批教育科教师。随后毕业于北高师的王凤喈、周谷城、李稼年、赵惠谟等青年教师相继来校;到1926年王凝庹任校长时,因为国内政治形势的变化,聘请教师以老成持重为主,故从法国勤工俭学归国的教学法名师徐特立、年资较老的魏先朴等人被聘请来校任教。五四运动以后湖南第一师范教育科教师的名单见表6-2。

表6-2　湖南第一师范教育科教师名单(1921~1926年)

年份	校长	教育科教师	毕业院校
1921	易培基	舒新城 (教育学、教育心理学) 余家菊(教授学科不明)	湖南优级师范英语部 北高师研究科
1922	易培基	王雍(凤喈)兼教育实习主任 周学超(伦理)	北高师英语部
1923	易培基	陈友生(教育) 王雍(凤喈)(教育) 周谷城(伦理) 李稼年(心理)	香港大学教育科 北高师英语部 北高师英语部
1924	李济民	赵惠谟 (实习主任、教育心理学)	成都高师、北高师研究科、英国伦敦大学

续表

年份	校长	教育科教师	毕业院校
1925	彭一湖	邹谦(教授学科不明,兼多职) 王雍(凤喈)(教育史) 赵惠谟(教育心理学)	日本东京高等师范 同上
1926	王凝度	徐特立(教学法) 黄德安(教学法) 杨柏森(心理学) 魏先朴(论理学) 杨国础(教育统计学)	自学,曾赴法勤工俭学 长沙县立师范 湖南高等学堂 湖南优师、北高师研究科

注：本表根据舒新城《我和教育——三十五年教育生活史（1893～1928）》，1922年、1924年、1925年、1926年《湖南省立第一师范学校同学录》，1923年《湖南省立第一师范学校一览》中的教师名录编制而成。此表为不完全统计表。

这些教授教育学科的教师，相当部分不是教育科毕业，但因对教育现状的关注和教育理论的兴趣而致力于教育研究，并最终在教育学科方面各有专长。无论是思想激进的新进少年，还是老成持重的教学元老，在一师教学期间，都秉承启蒙青年、为国而教的信念，注重讲学弘道、开化青年。由于多数教育科教师来自北高师或其他高等师范，在大学期间即积极参与学校的社团和教育研究，因而成为教师后，也注重启发一师学生的研究兴趣，鼓励学生进行教育研究。故湖南第一师范小学教育研究会的成立，和一师教师尤其是教育科教师的大力提倡和支持有着密切关系。

小学教育研究会成立之后，教育科教师对其持续的指导和支持是其会员坚持研究的强大动力。教育科教师对小学教育研究会的指导和支持体现在以下几个方面。

第一，支持和指导小学教育研究会的学术讨论。小学教育研究会成立后，每周都会有学术交流和讨论，教师也每周跟进指导。即便在寒暑假期，教师也坚持指导。1922年暑假，教务主任彭静仁及教职员刘鸣剑、周谷城等人，提议利用暑假举行消夏会，便于学生补习学业、改进团体生活。小学教育研究会除开自主阅读和研究之外，还组织了三次讨论会，主题为"小学校性的教育的问题""乡村教育之实施方法""师范学校应如何特别提倡学生研究小学教育之兴趣"，分别由萧先其、阮心潭、袁名榜三人主持。每次会议，周谷城、李蔚农两位老师都参与讨论并进行指导。小学教育研究会此次消夏会的研究，效果相当不错，讨论的问题"咸有相当之解决，会员亦颇富有浓厚之研究兴味"。[1]

二，在小学教育研究会进行教育学术讲演。为了激发会员的研究热情、鼓励他们积极研究，并与学校教师和学界名人交流思想及教育发展趋势，小学教育研究会议决邀请本校教师或名人到会演讲。作为由学生主持的教育学术团体，未必能经常请到名人，但请到本校教师尤其是教育科教师却绝无问题。王凤喈就经常在小学教育研究会进行教育学术演讲，如他给学生讲演"小学教材之研究"，既是一场学术演讲，也是对会员研究信心的鼓舞。

三，撰写学术论文刊发于《小学教育研究周刊》。一师教师尤其教育科教师在小学教育研究会所创办的周刊发表文章，不仅是对其周刊的支持，亦是对会员教育研究的学术示范、引领会员的研究主题和研究方向。同时也因为有教师的深度参与，《小学教育研究周刊》的学术影响扩大了。因而，当小学教育研究会准备发行研究单行本时，才有俞子夷、刘世珍等先生作序以为支持。一师教师在《小学教育研究周刊》上发表的文章见表6-3。

应该说，一师教师尤其是教育科教师对小学教育研究会的精心指导与大力支持，对其会员研究兴趣的激发和研究能力的提升具有

---

[1] 湖南省立第一师范学校：《本年消夏会始末》，《湖南省立第一师范学校旬刊》，1922年第1期，第14页。

重要影响，彼此之间也因为对学术研究有共同兴趣而建立起良好的师生关系。以致有会员毕业之后一直坚持小学教育研究，在研究和教学过程中遇到问题时，也会第一时间向原来的教师请教。

表6—3 一师教师在《小学教育研究周刊》的发文统计

时间	作者	题名
1923.6.28	王凤喈	小学底学校行政
1923.7.5～19	易培基	古代小学教育之制度与学说
1924.4.7～14	赵惠谟 赵惠谟	小学教育上的几个实际问题 教育零感
1924.5.19	赵惠谟	怎样到乡村去改良教育
1924.6.3	王凤喈	错误心理与小学教育

注：本表为不完全统计表。主要根据湖南《大公报》1923～1924年《小学教育研究周刊》所发文章整理而成。

何其隆，湖南第一师范第二部第3班学生，是小学教育研究会的发起者之一及核心会员，在校期间就撰写了大量教育研究文章。毕业之后，在繁重的教学之余，坚持小学教育研究。根据现有的不完全统计，他在小学教育研究栏目和周刊上共发表文章16篇，有时甚至一人承包《小学教育研究周刊》一期的文章，是名副其实的小学教育研究冒尖户。在学期间的大量阅读和研究，及其对小学教育的兴趣和使命感，使得何其隆在毕业之后，依然致力于小学教育方面的研究和教学工作。

1923年7月，何其隆受邀在岳阳暑期学校授课，对其中的《现代教育趋势》一科，颇感困难，于是将其自编讲义的纲要整理出来，向王凤喈请教。[①] 1923年8月《小学教育研究周刊》上发表了何其隆的一篇文章《现代教育趋势述要》。从文章内容来看，和

---

① 何其隆：《致王凤喈的一封信》，《大公报》1923年7月26日第9版。

他之前向王凤喈所请教的《现代教育趋势》纲要大同小异，应该是在王凤喈的指导下，经过暑期学校讲学的打磨之后，最终成文并发表。

正是在一师教师尤其是教育科教师的引导和支持下，湖南第一师范的小学教育研究会才得以成立，成为湘省最早的小学教育研究的专业团体。虽然历经核心成员毕业、一师易长风波等因素影响，但能断而又续、坚持不懈，并在湘省具有一定的学术影响，这既与一师学生的学术兴趣及主体意识有关，也与一师教师尤其是教育科教师的持续支持和引导密不可分。

2. 小学教育研究会的成立与发展

1922年春，湖南第一师范第二部第3班学生何其隆、王堃猷，以及第一部第16、17班学生袁名榜、阮心潭等人提议建立小学教育研究会。他们认为"小学教育为社会根本事业"，然纵观湘省现状，"小学教育界素乏研究之团体，又少联络之机会，以致各行其是，成畸形的发展；墨守旧章，无进步之可言"。[①] 何其隆等人基于师范生的身份认同，认为"研究小学教育者，实为吾师范生之天职"，决定成立小学教育研究会，"以体察现代文化趋势，研究小学教育为宗旨"，[②] 为一师同学提供小学教育研究与交流的机会。

小学教育研究会成立后，陆续加入者有邹宗智等十四人。经过会员选举，总干事袁名榜、编辑员何其隆、图书管理员王堃猷。

小学教育研究会规定，会员须将教育方面的图书（每会员至少须买教育图书一种）存在会内，备会员公阅。有着共同兴趣和志向的会员，每天晚上七点至九点齐聚一堂，进行公共阅读；每周选定适当时机，参观省内小学；每周开演讲会或讨论会一次，研究小学

---

① 茂秋：《小学教育研究会之前顾与后盼》，《大公报》1924年4月7日第10版。
② 湖南省立第一师范学校：《小学教育研究会之经过》，《湖南省立第一师范学校旬刊》1922年第1期，第15页。

教育方面的问题,并邀请教员王凤喈、周谷城、李蔚农等人莅会演讲并指导一切。

1922年春季学期的暑假前,小学教育研究会进行了重新选举:总干事袁名榜、编辑员阮心潭、史子芬,庶务姚景福,图书管理员向以礼、钟重民;并讨论、议决小学教育研究会今后进行事项,要求会员多购置图书以备大家阅读,会员的研究成果改在一师旬刊上发表。①

小学教育研究会成立之初,以一师在校学生为会员。鉴于在校生缺乏教育实践经验,经过讨论,决定扩大会员来源,征求一师毕业生入会,以进行学理和经验的研究与交流。为此,小学教育研究会专门发布启事:②

小学教育研究会征求毕业同学入会启事

迳启者:本会自今春成立以来,迄今已逾半载。会员虽皆学浅力微,以致本会无甚成绩,然赓续积进,常自策勉。顾小学教育事业,一方面固宜深求学理,以为异日实地教学之根基,然他方面尚须征于实习之所得,而断定事实与理论,有无抵牾。古人所谓教学相长者,信有以也。本会会员,多在肄业时期,教授之经验未尝,学理之可否实行,诸莫敢决,诚恐"心中了了,指下难明""闭门造车,出不合轨"。为此本会于上期大会议决:毕业同学现服务教育界者,可征为本会会员。惟我诸毕业同学,从事教育咸有夙怀,精益求情,不乏同志,幸乞加入本会,共同研究。嗣后,毕业诸子,以实习之经验告,肄业同学,则以研求之学理对,俾学理因实习而益彰,教

---

① 湖南省立第一师范学校:《小学教育研究会之经过》,《湖南省立第一师范学校旬刊》1922年第1期,第15页。
② 湖南省立第一师范学校:《小学教育研究会征求毕业同学入会启事》,《湖南省立第一师范学校旬刊》1922年第1期,第16页。

授以学理而愈进。诚如是，小学教育前途，不无小补，区区之意，倘亦诸君子所乐许者欤？如愿入会，务希即时示知。简章容后奉上。专此祗颂教安，宁候明教。

第一师范小学教育研究会

小学教育研究会会员"多系肯致力研究者"，在王凤喈、周谷城等老师的指导下，读书、讨论之余，积极研究，并将研究成果刊发于《湖南通俗日报》的"小学教育研究"栏目，为一师同学所关注，并对其所关注的小学教育问题进行讨论商榷。

由于早期的小学教育研究会会员主要集中在第二部第3班和第一部第16、17班学生中，1923年春季学期，这些学生毕业之后，小学教育研究会因"属完全服务性质"，"几至无人问津"。幸有第一部第18班学生李天锡、银运烺以及茂秋等同学对于小学教育研究和服务社会抱有极大热情，重整旗鼓，制定小学教育研究会简章，邀请关心小学教育事业、热心小学教育研究的在校生和毕业生加入。其研究会简章如下：

小学教育研究会简章[①]

名称　湖南第一师范小学教育研究会

宗旨　本会以研究小学教育为宗旨

会员　凡有志研究小学教育之同学，由会员二人以上之介绍，经大多数会员认可者，得为本会会员。

会金　分肄业与毕业两种：

一、肄业会员，入会金贰角，于入会时缴清。常年金贰

[①] 《小学教育研究会概况》，载湖南省立第一师范学校：《湖南省立第一师范学校一览（1923）》，内部资料，1923，第6~7页。

角，分两期缴纳。

二、毕业会员，常年金五角，须一次缴清。如远道不能缴现金者，可用邮花代之。

  会务 1. 研究。肄业会员，每三周开会一次，轮流派研究员四人研究之；毕业会员，每月至少须通信一次，征求实验情形，及互相讨论困难问题。

  2. 阅览。每人至少须购阅关于教育之书报一种，交换阅览，并得随时在图书馆阅览。

  3. 讲演。得请名人随时讲演，并求指导员于每三周内演说一次。

  4. 刊物。凡会员研究或实验所得，于小学教育周刊上发表之。

  职员及职务（略）

规约：

1. 开会须按时到会，如连续两次不到会者，得令其出会（但因特别事故，预先声明者，不在此列）。

2. 一经派定之研究员，不得推诿。

3. 每月至少须将研究所得作一篇以上之文字发表。[1]

再次成立的小学教育研究会，共有会员二十多人，邀请王凤喈和周谷城作为指导员，每三周进行演说指导一次；同时邀请名人演讲，指导教育研究事项、介绍教育发展趋势和新教育方法等；在湖南《大公报》发行《小学教育研究周刊》，刊发会员研究成果，并和教育界同仁商榷、交流小学教育相关问题。会员除开在校生之

---

[1] 《小学教育研究会概况》，载湖南省立第一师范学校：《湖南省立第一师范学校一览（1923）》，内部资料，1923，第6~7页。

外，还有一师毕业生。刚毕业的何其隆、王堃猷等人依然是核心会员，连毕业已久、在湘省小学教育界卓有声望的李云杭，也在何其隆和李天锡的介绍下加入，并在《小学教育研究周刊》发表了众多研究成果。李云杭的加入，既是对一师小学教育研究会的支持，也是对其会员研究小学教育的示范，还扩大了小学教育研究会在湘省小学教育界的影响（见表6-4）。

表6-4　1922～1924年小学教育研究会会员名录

时间	发起人	会员名录	指导教师
1922年	何其隆 王堃猷 袁名榜 阮心潭	何其隆、王堃猷、邹宗智、黄熙耀、彭文元、袁名榜、史子芬、阮心潭、钟重民、姚景福、萧先其、罗正海、尤良训、吴俊岑、李岳青、向以礼等	王凤喈 周谷城 李蔚农
1923年	李天锡 银运烺	李天锡、银运烺、何其隆、王堃猷、茂秋、壮民、秦熏陶、刘寿棋、徐鑫龄、龚云村等	王凤喈 周谷城
1924年		秦熏陶、李天锡、何其隆、萧先其、茂秋、泽熏、刘绍岚、李云杭等	赵惠谟

注：本会员名录主要根据《湖南省立第一师范学校旬刊》（1922年）、《湖南省立第一师范学校一览》（1923年）、《湖南通俗日报》及湖南《大公报》小学教育研究会的副刊目录整理而成。此表为不完全统计，有的会员为笔名，有的会员没有记载在案，故散佚较多。

1923年秋季学期，因"易长风波"的影响，全校学生将时间精力用于校长民选以及和李济民、省署之间的斗争，以致学生社团及各研究会事务完全停顿。直至年底，校长一事再无发生变化的可能，学生才再次回归学习与研究。小学教育研究会亦召集会员，商讨本会发展事项。经过会员讨论，议决在三个方面努力：第一，在湖南《大公报》副刊（即《小学教育研究周刊》）恢复之前，筹备发行小学教育研究的单行本；第二，在小学教育研究会设立图书馆，搜集本会会员关于教育方面的书报，同时向外募集图书；第三，设立教育介绍所，便于和各地小学及教师联络。①

从小学教育研究会的发展规划来看，在最初的学习讨论、学术研究宗旨之外，逐渐涉及社会服务和教育治理。

1924年4月，针对湘省小学教育缺乏调查与统计这一现实，小学教育研究会设计调查表册，通过城区学务委员会通知联络长沙城区各小学，对其教育现状进行实地调查，以推进小学教育的实施。②

随着一师学生的服务意识和公共精神的增强，小学教育研究会会员的主体意识和社会责任感也日益凸显。在长沙城区小学教育调查的基础上，小学教育研究会拟将调查区域拓及长沙全县，次之以湘西，然后是其他各县，希望通过一年时间对湖南全省的小学教育进行一次精准调查和统计，以总结小学教育"应行改建之点"，并因势利导，指导湘省小学教育的发展和改造。小学教育研究会还附设教育书报贩卖处，代售各种关于教育方面的新出版物，并另设教育教授科，以方便有志研究但不能负笈求学的乡村教师。③

在各会员的努力下，小学教育研究会的社会影响日益扩大，各会员不再满足于小学教育研究会局限于湖南第一师范之一校范围，而希望扩充于全省。1923年暑假，会员茂秋借服务暑期学校的机会，主张吸纳全省优秀小学教师加入小学教育研究会，从而将湖南第一师范的小学教育研究会扩充为全省小学教育研究会，进而在长沙设立总会，在各县设立分会。"俾湘省小学教育之实施，统规本会主导而左右之"。④ 茂秋的建议得到多数会员的赞同，不过最终因计划过于宏大而未能实现。

---

① 茂秋：《小学教育研究会之前顾与后盼》，《大公报》1924年4月7日第10版。
② 《小学教育界之佳耗》，《大公报》1924年4月28日第6版。
③ 茂秋：《小学教育研究会之前顾与后盼》，《大公报》1924年4月7日第10版。
④ 茂秋：《小学教育研究会之前顾与后盼》，《大公报》1924年4月7日第10版。

小学教育研究会已有计划但未能实现者还有模范小学。在毕业会员中，李云杭和何其隆对于小学教育发展具有强烈的使命感和责任感，他们建议在长沙设立模范小学，作为小学教育研究会会员的实习场所，以便于各会员"将各种新旧学理，一一实习于此校，比较其优劣，计算其成效，杜好同恶异之弊，免建己排人之患"。①

由湖南第一师范一隅扩充至湖南全省的小学教育研究会，以及组织模范小学之建议，是小学教育研究会会员服务社会、公共精神已然形成的标志。但以学生主持的教育研究社团，既缺乏经费支撑、会员不仅人数较少且主要局限于一校，缺乏足够的社会资源，故其宏大之规划难以实现。

不过，湖南第一师范小学教育研究会在机构扩充和模范小学建设方面虽然失败，但在学术研究方面，还是取得了不俗的成绩，并产生了较大的社会影响。不仅俞子夷、刘世珍为小学教育研究单行本（后因湖南《大公报》恢复和经费限制没有发行）撰文以为序，湖南《大公报》发行的《小学教育研究周刊》不仅刊发会员研究成果，亦刊有一师教师王凤喈、赵惠谟等人的研究文章，还有小学一线教师和研究者投稿，交流教育心得和研究成果，"颇受社会人士欢迎"，② 产生了较为广泛的社会影响。

3. 小学教育研究会的研究旨趣及其成果

湖南第一师范的小学教育研究会，以小学教育研究为宗旨和兴趣。其会员主体为在校学生，面临国弱势微的社会现实，在信仰教育救国的青年教师的引导下，其研究趋向主要表现为学术兴趣和社会责任两大方面。

第一，基于学术兴趣的教育研究。

---

① 茂秋：《小学教育研究会之前顾与后盼》，《大公报》1924年4月7日第10版。
② 《小学教育界之佳耗》，《大公报》1924年4月28日第6版。

五四运动以后的湖南第一师范，秉承兼容并包和人才主义原则，多方罗致教师。这些教师学源多样化、年龄年轻化、思想现代化，大多信仰教育救国，普遍有作育新民、为国培才的教育信念。因而，在日常教学和课余生活中，他们不仅对一师学子谆谆教诲，更是身体力行，在教学之余专注于学术研究，成为学生的榜样。

在教师的示范和指导下，小学教育研究会会员最初基于师范生和未来小学教师的身份意识和学术兴趣进行学术讨论和研究：他们探索感兴趣的名人如泰戈尔的教育事业，阐述自我的教育理念如《我的教育观》《小学教师的人生哲学》，紧跟当时的教育发展趋势如《现代教育趋势述要》，关注小学教育的实施如《小学校应注意的几点》《小学校与家事教育》《怎样养成良好的校风》，研究小学教材和教学如《小学英语教学的小小意见》《神话不宜做小学教材》《与阮印长君讨论小学国文教材》《一个自然科学的教学报告》等。在小学教育研究会的研究主题中，他们最感兴趣并研究最多的当属新教育，尤其是新教育中的新教学法。

五四运动以后，欧美新教育的引进和国内思想的解放，使得新教育尤其是新教学法成为教育界和学生界关注的重点。湖南第一师范的青年教师，有欧美归国者，有毕业于北高师、武昌高师等师范院校者。他们对于欧美新教育本就极为关注且有自己的很多思考，故在湖南第一师范的教学中，不仅在课堂内外向学生作了大量的介绍，亦在自己的教学实践中努力探索。故而，一师学生在教师的引导下大开眼界，并以新教育和新方法作为自我研究的方向。尤其是有的会员如何其隆在毕业之后，在学理探索的基础上对新教学方法进行实践，基于实践总结新教学方法的经验和教训，以飨于后学。

对于新教学方法的研究，小学教育研究会并没有盲目追新，更多的是基于自我的身份认同进行选择。五四运动以后，国内引介的新教学方法众多，影响最大者当属设计教学法和道尔顿制。尤其是道尔顿制，在五四运动以后成为教育研究的新宠。但从《小学教育研究周刊》的刊文情况看，当时只刊发了一篇文章，即一师附小教师阮印长所撰写的《道尔顿制下的国文教学的一斑》，介绍一师附小国文教学采用道尔顿制的基本情况。由于道尔顿制主要适用于中学，湖南第一师范也在积极实践，但小学教育研究会会员的研究兴趣并不在此，而是更多地集中于适合小学的设计教学法。

湖南第一师范属于中等师范，培养的是小学教师，而设计教学法本就适合于小学，故小学教育研究会会员基于学术兴趣、教育发展趋势以及未来教师的身份认同，对设计教学法研究最多。从《小学教育研究周刊》发文的情况来看，涉及设计教学法的文章有《设计教学法与乡村学校》《设计教学法本身上的研究》《自然科设计教学的研究》等8篇。[1] 上述关于设计教学法的文章，除开一篇为王堃猷所作之外，其余皆为何其隆所写，且都是在他毕业之后，经过教学实践之后的经验总结和理论思考。

第二，基于公共精神和社会担当的学术研究。

五四运动以后的知识分子，面对民族危机，以及自我对于民主自由、教育理想的追求，具有强烈的家国情怀和主体意识，其言谈举止中，包含着"对于传统、社会、国家、民族、人类未来等的观点、态度和价值观"。[2] 湖南第一师范的很多青年教师，虽然政治思想各异，但多系心怀国之大者，有着作育"新民"、为国而教的坚定信念，在课堂上的谆谆教诲和课堂外的身体力行，都十分注重熏陶学生的社会担当意识和公共精神，鼓励学生承担社会责任、成为独立的社会主体。

耳濡目染之下，一师小学教育研究会多数会员的研究旨趣，

---

[1] 参见附表2。
[2] 石中英：《简论教师的社会素养及其培育》，《安徽教育科研》2018年第1期，第1~4页。

集中于教育实际问题的解决,如乡村教育。他们基于当下的师范生、未来教师的身份意识和社会责任研究乡村教育及其改造等热点问题,又在研究这些热点问题中,进一步提升和坚定其担当精神。

应该说,小学教育研究会最先研究且持续关注的问题就是乡村教育。一师小学教育研究会对乡村教育的关注和研究,与曾在一师任教的余家菊有密切关系。

余家菊(1898~1976),字景陶,湖北黄陂人,1920年初考入北京高等师范学校教育研究科第一班,为我国高校首次招收的研究生之一,同年秋到湖南第一师范任教,1921年春再度回到北高师研究科。在北高师学习时,余家菊和北高师的教师夏宇众在闲谈中,提到师范学校的改革问题,就主张师范学校应"外瞻世界的趋势,内省本国的实情,把教育上应举的事业,审定精当;应取的方针,从详考核。本校内研究之所得,鼓吹成为一种舆论,以期全国共晓,进行容易"。主张师范生"应该时时研究教育,应该时时从事教育"。[①] 乡村教育就是余家菊所认为的师范学校及教育界同人应该大力鼓吹并解决的一个问题,作为未来教师的师范生更应该去研究并改造它。

早在1918年,余家菊在湖北创办《教育改进》杂志,并发表《乡村教育之危机》一文,以大量事实论述了乡村教育的落后及其原因,成为国内"言乡村教育之第一文"。余家菊的这篇文章在1919年被《中华教育界》全文转载,引起国内学界对乡村教育的关注,并引发20世纪二三十年代乡村教育运动。

余家菊在随后几年中,对乡村教育极为关注,陆续发表了《乡

---

① 余家菊:《我对于师范学校的希望》,《北京高师教育丛刊》1920年第3期,第1~7页。

村教育的实际问题》《农村生活的彻底观察》《乡村教育运动的涵义和方向》等文章。作为国内"言乡村教育之第一人",余家菊在湖南第一师范的任教时间虽然短暂,但其对乡村教育的研究和提倡,对师范生研究教育、改造教育的主张,对于一师学子的影响极大。因而,一师学子对于乡村教育也十分感兴趣,并在成立小学教育研究会后,会员对于乡村教育关注最早、持续研究最久。

1922年4月,彭文元在《湖南通俗日报》"小学教育研究"栏目发表了一篇文章《对于吾们师范同学的一点忠告》,指出五四运动以后,城市教育日趋开明、重于实际,但乡村教育"依然固守旧习,与城市划若鸿沟",如果不对乡村教育进行改革,就会成为"社会进步的阻碍"。他认为师范生"是二十世纪的领袖者和指导者,应随着我们为社会服务的真精神",去做城市和乡村教育"过渡的桥梁"。彭文元认为改革乡村教育本就是"吾们的重要职务",号召师范生勇于从事乡村教育。[1]

彭文元关于乡村教育的思考和提倡,充分体现了五四运动以后一师学子在严重社会危机下对于教育的责任意识,对家事、国事、天下事的担当精神。

而何其隆《破产的乡村教育》[2] 一文的发表,更是引发了一师学子对于乡村教育的热烈讨论。先是陈子仁发表《读何其隆破产的乡村教育以后》进行讨论商榷,随后朱琨写作《整顿乡村教育的我见》,萧先其和何其隆分别撰文进行回应,朱琨再次回应。仅1922年4月至5月间,《湖南通俗日报》"小学教育研究"栏目就刊发7篇关于乡村教育方面的文章。在来来回回的辩论中,小学教育研究

---

[1] 彭文元:《对于吾们师范同学的一点忠告》,《湖南通俗日报》1922年4月11日第4版。
[2] 根据论战文章记载,此文刊发于《湖南通俗日报》"小学教育研究"栏目,但现存的报纸没有相关记录。

会会员及部分一师学子对于乡村教育有了初步的认识。其论战文章包含在表6—5中。

表6—5 《湖南通俗日报》"小学教育研究"栏目发文统计

时间	作者	题名
1922.4.1	邹宗智	小学校与家事教育
1922.4.11	彭文元	对于吾们师范同学的一点忠告
1922.4.12	陈子仁	读何其隆破产的乡村教育以后
1922.4.15	萧先其	我之私塾谈
1922.4.16;4.18	何其隆	乡村教育破产的原因
1922.4.19～21	朱琨	整顿乡村教育的我见
1922.4.22	何其隆	教室应改为教学室的商榷
1922.4.26—27	萧先其	评朱琨"整顿乡村教育的我见"
1922.4.28	朱琨	评何其隆"评整顿乡村教育的我见"
1922.5.5	何其隆	学级名称的讨论
1922.5.2	何其隆	为整顿乡村教育者进一解（此文发表于"谈话"栏目）

注：来自《湖南通俗教育日报》1922年4～5月"小学教育研究"栏目。

随着学界对于乡村教育的讨论渐多，乡村教育成为五四运动以后的热点问题。陶行知、晏阳初、余家菊等众多学者都在思考乡村教育的改造，并引起全国教育会联合会、中华教育改进会等众多全国性教育团体的关注。一师小学教育研究会在前期研究的基础上，也对乡村教育持续关注，并在《小学教育研究周刊》上发行了两期乡村教育专号，刊发了小学教育研究会会员秦熏陶、何其隆、左景贤、李云杭等人以及湖南第一师范教育主任赵惠谟关于乡村教育的研究性文章多篇（见附表2）。

在这些文章中，在校生研究乡村教育，更多的是基于未来教师的身份认同和主体意识，思考乡村教育在教育普及和平民教育方面的重要性，针对乡村物质生活和精神生活贫乏的现实，主张"我们研究教育的人,要认清自己的重大使命",并大声疾呼"到民间去"。①

已经毕业的会员,多在乡村教过学,对乡村有亲身体验,对乡村教育有实践认知,对于乡村教育的问题也更有发言权。李云杭自不待言,已经深耕小学教育多年,对于乡村教育也素有研究,并被"湘西王"陈渠珍请去改造湘西教育,其所撰写之专著《单级教授法》主要是针对教师严重不足的小学尤其是乡村小学,故他《农村小学之商榷》一文就具有较强的针对性和实践性。何其隆虽然毕业不久,但在一师学习时就关注乡村教育,毕业后又一直在乡村小学任教,对于乡村教育的思考也极具借鉴价值。

作为教师的赵惠谟,是小学教育研究会的指导老师。他在《小学教育研究周刊》上发文,既是对小学教育研究会的支持和鼓励,也是对会员教育研究和写作的示范。他在《小学教育研究周刊》乡村教育专号上也发了一篇文章《怎样到乡村去改良教育》,建议一师学生在乡村教育工作中,要先以"勤朴""诚恳"等美德获得乡村民众的信仰,再去实施自己的教育主张、改良乡村教育。②

总体而言,小学教育研究会的会员,绝大多数对教育研究具有切实的兴趣,有着对师范生和未来教师的身份认同感,对于教育救国、服务社会极具信念。因而,他们并不闭门造车,在刻苦学习和教育研究之余,基于在校学生和未来教师的身份尽力沟通校内学习和校外服务的关系,将个人前途、教育义务和社会急务、国家振兴相联系,最终成长为湘省教育精英。

4. 小学教育研究会的社会影响

在湖南第一师范小学教育研究会成立以前,湖南除开综合性的省教育会及各级地方教育会,以及为推广社会教育而设立的通俗教

---

① 秦熏陶:《我们为什么要研究乡村教育》,《大公报》1924年5月19日第9版。
② 赵惠谟:《怎样到乡村去改良教育》,《大公报》1924年5月20日第9版。

育研究会以外，缺乏专门的小学教育研究团体。早在1917年，曾有在各级地方教育会附设小学教育研究会的提议，但直到1922年底，宁乡小学教育参观团在参观完南京教育后才有成立小学教育研究会的决定，议决以鲁景深为驻湘总干事，另设驻宁乡总干事。①但似乎并无后续。

1924年7月，楚怡小学组织成立小学教育研究会，由长沙城区及乡村小学教师、衡阳三师附小教师等组成，研究小学教育，以促进长沙城区小学教育的革新及乡村教育的普及。楚怡小学在长沙小学教育界本就影响极大，又以教育界的闻人狄昂人董理其事，故楚怡小学教育研究会具有较大的号召力，参加的小学教师多达170余人。② 不过，楚怡的小学教育研究会成立后，在以后的报刊中未能见到后续报道，不知其发展详情。

湖南第一师范的小学教育研究会，虽由学生组织，却是湘省专门研究小学教育的先驱团体；会员人数虽然不多，但都对教育研究和小学教育极感兴趣，有着较为强烈的主体意识和社会责任感。在一师教育科教师王凤喈、周谷城、赵惠谟等人的精心指导下，研讨活动丰富，教育研究能落到实处，不仅平时注重讨论交流教育问题和教育发展趋势，亦经常到长沙各小学参观，调查统计湘省小学教育实际。其研究不仅注重学理和教育前沿，且能抓住教育热点问题，故小学教育研究会会员的研究作品，不仅在一师《旬刊》发表，且能在《湖南通俗日报》开设"小学教育研究"栏目，在湖南《大公报》出版《小学教育研究周刊》。

作为民国时期湖南省内持续时间最长、影响最大的湖南《大公报》，以及五四运动以后由何叔衡等人主编、影响日益增大的《湖

---

① 《小学教育研究会成立》，《大公报》1922年12月24日第6版。
② 《楚怡小学教育研究会近讯》，《大公报》1924年7月18日第7版。

南通俗日报》，其影响及于长沙乃至全省。故小学教育研究会的教育研究成果，借助这两大报纸，其影响自然是大大超越于湖南第一师范一校之范围。

"小学教育研究"栏目和《小学教育研究周刊》，不仅刊发会员研究成果，亦是小学教育研究会会员、一师学子以及湘省小学教师交流教育教学经验的平台。1922年，何其隆在"小学教育研究"栏目发表《破产的乡村教育》一文后，引发了一场关于乡村教育的大讨论；1923年状民在《小学教育研究周刊》发表《神话不宜作小学教材》后，何其隆立刻回应《我也来谈神话教材问题》。由于《小学教育研究周刊》也刊发一线小学教师的教研文章，故来自实践的研究成果也很能引起尚未毕业的会员以及一师学子的兴趣和讨论。如一师附小的国文教师阮印长曾发表《道尔顿制下的国文教学的一斑》一文，其中关于小学国文教材的论述，引起肖述凡的兴趣。针对当时社会上的复古风气，肖述凡写了一篇商榷性的文章《与阮印长君讨论小学国文教材》，提出"阮君及小学教育会诸君之一大部，皆有小学教授的经验，我很盼望诸君平心静气地来讨论这个旧事重提的问题"，对阮印长关于小学国文教材内容及各部分份量的论述进行驳斥。[①]

小学教育研究会会员与非会员、师范生与小学教师之间的这种学术讨论和争鸣，以及在研究和争鸣中体现出来的教育热情和社会担当，使得湖南第一师范小学教育研究会的相关研究栏目和周刊受到湘省教育界的关注，因而在教育界"影响甚广"。

三 坚定公共意志：参与公共事务与服务社会

较之于其他学校局限于校内自管、自律与自学的学生自治，湖

---

① 萧述凡：《与阮印长君讨论小学国文教材》，《大公报》1924年6月3日第9版、1924年6月9日第9版。

| 思想启蒙与社会改造 | 湖南第一师范的新教育研究（1919—1927）

南第一师范的学生自治，程度更深，范围更广，不仅参与校政，而且基于自我思想信仰和政治选择，在参与校内服务的同时，主动打破学校围墙之藩篱，积极服务于社会。如学生自治会举办平民教育，进行教育推广服务，在服务社会的过程中，逐渐增强其服务社会国家的意识，坚定其公共意志。

（一）思想洗礼：出入于思潮和主义之间

五四运动以前，学生求学多为获得文凭，以谋职入仕，即便是心怀志向者，也主要是致力于知识追求，以备将来改造社会。这些有志社会改造的青年学生，对于北洋政府和社会现实极其不满，也在积极思考新的救国路径，但对于青年学生所应负的社会责任多处于懵懂之中。蔡元培先生曾经总结说："吾国办学二十年，犹是从前之科举思想，熬上几个年头，得到文凭一纸，实是从前学生的普通目的。自己的成绩好不好，毕业后中用不中用，一概不问。平时荒嬉既多，一临考试，或抄袭课本，或打听题目，或请划范围，目的只图敷衍，骗到一张证书而已，全不打算自己要做一个什么样人，自己和人类社会有何关系。五四以前之学生情形，恐怕有大多数是这样的。"[1]

20世纪以来，随着西方公民思想和公共精神的传入，时人批判国人缺乏公德。虽然此批判是着眼于道德，但依然反映出五四运动以前国人在社会责任、服务意识和公共意志方面较为薄弱。

五四运动以后，经由多次学生运动及其所取得的政治和社会影响之后，青年学生对于自我力量和影响有了新的认知，并以为学生皆为将来社会之中坚人物，故不仅自我尊重、积极进取，其改造社会和振兴中国的意识也油然而生。一师学生反思五四运动以后他们的思想变化，就认为学生不仅关注白话文、注重科学，"就是对于人

---

[1] 高平叔：《蔡元培教育论著选》，人民教育出版社，1991，第283页。

生的意义也能了解一点,那种盲从附和的谬习,已是改变无存了"。①

而且,随着新文化运动的思想启蒙以及国外各种政治思潮和主义的引进,学生为改造社会的现实需要和寻求新的救国路径,亦积极出入于各种思潮和主义之间。各校于是涌现出各种学生社团,成为学生思想改造和自治训练的初步实践。

湖南第一师范在五四运动以后,主动趋新求变,对于当时的各种思潮和主义并不排斥,聘请教师主要是本着人才主义,在思想方面可谓兼容并包。故而,湖南第一师范的青年教师群体中,既有信奉马克思主义且先后加入共产党的毛泽东、何叔衡、李达、李维汉、陈昌、樊树芬等人,有信仰无政府主义和工读主义的匡互生、沈仲九、夏丏尊、孙俍工,有倾向国家主义的余家菊、陈启天,有无党派人士周谷城、陈奎生、汪馥泉、辛树帜、田汉,当然也有后来的国民党人熊梦飞、王凤喈、刘明建等人。这些信仰不同、主张各异的教师,对政治问题、社会问题及教学问题,都可以各抒己见、互相争鸣。②

青年教师在政治思想方面的争论,自然也影响到一师的学生。本着思想自由和学生自治,一师学生"动辄高谈主义",③ 出现了各种研究思想和主义的学生社团,如日新社、爱社、爱克斯社、协进社、工学会、外国语同乐会、外国语讲习会、呵社、射新新剧团、讲演会及文艺研究社等。④ 这些学生社团,有些后来在名称上有所变化,有些则因会员分化而另组社团,有些因人数较少则逐渐取消。在众多社团中,影响较大的学生社团有崇新学社、马克思主义学会、明社、工学会等。

---

① 《半年来的湖南第一师范》,《民国日报》1921 年 1 月 24 日第 7 版。
② 中国人民政治协商会议湖南省委会文史资料研究委员会编《湖南文史资料选辑(第 11 辑)》,湖南人民出版社,1979,第 54 页。
③ 《第一师范学校》,《大公报》1925 年 3 月 27 日第 6 版。
④ 《半年来的湖南第一师范》,《民国日报》1921 年 1 月 24 日第 7 版。

| 思想启蒙与社会改造 | 湖南第一师范的新教育研究（1919—1927）

崇新学社信仰马克思主义，最初社员较多，有两百多人，到1923年底，可能是因为李济民任校长，也可能是因为毛泽东离开长沙，一师的共产党员在此时期的活动有所减少，在学生中的思想宣传有所减弱，社员减少至五十余人。明社则主要研究安拉其主义即无政府主义，最初参与人员不多，但到1923年，人员增加至四十余人。[①] 除此之外，学生中也有研究工读主义、三民主义、国家主义者。对于学生社团及其思想信仰，易培基本着信仰自由、兼容并蓄的态度，认为"万物并育而不相害，道并行而不相悖"，听其自由研究，并拨给房间作为聚会、讨论场所。[②]

在这些学生社团中，崇新学社的影响最大。毛泽东在一师教国文时，作为早期的马克思主义者，极为注重对学生进行马克思主义和共产主义思想的熏陶，22班的肖述凡在毛泽东的影响下，不仅自己参加了共青团和共产党，积极参与革命事务，而且在毛泽东的指导下组织领导崇新学社，进行马克思主义思想的学习、研讨以及辩论。崇新学社成员的思想都比较进步，在团结广大同学方面起了重要作用，并用马克思主义观点分析研究当时社会上存在的各种问题，带动学生学习革命理论、参加校内外的革命活动。[③] 崇新学社外，还有马克思主义学会，以郭亮、夏曦等学生为代表，进行马克思主义思想的研究与宣传。

其时，一师的各个学生社团，都在自主研究的过程中，经常和其他社团展开辩论，进行思想宣传。他们将小字报贴在学校走廊，宣传其所信仰的思想主张，而且还编印定期或不定期的油印刊物，

---

① 石清：《湖南省立第一师范男女同校底经过》，《民国日报（妇女周报）》1924年第23期，第1~2页。
② 中国人民政治协商会议湖南省宁乡县委员会文史资料研究委员会：《宁乡文史资料（第五辑）》，内部资料，1988，第71页。
③ 刘寿祺：《刘寿祺革命回忆录》，湖南师范大学出版社，1994，第16页。

发表言论和观点。不少学生还投文湖南《大公报》《国民日报》等报刊，传播自己的思想观点。①

在众多学生社团中，无政府主义和马克思主义的辩论和思想对抗最为激烈。据周世钊回忆，当时坚持无政府主义的教师向学生大力宣传无政府主义的思想，并组织了很多挂着研究文艺的招牌实则宣传无政府主义的团体，如主张托尔斯泰博爱和克鲁泡特金互助精神的"爱社"。为了对抗无政府主义，毛泽东不仅在课堂内外注重宣传马克思主义，而且引导以肖述凡等人为核心的崇新学社，在学生之中加大演讲和宣传力度。毛泽东后来自承他在一师的教学效果，认为"对学生学业谈不到有多少收获，而对无政府主义做了尖锐的斗争，使同学的思想观念起了好转作用，倾向布尔什维克的人大大增多，倾向无政府主义的人已渐渐减少了"。②

一师的无政府主义和马克思主义之争，只是当时全国性争论的一隅。据周谷城回忆，五四运动以后，文、史、哲及政治领域的自由辩论极为常见。就政治领域而言，马克思主义和无政府主义的争论以北京和湖南为代表。北京方面，李大钊等人提倡马克思主义，而吴稚晖、李石曾等人则宣扬无政府主义。因为吴、李二人皆为闻人，故无政府主义在北京比较活跃。北京之外，湖南则以第一师范的崇新学社和安社的争论为代表。③

五四运动以后，湖南第一师范信仰无政府主义的教师有夏丏

---

① 中国人民政治协商会议湖南省委会文史资料研究委员会编《湖南文史资料选辑（第11辑）》，湖南人民出版社，1979，第47页。
② 中国人民政协会议湖南省冷水江市委员会文史资料研究委员会：《冷水江市文史资料（第2辑）》，冷水江，内部资料，1987，第16页。
③ 根据五四运动以后湖南第一师范学生程星龄的回忆，当时湖南第一师范研究宣传无政府主义的学生社团，名为"明社"和"O（阿）社"，刘寿祺回忆无政府主义的社团为"爱社"。也许周谷城所谓的安社，即程星龄所谓的"O（阿）社"，也即刘寿祺口中的"爱社"。

尊、沈仲九、叶鼎洛、王鲁彦及孙俍工等人。[①] 除开周谷城所回忆的上述教师外，匡互生是其中影响较大的一位。周谷城到一师任教时，匡互生已经离开一师，故而周谷城的回忆中没有匡互生。

匡互生在北高师上学时，就信奉安拉其主义，对于巴枯宁和克鲁泡特金学说有深入研究。在一师任教时，匡互生以其五四干将的身份和人格魅力，不仅得到校长易培基的完全信任，而且得到学生的高度认同和信仰，认为他"谦逊勤劳、勇于人事，为全校师生所爱戴"。[②] 因而五四运动以后、匡互生主理校务时期的一师学生，因亲师信道而信仰无政府主义者，实属不少。而匡互生高尚的道德人格是吸引同道的最大魅力，在北高师时期已有明证。据白瑜回忆，匡互生在北高师学习时期，就组织有同言社等社团，北高师学生中倾向无政府者，"多亲于匡者"。[③]

五四运动以后，一师以毛泽东为核心的马克思主义者和以匡互生为核心的无政府主义者，在思想上明显对立。本来，毛、匡二人在驱张运动之中有过合作互助，同在一师任教，都主张打破旧秩序、改造旧教育、建立新社会和新世界。但毛泽东主张彻底破坏，匡互生主从根救起，思想都极偏激。但因为二者政治思想不同，最终走向分道扬镳。而二者所引导成立的崇新学社和明社，也因信仰不同而辩论不休。即便后来匡互生离开一师，毛泽东离开长沙，而一师学生社团中的马克思主义者和无政府主义者依然争执不休，斗争不已，"为全国瞩目的一场热闹"。[④]

通过各种社团活动及研究，以及社团之间的思想争鸣，一师学

---

① 中国人民政治协商会议全国委员会文史资料研究委员会：《文化史料（第7辑）》，文史资料出版社，1983，第134～135页。
② 中国人民政治协商会议湖南省委会文史资料研究委员会编《湖南文史资料选辑（第11辑）》，湖南人民出版社，1979，第45页。
③ 郭廷以、张朋园等：《白瑜先生访问记录》，九州出版社，2012，第176页。
④ 郭廷以、张朋园等：《白瑜先生访问记录》，九州出版社，2012，第179页。

生对各种思潮或主义有了较为深刻的认知和思考,并基于自我信奉的思潮或主义,积极参与各种社会实践。无论是无政府主义还是三民主义,尤其是马克思主义,虽然在救国路径方面有所不同,但都是基于社会改造的理想,有着服务大众的意识和坚定的公共意志,着眼于教育普及和民众解放。

(二)服务社会:参与公共事务与推广平民教育

如果说五四运动以前的学生,主要在于关注个人前途,五四运动之后,则更多地开始将个人前途和国家命运相结合。一师学生积极参与各种学生社团,自由研究,辩论不休,在经历思想洗礼的同时,也萌发了服务社会、改造社会的公共意识和情感。

1922年湖南洪水肆虐,全省各地受灾的民众不计其数,饿殍遍地。湖南第一师范虽然经费十分困窘,学生每日的伙食费只有一毛一分钱,但学生自治会还是召集全体会议,提议每日每人节省伙食一分钱,少吃菜蔬,每个月可以节约100余元用以赈灾。[1] 眼见水灾越来越严重,受灾民众越来越多,学生更是情急,干脆将每日三餐减为两餐。最终筹得光洋200余元,分送湘乡、宝庆、安化、新化等地救济灾民。[2] 学生通过减餐所凑得的赈款虽然不多,却反映出五四运动以后学生对于身为社会公民的责任认同和公共精神的萌芽。

在毛泽东及一师共产党员的引导下,相当部分的学生信奉马克思主义,力图对社会进行根本改造。他们不再满足于校内服务,开始走出校门,积极参与各种社会改造活动。

肖述凡(也有记载为萧述凡),湖南宁乡人,在领导校内崇新学社的同时,组织宁乡同学会出版《宁乡旬刊》(后被称为《沩波》

---

[1] 《第一师范学生节食助赈》,《大公报》1922年5月1日第6版。
[2] 《第一师范学生之善举——减餐助赈》,《大公报》1922年5月26日第7版。

思想启蒙与社会改造 | 湖南第一师范的新教育研究（1919—1927）

《沩声》），介绍马列主义、宣传革命理论并抨击宁乡的腐败政治。还有一些宁乡的同学参加了实际的政治斗争，如尹澍涛到水口山、谭荫南到锡矿山从事工人运动，谭守虞投奔黄埔军校参加北伐战争，谢南岭参加广州政治讲习班学习后回到宁乡任农民自卫军总教官，"马日事变"后领导了沩山起义。[①]

无论是马克思主义者，还是其他政治信仰者，五四运动以后青年学生的社会担当、奉献精神渐起，服务社会和改造社会逐渐成为他们融入社会的基本要求。

作为师范学校的学生，面对大多数人失学、国民基本素养不高的社会现实，改造旧教育、推广教育普及，既是他们对作为未来教师的身份认同，也是他们对于社会的责任担当。组织平民学校，推广社会教育，对失学民众进行识字教育和常识教育、进行教育改造就成为学生自动参与公共事务、服务社会的首选和主要路径。

孔昭绶再任一师校长后，一师就曾面向工人开办夜学，由师范部和附小高小部教师担任教学工作。1917年秋季学期，毛泽东任学友会总务兼教育研究部部长，[②] 决定续办工人夜学。师范生既以教育为天职，自应积极实践教育，服务一师工友和社会工人。为此，毛泽东撰写《夜学招学广告》并担任夜学教师，和学友会的同学一起对工人进行义务教学。其中担任教师者，邹彝鼎、叶兆祯、彭宗亮、唐富言教国文，罗宗翰、方蔚教算术，毛泽东、单传世教历史，萧学湘、刘岱崀教地理，张超、周名弟教理科，而管理者则

[①] 中国人民政治协商会议湖南省宁乡县北区政协文史资料委员会：《宁乡文史资料（第五辑）》，内部资料，1988，第72页。

[②] 中共中央文献研究室、中共湖南省委《毛泽东早期文稿》编辑组：《毛泽东早期文稿（1912.6~1920.11）》，湖南出版社，2013，第83页。

有张昆弟、周世钊、曾以鲁等人。①

五四运动以后，在各种思潮或主义的影响下，在青年教师的着意引导下，一师学生的公民意识和公共精神更为奋发。无论信奉何种思想或主义，他们都十分关注平民教育，关注教育普及和国民觉醒，并愿意为此付出时间和精力。1920年，毛泽东任附小主事后，向校长易培基建议继续办理工人夜学，同时设立平民半日学校，并由一师补助经费500元，便于两所学校持续进行教学。②

一师学生在五四运动以前就有办理工人夜学的经验，五四运动以后，随着工人运动的兴起及其对教育权利的追求，办理工人夜学和平民半日学校成为一师学生实践教育和服务社会的最佳选择。由一师同学会（即学生自治会）组织的平民学校于1920年8月开办，直至1927年一师解散才停办。

湖南第一师范所补助的500元钱，要办好工人夜学和平民半日学校，是颇为拮据的。学生不得不各显神通，利用各种机会筹措经费。

1920年9月18日，湖南第一师范举行易培基担任校长后的第一次开学典礼。省长谭延闿、省政府教育科科长方维夏、湘省教育界名流朱剑凡、方克刚、何叔衡等人参加了此次开学典礼。典礼之后，一师学生趁热打铁，为工人夜学和平民半日学校募捐。省长谭延闿爽快捐赠100元，其余来宾皆各有捐款。③

工人夜学每晚教课两小时，对本校工人及一师附近的电灯厂、黑铅炼厂、造币厂的工人教以国语、谈话、珠算、笔算、习字、作

---

① 中共中央文献研究室、中共湖南省委《毛泽东早期文稿》编辑组：《毛泽东早期文稿（1912.6~1920.11）》，湖南出版社，2013，第87~88页。
② 中国人民政治协商会议湖南省委会文史资料研究委员会编《湖南文史资料选辑（第11辑）》，湖南人民出版社，1979，第5页。
③ 《省立第一师范开学纪事》，《大公报》1920年9月19日第6版。

文等内容。平民半日学校有学生一百二十余人，分为四班进行，每天下午上课三小时，教以国语、谈话、笔算、珠算、图画、习字、缀法等课程。至于其他日常生活所必需的知识，则随时采集材料，不拘一定。工人夜学和平民半日学校都由一师学生担任教学工作。[①]

随着平民教育思潮的兴起，一师同学会所办平民学校的对象不再局限于工人，也面向失学或贫民子弟；学制也不限于夜学或半日学校，还有全日制的尝试；教员也由学生兼任，改为专任和兼任相结合。在1925年之前，一师同学会所办的平民学校，还设有全日班，招收了两班学生。1925年后因经费困难，取消全日制，改为半日制，每日授课三小时。半日班有学生42人，其中男生35人，年龄在8~14岁，女生7人，年龄在7~11岁。[②] 可见此时期湖南第一师范平民学校学生日渐学龄化，连调查记者都建议要增开成人夜学，多收成人。

随着取消师范独立议起，湖南第一师范等师范学校岌岌可危，一师同学会所办的平民学校也受到影响。故1926年底，湖南第一师范的平民学校只办有初级一班，学生32人，其中男生20人、女生12人。[③]

一师同学会所办的平民学校，男女兼收，且女生人数有日渐增加的趋势，可见一师学生在平民教育中，一直致力于男女教育平权以及教育普及的推广。

除开借助一师的学校资源办理平民学校，为一师周边的平民及

---

① 《半年来的湖南第一师范》，《民国日报》1921年1月24日第6版。
② 李桃桃：《视察报告：省立第一师范同学会立平民学校》，《大公报》1925年9月9日第10版。
③ 李桃桃：《视察报告：省立第一师范同学会立平民学校》，《大公报》1926年10月1日第9版。

其子弟服务外，一师学子还充分利用同学会、校友会等团体，借助寒暑假，积极服务家乡教育。他们联络长沙各学校的同乡，通过回乡演讲、义务办理平民学校等方式，推动家乡社会教育，以促进教育普及、增加民众知识。[①]

湖南平民教育的提倡者周方总结认为，五四运动以后湖南的平民教育，最初主要由学生办理，其后教师才陆续继起。[②] 可见，五四运动以后，新文化运动促进了青年学生的觉醒，其公民意识和社会责任感不断增强，并将个人前途追求和民族振兴结合起来，不断探索改造国家与社会的新路径。在学生自治的思潮驱动下，一师学生求学之余，积极参与平民教育、服务社会，既是对教育理论的实践，也是对公民自治和公共精神的锤炼和熏陶，以谋学生自强和国家复兴。

第三节 学生自治的"治"与"无治"

"学生自治"这一提法在清末就已出现，但因时代和思想限制，并无"自治"实践。五四运动以后，在"德先生"和"赛先生"两面旗帜的号召下，民主和自由成为教育界和学生界的追求和标榜，大、中、小学竞相成立"学生自治会"，实行学生自治。

五四运动以后的"学生自治"，是教育界的一种美好期待，希望通过学生自主管理、自觉学习、自动研究，培养其独立自主的习惯、共同生活的能力、服务社会的公共精神和社会责任，以迅速适应出校之后的公民身份，更好地参与国家和社会事务。在教育尚未普及、国民教育程度极低的社会背景下，作为社会中坚分子的青年

[①] 《暑假中之学生服务事业》，《大公报》1922年6月21日第6版。
[②] 湖南大公报：《湖南大公报十周年纪念特刊》，内部资料，1925，第7页。

学生，自然也是未来民主共和国之精英。如果学生时代能够做到自治，今后自然会成为自治的新国民。

1919~1921年，杜威访问中国并到处演讲，学生自治是其"平日所最主张的"，"很喜欢说"。① 杜威所处的时代，是自由资本主义向垄断资本主义过渡的时代，垄断的出现让民主和自由思想衰微，因而，杜威一直在思考教育和民主之间的关系，主张学校是社会进步和改革的最基本和最有效的工具。他认为，"一个民主的政府，除非选举人和受统治的人都受过教育，否则这种政府就是不能成功的。民主社会既然否定外部权威的原则，就必须用自愿的倾向和兴趣来替代它；而自愿的倾向和兴趣只有通过教育才能形成"。② 因而，杜威基于民主主义和学生中心主义，对于学生自治是极为提倡的。

杜威的思想，通过他的自我演讲、学生宣传和报刊报道，成为五四运动以后教育界的热潮。其对学生自治的提倡，自然也成为五四运动以后各地学校推行学生自治、培养新国民的重要依据。

五四运动以后，对于学生自治的讨论成为热门话题。由于学生自治是一个"很难、很重要的问题，并且很会有容易误会的因子"，③ 因而对于学生自治的讨论虽多，但在实际理解方面，师生之间未必就达成了一致。尤其进入实践层面后，学生在自治的权限和范围方面，往往超出理论层面的讨论。

实践层面的学生自治，有的学校是在教师的引导和管理下进行，有的学校则完全放任，"全不要教职员干涉"。以致实施自治的学生，对于学生自治的权限和范围有无限扩大的趋势，甚至在学生事务之外还力图插手教务和校务。

---

① 李永春：《湖南新文化运动史料（1）》，湖南人民出版社，2011，第165页。
② 杜威著，王承绪译：《民主主义与教育》，人民教育出版社，2001，第97页。
③ 李永春：《湖南新文化运动史料（1）》，湖南人民出版社，2011，第165页。

杜威在长沙演讲的时候，湖南地方自治正紧锣密鼓地进行，各个学校的学生自治却已先行。杜威在庆贺湖南学生自治的同时，也提出警告："莫单把学生自治，看作干事的机会，应该把这个做一种重大的责任"，因为学生自治是拿来治自己，并不是拿来治别人。如果只知有"自"而不知有"治"，就和历来的暴君一样。"设若把自治误会，天天只和学校闹皮，和教员捣乱，那就学也无成，将来也一定没有好结果"。①

杜威警告学生的只知有"自"而不知有"治"，很快就在各校自治中有所体现：学生因自治而"自我"极度膨胀、自以为是，以致难以听取不同意见，甚至是在自身有着明显错误的前提下。1921年，湖南第一师范有学生在附小实习国语，讲授《捕蛇者说》一文时，因疏于预备，导致授课时出现许多文义上的解释错误。附小指导教师谢觉哉指出其错误并进行了批评；但学生不接受批评，还专作一文对谢觉哉的批评进行批评。②

虽然学术界和教育界对于学生自治有事先的提醒和过程中的纠偏，但学生自治在实践过程中还是渐渐出现"不治"现象，并最终流于"无治"，导致学潮纷起。仅1919~1928年，报刊所载的学潮就有248次，其中涉及校园事务的学潮占70%。③

五四运动以后，舒新城辗转各校，从湖南第一师范、中国公学到东大附中等，亲历多所学校的学生自治。他基于亲身体验反思当时的学生自治，认为"五四"以后，在杜威"学校即社会""教育即生活"的思想影响下，部分所谓前进的教育家或舆论家，倡导

---

① 李永春：《湖南新文化运动史料（1）》，湖南人民出版社，2011，第165~167页。
② 谢觉哉：《谢觉哉日记（上）》，人民出版社，1984，第114页。
③ 娄岙菲：《"五四"后学生自治与校园学潮》，《四川师范大学学报》（社会科学版）2013年第6期，第114~124页。

"学校犹政府,学生犹人民",导致学生不仅要自治,且要治校,不但参与校政,亦要干涉校政,连校长、教职员的进退也要由学生投票选举。①

学生自治权力极大的湖南第一师范,后来尤其是在李济民掌校时期,就出现极为严重的"无治"现象。也许是出于对自我权利的维护,也许是对李济民的强烈不满,学生对"新"教员的课还去上一下,"老"教员的课"简直无人过问"。他们不仅焚毁学校的风琴,烧毁床铺,还搬走办公室和教职员室的桌凳,学校竟"无力讨还"。②

宫廷璋后来回忆五四运动以后湖南的学生自治及其后来的"无治"状况,认为学生驱张成功后,废除管理,倡导自治,以致"长沙学风遂新至不可收拾":第一师范校长易培基、第一中学校长罗教铎、长沙师范校长朱剑凡等,皆由学生推举,然后官厅加以任命。从此新任校长非经学生同意者必遭反对,如1923年第一师范学生反对李济民为校长致劳政府派兵弹压是也。学生自治会权力甚大,其所议决,学校必遵行之,而学校行政,彼必与闻,学生有过,归自治会处决。"吾曾见某校因开学生缺,未经自治会同意,几酿大风潮。九年(1920年)下期长沙城中且有学生欲组织法院审其校长之活剧。学生嚣张如此,则十年(1921年)第二中学学生殴伤教职员,致劳军队镇压,何足怪哉"。③ 无论是校长民选,还是干涉校务,乃至审判校长,都显示出新潮激荡下学生思想之激进,"自我"之膨胀,对于学生自治的期待超越了自律、自学和自管之期待,对于校务甚至多有破坏。

---

① 舒新城:《我和教育——三十五年教育生活史(1893~1928)》,广东人民出版社,2016,第117页。
② 《昨日第一学区之重要会议》,《大公报》1924年3月31日第6版。
③ 吕芳文:《五四运动在湖南》,岳麓书社,1997,第218页。

杜威曾经强调,学生自治"不是与管理员争夺权力",而"是积极的,决非消极的,是建设的,决非破坏的"。[1] 学生自治过程中的激进行为,对主体权利的过度维护,虽然有着反帝反封、反对旧秩序的积极意义,但也难免会影响学校校务的正常进行,如干涉学校行政管理、教师任命、学校预算及支出等。当学生的主体需要未能得到满足,则难免走向激进,甚至对于正常教学秩序产生破坏性后果。

激进的学生自治以及由此导致的学生对旧制度、旧秩序和政府的反抗,自然也会激起政府对于学风的敏感,由此镇压学生的风潮时有所闻。学生自治由最初期待的自律和自管到最终失去控制走向歧路而归于无治,非仅限于湖南,几成常态。

湖南第一师范的学生自治,在易培基时期,就是教员全不干涉。学生在自主管理、自动学习和自主研究的基础上,超越了学校卫生、自我管理、学生学业和品行等自治范围,而对于学校行政事务多所干涉,如校长民选及其后的易长风波。虽然主观上是思想解放之后的学生界为了对抗李济民和赵恒惕政府,但实际上却也有着"应时势之需要",以政治为背景,将教育和政治联系起来。

学生以自治为号召,干涉社会和政治事务,自然是超越学生自治的范围,而直接行使公民权利。作为五四学生运动发源学校的校长,蔡元培澄清北大当时发起五四运动是因为"势不得已,非有意为之"。但五四运动以后的学生界生出了许多流弊,学生以为自己万能,常常想去干涉社会上的事和政治上的事。他认为学生不求学而谋求干涉校外事务有极大的危险。因为,学生因学问不足而导致办事困难,办事须从学问上入手,加之当时政治问题层出不穷,若

---

[1] 李永春:《湖南新文化运动史料(1)》,湖南人民出版社,2011,第167页。

常常干预，必无暇学习。①

蔡元培从学校教育和教育者的角度出发，主张学生应专注于学习，除开平民教育而外暂时"不管别的事情"。但学生因为公民意识勃发且正处于青春热血之际，在思想解放之后，将个人前途和国家命运相结合，对于国家和社会的责任意识加强，因而在学生自治思潮的号召下，难免较为关注校外事务，甚至以此为自我责任，以致行为较为激进，导致学生自治由"自治"之期待到最终却是"无治"之结果的出现。

---

① 高平叔：《蔡元培教育论著选》，人民教育出版社，1991，第303～305页。

第七章

致力新追求：教育平权的探求与男女"同学"

中国传统社会，女子"无才便是德"的思想根深蒂固，除少数高门大户在家庭内对女子有所教育外，公共女子教育无从谈起。直至近代西学东渐，女子教育思潮渐起，由培养贤妻良母到追求男女平权，由兴女学到男女"同学"。[①] 男女"同学"，不仅要男女同校，亦要男女同班，从形式到实质，真正实现男女教育平权。男女教育平权逐渐从争论走向现实，从呼吁走向实践。

湖南第一师范在五四运动以后的教育革新中，本就一味追新，力图创造，对于打破男女大防、实现男女教育平权，自是奋起追求。

第一节 近代女学的兴起与男女"同学"的争论

一 培养贤妻良母：近代女学的兴起

一直以来，中国女子囿于深闺，没有受教育的权利。即便大家

[①] 男女"同学"和"男女同校"在意思上大同小异，男女"同学"在同校的基础上可具体到同班。

族中的女性，可以接受家庭教育，但也多数是文学或艺术方面的熏陶，故多拈花弄草、伤春离别。鸦片战争以后，教会学校在沿海开放城市逐渐兴起并招收女生。姑且不论传教士的办学初衷，但教会女学的出现，毕竟为国人打开了新的视野。仅1847～1860年，西方传教士就在五口通商口岸开办12所教会女学，[①] 成为中国近代女子学校教育之先声。加上早期知识精英开眼看世界之后，对女子的社会地位和女子教育有了不同于以往的看法，进而反思并提倡女子教育。

1867～1869年游历英法之后，王韬注意到外国"女子与男子同，幼而习诵，凡书画、历算、象维、舆图、山经、海志，靡不切究穷研，得其精理"；李圭也在游历世界后感叹"泰西风俗，男女并重，女学亦同于男"。[②] 虽然此时期国人对于西方女子教育，更多的是惊叹而尚少提倡，但女子可以和男子一起接受学校教育的思想，却逐渐从无到有，为戊戌变法时期提倡公共女子教育奠定了思想基础。

1892年，郑观应撰写《女教》，指出中国一直"拘于无才便是德之俗谚，女子独不就学"，而"泰西女学与男丁并重，人生八岁，无分男女，皆须入塾，训以读书、识字、算数等事"。[③] 随后知识分子关于设立女学的讨论日渐增多，其中影响较大者当属梁启超的《论女学》。

1896年，梁启超发表《变法通议》，其中一节为《论女学》。梁启超开宗明义，提出"吾推极天下极弱之本，则必自妇人不学

---

① 王美秀：《中国近代社会转型与女子教育的发展》，《北京大学学报》（哲学社会科学版）2001年第3期，第87～94页。
② 阎广芬：《西方女学的传入与中国近代女子教育》，《教育研究》2000年第4期，第76～80页。
③ 中国史学会：《中国近代史资料丛刊——戊戌变法》，神州国光社，1953，第75页。

始",指出"西方全盛之国,莫美若。东方新兴之国,莫日本若。男女平权之论,大倡于美,而渐行于日本","是故女学最盛者,其国最强",因而大声疾呼:"欲强国,必由学校","欲强国,必由女学"。①

当兴办女学逐渐成为知识精英的共识后,朝廷尚未开始行动,由国人而非外国传教士在民间自设的女学开始出现。自下而上的民间女学实践,推动了政府关于女学政策的颁布以及自上而下的提倡。1907年清政府颁布《女子小学堂章程》《女子师范学堂章程》,中国的女子教育终于在学制和公共教育上占据了一席之地。

清末新政时期,我国教育改革主要借鉴日本。其时,日本的女子教育以培养贤妻良母为目标,因而,我国早期女子教育也以贤妻良母为追求。在《奏定女学堂章程折》中,学部指出:"倘使女教不立,妇学不修,则是有妻不能相夫,有母而不能训子",故女子小学堂"以养成女子之德操与必须之知识技能,并留意使身体发育为宗旨",而女子师范学堂"期于裨补家计、有益家庭教育为宗旨"。② 女子教育既以贤妻良母为目标,着眼于女子在家庭之内的相夫教子,并未以家庭之外的政治、职业、社会义务等责之于女子。故清末的女子教育,只是女子取得了走出家庭、得受学校教育的资格,但依然附庸于家庭和男性,未能取得经济和人格独立。

二 鼓吹男女平权:从提倡女学到男女"同学"

民国成立后,民主、平权等思想逐渐深入人心,教育普及成为国人共识。初等小学校可以男女"同学",即男女不仅可以同校,亦可以同班,其课程也不再有根本区别,女子教育有了较大进步。

---

① 梁启超:《梁启超论教育》,商务印书馆,2017,第34~43页。
② 璩鑫圭:《中国近代教育史资料汇编学制史料》,上海教育出版社,1991,第574~584页。

思想启蒙与社会改造 | 湖南第一师范的新教育研究（1919—1927）

随着袁世凯复辟，教育复古思想兴起，社会兴起一股鼓吹女德、反对女子解放的思潮。面对反对公共女子教育的复古逆流，1915年，《新青年》创刊号中，陈独秀开始反思清末以来贤妻良母式的女子教育，主张女性应"尊重个人独立自主之人格，勿为他人之附属品"。[1] 并在随后几期中，刊出《宪法与孔教》《孔子之道与现代生活》等文章，向束缚在女子身上的枷锁开炮。1918年，胡适发表《美国的妇人》一文，提出"超贤妻良母主义"。当女子教育打破贤妻良母的限制之后，人格教育成为女子教育的旨归。

五四新文化运动以来，打破旧传统、建立新人格成为时代思潮，加之西方人权和个性独立思想传入我国，妇女解放、男女平权成为新文化运动的重点关注领域。先是男性知识分子大声疾呼解放女子，要打破封建礼教对女性的束缚和压制。随后女性开始自我觉醒，以为"女子解放四字，可换做女子自觉，到切实得多"，开始着眼于女子在家庭之外的政治、社会、职业等权利的追求。

在湖南，先是因为赵五贞之死，毛泽东在湖南《大公报》上连续发表了《论赵女士自杀事》《改革婚制的一个先决问题》《"社会万恶"与赵女士》等9篇文章，猛烈抨击吃人的封建旧道德、旧礼教，把反帝反封建的五四思想解放运动在长沙乃至湖南引向纵深发展。随后以湖南《大公报》和《女界钟》为中心的长沙报界围绕这一事件，就婚姻制度改革、妇女解放等问题进行了长达一个多月的自由讨论。

长沙关于赵五贞事件的持续关注和讨论，不仅冲击了一帮思想保守的封建士大夫，更是解放了湘省女子的思想。随后，一位叫李欣淑的女士再遇包办婚姻的时候，就勇敢逃离家庭，跑到北京工读去了。李欣淑的逃跑，被认为是"湖南自从新思想输入以来，能够

---

[1] 陈独秀：《独秀文存论文（上）》，首都经济贸易大学出版社，2018，第27页。

彻底了解新思想的，能够贯彻自己主张的，能够不顾社会毁誉的，能够实行奋斗生活的，不是口是心非的，不是学时髦想出风头的，当以李欣淑女士为第一"。①

随着女子思想的不断解放，男女平权成为女子追求的目标。她们争取参政权、财产继承权、职业与工资平等权、婚姻自主权，自然也争取教育平等权。因为女子如果要有相当的职业去谋经济独立，要有相当的学识去运用主权，就必须要有同等的教育。要实现真正的教育平权，彼此无偏无党，那就是男女同校。

民国初年，初等小学阶段实现了男女"同学"，在五四运动以后扩及高等小学，并很快延伸到高等教育阶段。1919年5月，青海的邓春兰给北大校长蔡元培写了一封信，提出女子和男子要在"职业、政权一切平等"，"应以教育平等为基础"，希望北大能开放女禁，"实行男女同班"。② 不过，适逢蔡元培因故去职离京，没有收到邓春兰的这封信，故当时未能有所影响。1919年7月，邓春兰前往北京，拟就《告全国女子中小学毕业生同志书》并附上之前写给蔡元培的信，投书报界，继续呼吁北大招收女生。邓春兰开放女禁的呼吁，和新文化运动解放思想、争取男女平权产生共鸣，北京《晨报》登载其文之后，立刻引起社会各界的强烈关注，陈独秀、李大钊、胡适等新文化运动主将纷纷撰写文章，支持妇女解放，支持男女同校。

蔡元培后来复职北大校长后，宣称"大学之开女禁问题，则余以为不必有所表示。因教育部所定规程，对于大学学生，本无限于男子之规定，如选举法中之选举权者。……即如北京大学明年招生

---

① 李永春：《湖南新文化运动史料（1）》，湖南人民出版社，2011，第483页。
② 朱有瓛：《中国近代学制史料（第3辑）（下）》，华东师范大学出版社，1992，第82页。

时，倘有程度相合之女学生，尽可报考。如程度及格，亦可录取也"。① 蔡元培以教育部部章并无限制女子考大学的规定为名，实则表达了他开放女禁的态度。1920 年，北大招收 9 名女生旁听，开国人自办之大学男女"同学"的先河。

北大实现男女"同学"后，其他大学亦相继招收女生，高等教育阶段的男女同校得以实现。至此，除开中学，各个教育阶段皆已实现男女"同学"。

舒新城总结认为，当时争论中学阶段实现男女"同学"的障碍有三个方面：一是中学生正当身心发育最盛之时，知识未充，意志未定，感情又富，如男女"同学"，朝夕相处，接触过密，难免不发生问题；二是男女性能不一，需要不一，不必或不可施以同样教育；三是一般男子中学之设备不适宜于女子。②

上述三个原因，第一个原因实则还是封建思想的余绪，认为男女授受不亲，一旦朝夕相处，担心出现有伤风化的问题；第二个原因则受清末女子教育培养贤妻良母思想的影响，在思想深处并不以为男女真能平等，也不以为女子真能走出家庭，实现经济独立和人格独立；至于第三个原因，从现有男子中学的设备角度否定男女"同学"，依然在一定程度上存在轻视女子的态度。不过，不可否认的是，当时男子中学的教育程度确实高于女子中学。因为之前政府和社会在规划女子教育时，都是以家庭为女子的最终去处，并没有想过女子可以接受高等教育，可以走出家庭自谋职业、参与社会和国家事务。因而，无论是从课程设置还是考核要求方面，女子学校的程度都低于男子学校。

---

① 朱有瓛：《中国近代学制史料（第 3 辑）（下）》，华东师范大学出版社，1992，第 87 页。
② 舒新城：《我和教育——三十五年教育生活史（1893～1928）》，广东人民出版社，2016，第 162 页。

致力新追求：教育平权的探求与男女"同学" | 第七章

胡适在一篇讨论大学开放女禁的文章中就认为："就是大学公开，也没有女子可以进去（本科），实在程度太低了。"① 因而他大力主张中学男女同校，提高女子的受教育程度。

1922年，毕业于湖南高等师范的周调阳正在北高师教育专修科学习，他对北高师附中男女同校（同校但不同班）的具体情况进行调查，发现男女学生在入学成绩方面存在较大差异。周调阳将北高师附中入学时考核的国文、数学及心理测量三科成绩做了男女生对照（见表7－1、表7－2）。②

表7－1　北高师附中男女学生入学试验成绩（表一）

性别	科目	国文 男	国文 女	数学 男	数学 女	心理测量 男	心理测量 女
分数类距	80～100	5.7	13.2	49.1	13.2	9.4	7.9
	70～79	32.1	44.7	30.2	15.8	20.8	7.9
	60～69	22.6	26.3	13.2	23.7	30.2	23.7
	0～59	39.6	15.8	7.5	47.3	39.6	60.5
统计		100	100	100	100	100	100

表7－2　北高师附中男女学生入学试验成绩（表二）

性别	科目	国文	数学	心理测量
平均分数	男	63.3	80.0	64.9
	女	68.8	53.2	55.6
相差		5.5	26.8	9.3

---

① 中共湖南省委宣传部、中共湖南省委党史研究室：《向警予同志诞辰110周年纪念集》，湖南人民出版社，2005，第24页。
② 李文海：《民国时期社会调查丛编（二编）（乡村社会卷）》，福建教育出版社，2014，第798～805页。

223

从北高师附中男女学生的入学成绩看，女生的优势科目是国文科，比男生整体表现优秀。但在数学和心理测量两科，女生和男生差距颇大，尤其是数学学科，女生差不多一半（47.3%）未能及格，而男生仅7.5%不及格，男生数学平均分达到80分，而女生平均分只有53.2分。

北高师附中的女生入校后，虽然没有男女同班，但教科书、教员、教程及教授时数和男生大同小异。相异者主要表现在两个方面：课程方面，男生手工课程为木工，女生手工课程为编织，外加缝纫；体育课程男生为普通操，而女生为舞蹈加游戏；教师方面，缝纫、体操、手工和修身课程方面，女生教员为女教员。

经过一年的学习，男女生的成绩发生显著变化，主要是女生成绩有了很大提升，甚至反超男生，见表7－3。

表7－3　北高师男女学生学业进步比较

科目	国文		数学		英文	
性别	男	女	男	女	男	女
入学试验平均分数	63.3	68.8	80.0	53.2	—	—
第一学期平均分数	68.4	69.5	67.4	73.0	76.1	74.6
第二学期平均分数	74.5	75.5	71.2	73.0	78.4	79.6

注：李文海：《民国时期社会调查丛编（二编）（乡村社会卷）》，福建教育出版社，2014，第798～805页。

从表7－3可知，女生进入北高师附中后，学业成绩提升十分迅速。不仅入学时的优势科目国文科继续保持优势，就是之前弱势的数学，也迅速赶超男生。周调阳的调查，从结果方面反证了女校教育程度较低，男女同校有助于真正实现男女教育平权，提升女子教育程度。

周调阳还调查了女生入校之后的管理、男女生交往等社会反对男女同校的一些方面，证明社会之前的担忧纯属杞人忧天以及男女同校的可行性。

实际上，经过五四新文化运动对于妇女解放的大力提倡，以及北大开女禁引发对男女同校的大讨论之后，虽然社会上反对中学男女"同学"的声浪依然很高，但在教育实践领域，不断有中学突破旧规，进行男女"同学"的探索。湖南第一师范作为要受政府节制的省立中等师范学校，在易培基的大力支持下，也不甘人后，致力于男女"同学"的探索，成为追求男女教育平权的新生力量。

第二节　湖南第一师范男女"同学"的坎坷之路

五四运动以后，男女"同学"虽然逐渐形成趋势，但中学阶段的男女"同学"，依然被视为洪水猛兽，还处于热烈讨论的进程之中。虽然有一些中学开始吃螃蟹，但都面临种种舆论和思想压力。如果说，其他地区中等教育阶段的男女"同学"及其对男女教育平权的追求，面临的主要是思想观念方面的障碍，湖南第一师范则不仅面临旧教育和旧势力的批判和压力，还面临着复杂的政教之争。其后，湖南第一师范男女"同学"被强势取消，也可以视为政治势力对教育革新的胜利。

一　大力追"新"：男女"同学"的酝酿

五四运动前后，小学和大学基本实现男女"同学"，但中学阶段的男女"同学"依然是一个禁区。随着五四思想解放以及对男女平权的争取，思想领域中争论中学男女是否"同学"成为热潮，实践领域中男女"同学"可谓实施新教育、实现男女教育平权的最为显著的象征和标志。

（一）背景：湘省男女"同学"的提倡与实践

1. 舆论造势：杜威夫人关于男女"同学"的宣讲与提倡

1920年，易培基担任一师校长后，开始筹划湖南第一师范的教育革新。其时，匡互生、熊梦飞以及一众青年教师，对于一师旧教育的改造和新教育的探索，较之校长易培基，有过之而无不及。

匡互生等青年教师，信仰教育救国，加上青春年少，干劲十足，总想在湖南第一师范干出一番事业来。经过他们的努力，虽仅半年，湖南第一师范在学校组织、课程与教学、教师聘请、社会服务等方面，已经"全盘革新"，成为"湖南新教育的中心，足备全国教育界之研究"。本就打算将一师建设成为湖南新文化和新教育中心的匡互生等人，在女子解放的大潮中，对于能打破男女大防、实现男女教育平权和新教育理念的男女"同学"，自是乐意且勇于去追求。

1920年，一批锐意进取、勇于开拓的青年教师汇集湖南第一师范。这批青年教师，虽然在教育经验方面不太丰富，但也因此而少于过往经验的束缚，反倒容易实现教育开拓。他们不仅是湖南第一师范教育实践中破旧立新的新生力量，又极为了解北大男女"同学"的过程及其结果。至于社会上对于中学男女"同学"的争论及其担忧，这非但不能成为他们的困扰，反倒成为他们提倡男女教育平等的思想动力和改造旧教育、实施新教育的外在标识。因而，从改革初始，湖南第一师范就有试行男女"同学"的打算。1920年长沙名人讲演的时候，在易培基及青年教师们的努力下，湖南第一师范不仅设立分会场，而且还屡次邀请蔡元培等赴湘名人到一师讲演，商讨教育革新措施，其中就包括男女"同学"问题。

借着五四运动以后妇女解放的东风，男女"同学"问题引起湘省教育界的共同关注。1920年的长沙名人演讲中，男女"同学"问题也是一个重要议题，只不过，这个重要议题主要由杜威夫人来回应。

男女"同学"最早出现于美国，开始于 1833 年美国的奥柏林联合学院。五四运动前后，国内教育借鉴的视野已经由日本转向美国，因而，杜威夫人对女子教育的讲演宣传基本成为国内赞成男女"同学"者的重要支持。杜威所到之处，几乎都会邀请杜威夫人演讲美国的女子教育及男女"同学"问题。[1] 故杜威夫人到湘后，也成为长沙各女子学校争相邀请的对象。杜威夫人在长沙各校的演讲，不仅介绍美国男女"同学"的状况，更为重要的是为中学男女教育平权进行舆论造势。

据湖南《大公报》及《杜威在华讲学大事记》记载，杜威 10 月 25 日到达长沙，26 日正式开始学术演讲。在此期间，杜威夫人除开和杜威被湖南省教育会共同邀请并有所演讲外，还专门被长沙的各女校邀请前往作主题讲演，介绍美国女子教育，尤其是男女"同学"问题。杜威夫人在长沙的演讲时间及内容见表 7-4[2]。

表 7-4　1920 年杜威夫人长沙讲演一览

讲学时间	地点	演讲主题
10 月 27 日	长沙第一女校	男女"同学"
10 月 27 日	福湘女学	男女"同学"与教师问题
10 月 28 日	周南女中	美国女子在社会上之地位
10 月 29 日	周南女中	男女教育平等
11 月 1 日	稻田女校	男女同校问题

对于男女"同学"问题，杜威夫人认为中国男女"同学"不能得到认可，主要还是在于社会偏见。社会上认为女子主要还是限于

---

[1] 《昨日代用女中校之讲演》，《大公报》1920 年 10 月 29 日第 6 版。
[2] 本表主要参考顾红亮所著《实用主义的误读》中所附"杜威在华讲学大事记"以及《大公报》1920 年 10 月 27～29 日的相关报道制成。

家庭之内，以为在家庭之中抚育教导儿童无须接受高等教育。事实上，中国现在虽然提倡教育普及，但从中国教育实际来看，男子教育要实现普及尚需大力扩张学校，女子教育自不待言。故提倡男女教育平权和教育普及，扩充现有男子学校，实现男女"同学"乃切实可行之事。①

杜威夫人对男女"同学"的肯定，以及她基于教育普及而建议男女"同学"，并对当时反对男女"同学"的一些观点进行驳斥，大大增强了湘省教育界实施男女"同学"的信心和勇气。"于是一般对于男女同校半信半疑的先生，听了她底各种伟论以后，从而更加全信了。至于一班全信不疑的先生听后，更觉得增加了他们实行的勇气了。"② 很快，私立的岳云中学开始招收女生，成为湘省第一所实行男女"同学"的中学。

2. 友校经验：岳云中学试行男女"同学"

据丁玲回忆，1919 年她从常德第二女师转学至周南女学。周南女学的校长朱剑凡本来思想比较进步，但五四运动以后有一段时间，也许是对师生过于激进的一些做法难以接受，解聘了几个趋新的教师，引起学生不满，引发学潮。加之当时有学生想要摆脱女校的束缚，以参加激进的学生运动。1921 年 7 月，周南女学的部分学生，如丁玲、许文煊、周毓明、王佩琼、杨开慧、杨没累、徐潜等人从周南女学退学，转学至私立的岳云中学。

其时，岳云中学的校长为何炳麟。何炳麟曾留学日本，主张教育救国，是岳云中学的创始人。当周毓明等人提出转学申请后，校长何炳麟、教务主任杨国础连夜召集教师开会商讨，除周方外全体

---

① 李永春：《湖南新文化运动史料（1）》，湖南人民出版社，2011，第 184～187 页。
② 方卓：《半年来第一师范男女"同学"的经过》，《湖南教育杂志》1923 年第 4 期，第 27～33 页。

教师同意开放女禁。① 最终岳云中学接受女学生的转学申请，由此震动长沙，被报纸称为"学界的光荣"。

不过，据湖南《大公报》记载，当时转学至岳云中学的女学生只有4人，即杨开慧、王佩琼、周毓明和许文煊。② 四人中，除开许文煊为衡山人外，其余三人为长沙人，想来长沙受五四洗礼和女子解放思想的影响更大，女学生及其家长更能接受男女"同学"的新思想。杨开慧四人转入岳云中学后，都在二年级的十四班旁听，其中王佩琼的英文程度较高，在三年级旁听英语。

但据丁玲回忆录《我的中学生活的片段——给孙女的信》中记载，丁玲、杨没累、徐潜三人在当时和杨开慧等人一起转学到岳云中学。丁玲认为岳云中学的"功课要比周南紧些，特别是英文课完全用英语教授，课本是《人类如何战胜自然》，是书，而不是普通课本。文法也较深"。③ 想来，丁玲等人确实和杨开慧四人同期转学至岳云中学，可能是个人原因导致丁玲等人比杨开慧四人入学时间要晚。

丁玲等人转学至岳云中学，跟湖南第一师范多少都有些关系。1921年暑假时，长沙一些要求进步的学生要组织一个暑假补习班，湖南第一师范的部分教员和毕业生进行协助。暑假之后，丁玲等人即转学至岳云中学。④

彼时，以毛泽东为核心、以湖南第一师范和周南女学学生为主体的新民学会，在长沙的活动最为频繁，思想最为激越，对于进步学生的引导也颇多。丁玲等人既然对周南女校的"落后"不满，被鼓励到男校读书，是极有可能的。

---

① 据周方回忆，当时申请转学的有周毓明、许文煊、杨没累、徐潜4人，和湖南《大公报》报道的4人有所不同。
② 《打开了男女同校的先路》，《大公报》1921年9月28日第6版。
③ 新蕾出版社编辑部：《作家的童年（1）》，新蕾出版社，1980，第83页。
④ 新蕾出版社编辑部：《作家的童年（1）》，新蕾出版社，1980，第82～83页。

（二）酝酿：湖南第一师范男女"同学"的前期规划

湖南第一师范在五四运动之后"喜新厌旧"，认为男女"同学"是妇女解放和男女平等的急务，早就有实行男女"同学"的规划，为何不直接接受丁玲等女学生，而是转学至岳云中学呢？这和一师的公校身份及当时的湘省政局有关。

1920年经过湘省各界的努力，驱张成功，谭延闿第三次督湘。易培基和谭延闿私交极好，在担任湖南省公署秘书长兼教育行政委员会委员长时，亦兼任湖南第一师范校长，在匡互生等五四干将的辅助下，进行新教育的探索。

但是，随着谭延闿被其部下赵恒惕排挤，退出长沙，湘省军政大权掌握在赵恒惕手中。赵恒惕虽然和易培基同学过，但其对教育全不重视，对于教育界的趋新和改革更是难以容忍。易培基及一师的教育革新，以及他们对旧思想和旧教育的挑战，赵恒惕早就看不下去了，从而对易培基屡屡劝诫。道不同不相为谋，易培基身为湘省名宿，与赵恒惕关系本就一般，在五四运动以后的思想大解放中，对赵恒惕的思想控制自是不满，因而也没有将他的劝诫放在心上。

易培基虽然可以对赵恒惕的劝诫置之不理，但男女平权毕竟尚未实现，中学阶段的男女"同学"在当时算是洪水猛兽，思想基础薄弱。湖南第一师范作为公立院校，无论是校长任命、教育经费还是学校管理等方面，都要受政府节制，不如私立的岳云中学那么自由。故一师的男女"同学"，虽早有计划，却一直拖宕而未能实行。但其酝酿和筹备工作，却一直在进行之中。

随着湖南第一师范教育革新的举措不断，新教育成效渐显，在全省乃至全国都颇有名气，故每届招生或开学时，都有女生要求一师开放女禁。1922年春季学期开学时，呼吁一师招收女生的女学生竟有五六十人之多。①

到1922年春季学期，岳云中学的男女"同学"已经实行一个学期。湖南《大公报》特意在开学时，调查报道了岳云中学男女同校的状况："该校自去下期采男女合教制以来，成绩颇好，同学间俱能彼此尊重人格。闻课间运动时，彼此几忘其为你男我女。"②记者指出，虽然女生在教育程度上稍逊于男生，但并非因男女智力不同，而因以前所受教育的不同，号召女生赶紧去报名岳云中学的插班生。

岳云中学实施男女同校以后，最初持反对意见的周方，其班级也有一位女插班生徐潜，周方认为"简直在她心目中，毫不知有所谓男女一样"，"真够得上男同学"。岳云中学的男生因此"渐渐同化，视女性同学如男性同学一样了"。周方也由反对到"满心满意地赞成"。岳云中学男女"同学"以来，"没有流弊发生"。③故湘省社会并无太多反对的声音，在实践中也没有出现卫道者所担忧的各种情况。这为湖南第一师范开放女禁增强了信心，也营造了较好的舆论环境和社会环境。

湖南第一师范本就以趋新为目标，在新教育方面力图引领风气，现在又有这么强烈的社会需求，遂向湖南省立师范联合会提交"师范学校应实行招收女生"的议案，主张湘省的三个男师范校招收女生。一师提交这一议案，既希望能得到其他男师范学校的支持，也希望以此减少作为公校单独开放女禁的压力。

也许是五四运动以后湘省思想实现大解放，也许是男女"同

---

① 湖南省立第一师范学校：《本校招收女旁听生之经过》，《湖南省立第一师范学校旬刊》1922年第1期，第12页。
② 《省城各校现况调查记：岳云中学》，《大公报》1922年2月11日第6版。
③ 周方：《男女同校真不可能吗?》，湖南文史研究馆编《平民教育家周方先生百周年诞辰纪念集》，湖南师范大学印刷，1993，第116~117页。

学"逐渐在一些中学得以实施,也许是杜威夫人的提倡在湘省教育界得到认同,一师的提案竟然在师范联合会上顺利通过。六所师范学校联合上呈省政府,希望政府采纳并同意实施。

不过,议案上呈省府之后,政府以"经费困难,设备维艰"为由,指令缓办。湖南第一师范本就因为实施教育改革、引领湘省新教育潮流而引起政府关注,在中学男女"同学"这一敏感问题上也不宜太过于自行其是,开放女禁的计划再次受阻。直至1922年秋季学期,才招收女旁听生,正式放开女禁。

二 不甘人后:男女"同学"的尝试

(一)招生与录取

随着对中学男女"同学"讨论的增多以及部分中学的率先实施,尤其是岳云中学招收女生之后,"结果虽不能说是尽美,至少也可以杜反对者之口"。[①] 岳云中学虽为私立,但其招收女生,并没有招致明显的反对声浪,这对湘省各校也是一种鼓励。湖南第一师范终于在1922年秋季学期,决定以旁听生的名义,先开女禁。其招生章程规定:

> 一、本校各级学生人数在五十名以内者,本校得招收女生在该级旁听(合计正听生,总数不能超五十人)
> 二、女生旁听须经过考试。考试不及格者,不得为旁听生。
> 三、女旁听生除有家在本城外,均须住本校女生寄宿舍。
> 四、女旁听生须遵守本校一切规约。
> 五、女旁听生学分修满时,本校得给以证明书。

---

① 《第一师范前后招收之女旁听生》,《大公报》1922年9月24日第6版。

六、女旁听生须于开学前缴足一学期膳费十六元（多退少补），杂费二元五角。①

湖南第一师范招收女旁听生的章程一出，报名者极为踊跃，竟有五十多人，分作两批考试。第一次录取女生 15 名，为龚业雅、文暄、毓明、谭敏、谭召、吴家瑞、曹昭允、吴家缙、曹孟君、刘绍贤、舒瑞予、章璠、李涵静、言憗茹、杨开秀。第二次考录 8 名女生，为刘夺魁、邓之良、李毅英、彭兆英、皮萱、陈滁黄、任培瑾、张盛华。②

招收的女生，因为程度不齐，没有单独分班，而是根据其水平插班于不同年级，其中三年级 3 名、二年级 8 名、一年级 12 名，真正实现男女同班学习。

但据 1922 年湖南第一师范的同学录来看，9 月录取的名单和后来实际在校学习的女生名单略有差异。同学录中缺少任培瑾、张盛华、谭敏和邓之良，但增加了易漱平（易培基的女儿）、危澄湘和戴钟衡三人。湖南第一师范女生的具体情况见表 7-5。

表 7-5　1922 年湖南第一师范女生情况

年龄		籍贯	
13 岁	1 人	长沙	9 人
15 岁	3 人	湘潭	2 人
16 岁	2 人	湘阴	2 人
17 岁	5 人	湘乡	4 人
18 岁	3 人	溆浦	3 人
19 岁	7 人	衡山	1 人
20 岁	1 人	桑植	1 人

注：湖南省立第一师范学校：《湖南省立第一师范学校同学录（1922）》，内部资料，1922，第 21~37 页。

---

① 《招收女旁听生之章程》，载湖南省立第一师范学校《湖南省立第一师范学校一览（1923）》，内部资料，1923，第 3 页。
② 《第一师范前后招收之女旁听生》，《大公报》1922 年 9 月 24 日第 6 版。

从表 7-5 可知，湖南第一师范所招收的女旁听生，年龄主要集中在 15~19 岁，最小者只有 13 岁；地域则以长沙为主，兼及湘潭等其余 6 县。

1923 年，湖南第一师范再次招收女旁听生，周娅士、苏芳、萧腾芳、王晓楼、吴士模、汪新又等 6 人，进入 25 班学习。① 新招收的女生，年龄主要集中在 15~18 岁，分别来自岳云学校、含光女校、省立第三女师、县立第一高小、信义女校、长沙崇实学校以及一师附小。②

（二）过程及效果

湖南第一师范招收女旁听生后，根据其实际教育程度，编入相应年级和班级，和男生同堂听课。不过，在住宿和管理方面，单独进行，并另聘女性指导教师，对女生的生活、学习进行全面指导。

虽然男女同班学习，但为了不授守旧者之口实，女生的住宿、饮食和自修是和男生分开的。女生入校之初，先交 12 块钱的膳费，然后请厨师专门为她们烹饪，她们在寝室而不是膳堂用餐。由于湖南第一师范是省立师范学校，师范生的学费和膳费由省政府补助，但女生是作为旁听生招录进来，不能享受学校的膳费补助，需要自己承担膳食费用。

女生入校后，为了便于她们在学校运动，学生自治会专门为她们在寄宿舍边上开辟了一个篮球场。不过，不知道是女生天性不好运动，还是觉得运动有碍观瞻，女生专用的篮球场基本处于闲置状态。即便是学校组织的篮球运动，女生也基本不参加。可能正是因为女生少于运动锻炼，体质极弱，二十余个女生，有七个身体不好，甚至还有一两个患了肺病。

---

① 《省城各校现况调查记》，《大公报》1923 年 3 月 30 日第 6 版。
② 来自《湖南省立第一师范学校一览》（1923）中的"民国十一年下学期学生一览表" 25 班名单。

湖南第一师范的男女"同学"，是男女生同堂授课。也许是女生头脑中还残留着一些男女授受不亲的观念，也许是觉得争取男女教育平权的机会不易，不想给反对者口实。上课时，男生坐一块，女生坐一块，女生往往坐在头排，基本不会更换座位。男生没有男伴时不和女生说话，女生没有女伴时，也不和男生说话。

也许是觉得到男校学习的机会来之不易，女生在学习方面极为用心。她们一下课之后，就回到自修室学习，绝不荒废任何光阴，甚至比男生还要用功，因而，她们的学业成绩并不比男生差。

虽然女生在校内和男生交往不多，却积极参加学校的各种社团和研究会。一师共有13个学会，女生加入的社团有崇新学社、飞鸟社、文学研究会、史地学会、英语学会、美术研究会。具体情况见表7—6[①]。

表7—6 湖南第一师范女生加入社团情况

学会名称	学会宗旨	学会总人数	女生入会人数
崇新学社	马克思主义	50余人	12
飞鸟社	文艺	16人	3
文学研究会	文学	30余人	2
史地学会	史地	20余人	2
英语学会	英语	20余人	2
美术研究会	美术	30余人	7

由女生参加社团的情况来看，加入崇新学社的女生最多，有12人，其次是美术研究会。从传统社会到近代女学，女性一直在文学艺术方面极具兴趣和才能。但湖南第一师范加入崇新学社进行马克思主义研究的女生却是最多的，这应该和她们的指导教师有密

---

① 石清：《湖南省立第一师范男女同校底经过》，《民国日报（妇女周报）》1924年第23期，第1~3页。

切关系。

一师的女生指导教师最初为易焕秋,1923年则由原周南女校的学监陶斯咏担任。关于易焕秋,由于资料缺乏,不清楚其思想倾向。但易焕秋之后的女生指导员为陶斯咏,她对一师女生的思想影响应该挺大。

陶斯咏,又名陶毅,1915年毕业于号称"女革命家的摇篮"的周南女学,在校时与中国共产党"唯一的女创始人"向警予,以及蔡畅并称"周南三杰"。陶斯咏后为周南女校的学监,1919年积极投身五四运动,加入新民学会,任新民学会评议员。作为"周南三杰"之一,陶斯咏大力提倡女子解放、男女"同学",以及女子在社会任职、参与政治事务。她自己也积极投身湖南制宪运动及对女权的呼吁。1920年,湖南驱张之后,主张自治,陶斯咏和毛泽东、何叔衡及其他建议者三百余人,在湖南《大公报》发表请愿文章,建议湖南省政府制定"湖南宪法",并和匡互生、方维夏等人被推选为制宪请愿代表。陶斯咏不仅自己积极参与省宪请愿的系列活动,还在报纸上发表文章,鼓励女子积极参与政治活动,为女子争取财产继承权、教育上的男女同权以及与男子同等的职业权。[1]

1921年陶斯咏赴东南大学进修,后和沈仲九结婚。1922年,陶斯咏和沈仲九前往中国公学任教,担任吴淞中学的女生指导员。1923年春季学期,沈仲九再次到湖南第一师范担任国文教员,陶斯咏接替易焕秋成为女生指导员。虽然目前没找到具体史料记载,但作为激进的女权运动者,陶斯咏对一师女生的影响不可谓不大。

除开崇新学社之外,一师女生最感兴趣和较为擅长者当属美

---

[1] 王金华:《关于陶毅的史料拾遗》,《书屋》2021年第1期,第18～22页。

术。五四运动以后，湖南第一师范从外地请了一些美术教员，在教学内容方面改授西洋画，在教学方法方面注重循循善诱和示范。也许是女生天性爱美，也许是她们在美术方面比较敏感，一师女生的美术成绩都极佳，学校图画教室所陈列的美术作品，多数都是女生所作。当然，女生在美术方面也有所短，她们极不擅长手工，手工成绩和美术成绩相比，简直惨不忍睹。

整体而言，在五四运动之后能有勇气进男校求学的女生，都是思想相对开放且求学欲望极强者。她们进入湖南第一师范以后，都能认真求学，在学业方面也不弱于男生。因而，一师的男生经过一年的同学之后，认为"女性生理上并不弱于男性，女性智力并不劣于男性，女性办事才能并不差于男性，女性心理并不毒于男性"。①

面对这群闯入以前由男生独占的教育领地的女生，一师的男生既好奇又羞涩。他们希望和女生交往，却又担心传统旧俗的限制。因而，除非是同乡或者是亲友关系，一师的男、女学生很少私下交往，即便是在各种学会、社团的公共社交，都是极有分寸的。他们希望和女生进行正常的知识交流，因而对于各种学科，也都更为注意，担心学业成绩太坏为女生所嘲笑。不过，虽然男、女生私下的知识交流不多，但在学业上却也形成了你追我赶的良好氛围。不少男同学见女生长于绘画，自己也不自觉地奋发向上，也有女同学见男同学的文章作得好，也萌生自己努力创作的观念。

当然，一师的男女"同学"，并非没有任何弊端。比如一些不爱读书的男生，自此在自修室里便增加了很多谈资：谈论女生的衣着打扮，以及戴了什么眼镜之类。但守旧的先生们所担心的中学男

---

① 方卓：《半年来第一师范男女"同学"的经过》，《湖南教育杂志》1923年第4期，第27~33页。

女之间因"同学"而产生的有伤风化的问题,则往往因为男女学生之间的自觉隔离,基本无从产生。

一师实行男女"同学"、追求男女教育平权,教育革新的效果得到社会认可,甚至吸引南洋华侨子弟要求入校就读。1923年暑假,在南洋任教的黎宗烈(法政专门学校毕业)的推荐下,华侨子弟李炳蔡、李炳辉、李金煌、林芳声四人抵湘,随后李越梅等五位女生联袂回国,准备进入一师学习。①

三 政争下的解散:男女"同学"的悲歌

五四运动以后,在易培基的支持下,湖南第一师范在教育革新的路途上越走越远。湖南第一师范的新教育,对于湘省一些思想守旧、老成持重的人而言,多少还是有点难以接受。尤其是男女"同学",虽然提倡者众,但反对者也不乏其人。最终,赵恒惕抓住机会,强权取消男女"同学",阻断了湘省男女教育平权之路。

(一)一师易长:男女"同学"失去校长支持

五四运动以前,湖南第一师范主要面向湖南中路地区招收学生,但在教职工的任用方面,却总是在南路、中路和西路之间彼此平衡。更为重要的是,作为省立学校,湘省政府对湖南第一师范具有绝对的掌控权。

易培基担任一师校长后,从外省聘请教师,实行校长民选,大力开新。作为政府所设之湖南第一师范,无论是校长任命、人员安插还是思想控制等众多方面,赵恒惕及湘省政府都颇有无从着力之感。尤其是赵恒惕和谭延闿交恶之后,作为谭延闿派系的易培基,还掌握着湘省最为重要的学校之一——省立一师的控制权,这是赵

---

① 《来湘就学之华侨子弟》,《大公报》1923年8月27日第7版。

恒惕挺难容忍的一件事。因而，从谭延闿离湘之后，赵恒惕一直在找机会，以重新掌控一师。

1923年7月，赵恒惕抓住机会，以易培基附逆而撤销其一师校长之职，任命亲信李济民接替，从而引起"易长风波"。此次风波虽然影响颇大，且持续时间较长，李济民最终还是在枪杆子的支持下接任了一师校长之职。

李济民上任之后，一方面希望得到一师学生的认同，另一方面却也受赵恒惕之命整顿一师的学风。

基于李济民和赵恒惕的特殊关系、前校长及湖南第一师范与赵恒惕之间的紧张不洽，李济民担任校长后，一师的女生就有了危机意识。她们担心李济民借整顿学风之名，取消她们在一师继续学习的机会。毕竟，以前是因为有易培基这棵大树，湖南第一师范才成为湘省第一所招收女生的公立学校。如果没有校长支持，可谓离经叛道的男女"同学"是很容易被政府取消的。

1923年底，寒假前夕，果然有李济民要解散一师女生的传言。女生很是担心来年无书可读，几次前去咨询。李济民都声称：只要他掌校一师，女生的学习机会便不会动摇。得到李济民的承诺之后，女生们信以为真，放心地回家过春节去了。

然而解散女生的传言并非空穴来风。春节过后，没有校长和学校支撑，一师的男女"同学"终于被强制取消。

（二）强令取消：男女"同学"的铩羽

1924年春节后，当一师的女生准备返校复课时，收到省教育司的解散令。此次湘省教育司解散一师女生，直接诱因是湖南省教育会评议员梁祥云提出的一个议案。该议案称：社会上有人假借设立女学，而实系营业性质，有伤风化。进而联系到五四运动以后湘省倡言女子解放，一些私立女校学风不靖，建议整顿女学、挽回学风。而女校问题主要在校长，认为女校的校长，应具备一定的资格，方可开办女校。①

省教育会的提案，最初是针对女校校长的资格而言。但在后来的讨论中，却逐渐扩及整个女学，发展到最后要求取缔私立女校。② 赵恒惕抓住机会，由私立女校至湖南第一师范的男女"同学"，最终祸延全省男女"同学"。

1924年3月初，湖南省教育司下令取消男女"同学"："查本省各种男校，现多兼收女生。或则编入同级，或则作为旁听，揆以男女教育须求平等发展之旨，本无不合。惟是男女禀性各异，学校对于青年时期男女学生之管理训练以及教授，应各有不同。现在兼取女生各男校，既鲜女子专员之指导，复无相当设备，俾便起居。混合施教，更未能适应两性不同之需要。徒矫平等之名，转受戕贼人性之实害。而况青年男女，智德尚未坚定，行动易轶轨范，每因习俗熏染，与环境诱惑，致使女子就学一事，家庭视为畏途，社会引作诟病，是所以求发展女子教育者，乃适得其反。兹特明申禁令，各种学校，除小学暨正式之大学外，概不得'男女同学'。其在专门学校，有课程宜于女生而管训各方面又无不便之虞，可兼收男女以广造成者，应先呈报教育司查明核准。"③

湘省教育司的通令，其理由乏善可陈，并无新意。有见识者认为这些理由极不充分，并进行一一驳斥，指出可以通过聘请女子专员指导、增加设备即可解决现有问题，至于中学男女应该分教，则并不成立。所谓男女"同学"的弊端，不仅含混，而且好笑。况且，已实行男女"同学"的上海吴淞中学以及南京一中，也并无什么不好的地方。驳斥者最终得出结论：湘省教育司取消男女"同

---

① 《教育会之重要提案》，《大公报》1923年11月30日第7版。
② 《教育会之临时评议会（一）》，《大公报》1923年12月25日第7版。
③ 贤江：《评湖南废止男女"同学"制的通令》，《时报》1924年3月20日第7版。

第七章 致力新追求：教育平权的探求与男女"同学"

学"的理由，只是掩耳盗铃罢了。①

虽然取缔的理由并不成立，但无碍于男女"同学"被强权取缔的结果。

在省教育司尚未正式颁发取缔令之前，一师的女生多次找李济民洽谈继续求学的事宜。李济民继续给她们画饼："你们愿意在本校旁听就旁听，不然，我就转送你们至稻田女师。"女生虽然不至于相信李济民的人品和允诺，但人为刀俎，我为鱼肉，实则无可奈何。直至教育司明令取缔男女"同学"，一师的女生便再无回旋余地，只有舍弃男师范而就女师范，姑且相信李济民所允诺的可以免试直接转送稻田女师。

然而一师女生到底还是错付了对李济民的信任。直至1924年3月10日，有一师女生的朋友转告她们，稻田女师已经牌示翌日（3月11日）即一师女生报考的日子。女生急询之，李济民依然坚持说不用考试即可转入稻田女师，让她们3月11日11时自行前往稻田女师即可。

3月11日上午11时，当一师女生按照李济民的吩咐到达稻田女师后，李济民却又告知她们必须考试，而且由教育司司长李剑农亲自监考。女生们此时已经顾不上对李济民的愤怒，赶紧向稻田女师的同学商借纸笔，准备考试，并且自信以在湖南第一师范所学，无惧考试。然而女生刚刚准备妥当，李剑农即宣告考试时间已过，女生未能通过考试，不能转学至稻田女师。一师女生至此全部失学。②

一师女生的失学，可以说是李济民和省教育司的合谋。但二者

---

① 贤江：《评湖南废止男女"同学"制的通令》，《时报》1924年3月20日第7版。
② 《湖南第一师范女生失学真相》，《民国日报（妇女周报）》1924年4月2日第5版。

皆不肯承认阴谋论，于是在湖南《大公报》上说，一师女生未能通过稻田女师的考试，故致失学。将女生失学的责任推给女生，同时也暗示男女"同学"对于女生学问无所助益，为其取消男女"同学"张本。

遭此失学变故，一师女生既难过又生气，难过在于无学可上，生气在于校长李济民的欺骗以及无端背上学问不济的"锅"。因此，一师女生将其失学真相诉诸报端，以求公正。

李济民及湘省教育司取消男女"同学"还欲盖弥彰的做法，让外省报界大为不耻，公然以标题批评"湘教育司太愚蠢"。①

事实上，湖南第一师范的女生之所以失学，最根本的原因还是在于政争。因而，在取消一师男女"同学"方面，湘省教育司及司长李剑农其实也是背锅者。正如事后有人所指出：湘省教育司和一师女生无仇无怨，何以要采取欺骗的手段置诸女生于绝境？皆因想要取消一师男女"同学"者，实为赵恒惕，执行人为李济民也。

早在赵恒惕以李济民替换易培基时，就有关注湖南而又眼光锐利者指出赵恒惕是"以教育殉政争"。② 因而，此次一师女生失学，就有人将女生失学的原因归咎于赵恒惕及李济民，指出湘省中等女校，学科程度大多不及男校。大学既已经实现男女"同学"，女生为了升学的需要，便只有努力提升自己的程度。一师女生为了追求知识，她们和男生同学一年多，并没有任何可以让人指摘的地方。何况，一师女生当初刚进男师范的时候，湘省政府为何不曾注意？现在为何又关注到男女"同学"呢？暗示湘省政府之前忙于搜刮杀人的时候，对于男女"同学"无暇顾及，现在缓过劲来，便在李济民的迎合和出卖之下，以强权压迫贫弱的女学生。③

---

① 《湘教育司太愚蠢》，《民国日报》1924年3月13日第2版。
② 《湘赵以教育殉政争》，《民国日报》1923年8月29日第6版。
③ 《为湖南一师女生鸣不平》，《民国日报》1924年4月23日第6版。

第七章 | 致力新追求：教育平权的探求与男女"同学"

赵恒惕强权取消湖南第一师范的男女"同学"，和他与谭延闿、易培基与谭延闿之间复杂的关系有关。赵恒惕作为谭延闿的下属，赶走谭延闿之后，自是担心被谭延闿反攻清算。1923 年夏，谭延闿带兵入湘讨赵，已经印证了谭延闿对湖南的意图。况且，谭延闿三次督湘，在湘省较得民心，手头又有兵权，故而赵恒惕才会对谭延闿派的易培基及湖南第一师范耿耿于怀。而湖南第一师范在易培基的领导下，非但没有被赵恒惕控制，反而成为一股隐隐的反对势力。如 1920 年底，谭延闿被赵恒惕赶出长沙后，湖南第一师范即发动罢教运动，表示对赵政府的不满。

张敬尧时期，对于教育经费不仅削减挪用，而且拖欠。驱张之后，教育经费依旧不能如数照发，尤其是赵恒惕督湘之后，湘省教育界对于赵恒惕的信任感并不强。湖南第一师范于是借助外聘教师"客卿"的身份，发起罢教，要求省府下发教育经费。湖南第一师范的此次罢教，非为临时，实为预谋之下的有组织行为：先由校长向政府请发经费，不得；即由教员相继罢教，教师"客卿"迁出学校，发表宣言；学生请求教师返教不遂，乃向省府请愿。①

其时，湘省正宣称自治，筹备省宪，力图在全国树立自治模范省的形象，对于"客卿"罢教，自是要顾及政治影响。最终湘省政府向所有省属学校下发一笔教育经费并许诺以后皆按时照发。此次由一师发动的罢教，虽以争取教育经费为名，但难免有谭、赵之争的因素。盖因驱张之后谭延闿督湘时，各校的教育经费即已积欠不少。而谭延闿一去职，湖南第一师范即发动罢教，赵恒惕难免会把这笔账算在易培基和谭延闿身上。

舒新城回忆他 1921 年暑假之所以离开一师，其中就有谭、赵

---

① 舒新城：《我和教育——二十五年教育生活史（1893--1928）》，广东人民出版社，2016，第 120~121 页。

之争以及一师深陷其中的因素："长沙当时之政治情形又复紊乱——谭、赵两系争斗颇烈,赵且向议会辞职一次——一师前途未见光明。"①

但赵恒惕一时也无可奈何。因为教育经费的拖欠为实情,发动罢教的又是一师那些从外省请来的教师。加之此时赵恒惕最为关注的是制定省宪和民选省长,巩固他在湖南的统治。借着湘省自治的由头,赵恒惕组织了一批学者制宪。湖南省宪颁布后,他又忙于竞选省长,以图军政一手抓。1922年秋,湖南第一师范招收女生时,赵恒惕既要维护他坚持湘人自治的门面,也确实无暇他顾,只能放任。到1923年暑假,赵恒惕已经成功竞选为湖南省长,军政大权皆在他手,自然有余力开始进行思想控制和清算。而其亲信李济民,便成为他清算一师的最有力工具。李济民出卖了一师的女生之后,和学生的关系更是势同水火,无颜且不能再留在一师,于是卸任一师校长,担任留日(学生经理处)经理一职。

近代中学的男女"同学",虽然在国民政府成立前,一直未能得到教育部的正式认可,但在五四运动以后女子解放和呼吁男女平权的高潮中,教育部也并未要求取消。因而,到1924年时,全国试行男女"同学"的中学实已不少,并已渐成趋势。故无论是政府还是社会,对于中学阶段的男女"同学",多取默认态度。湘省政府在此时取消男女"同学",其所列理由皆已失去思想基础和社会基础,唯有政争,才是赵恒惕强权取消湖南第一师范男女"同学"的真实原因,并累及湖南全省男女教育平权的进程。

---

① 舒新城:《我和教育——三十五年教育生活史(1893～1928)》,广东人民出版社,2016,第127页。

第八章

历史之镜：湖南第一师范教育革新的意义与启示

五四运动前后，欧美新教育思潮逐渐传入中国。教育界和学生界经历五四运动的洗礼，思想得到启蒙和解放，各级各类学校具备了实施新教育的思想基础和人才条件。而新教育的实施，进一步传播了新思想和新文化，培养了大批知识精英，为近代社会改造和国家复兴奠定了坚实的思想基础和人才基础。

第一节 湖南第一师范教育革新的历史意义

五四运动以后，湖南第一师范在易培基的主持下，聘请了大量饱受新思想洗礼的青年教师。这些青年教师，资格不算老，故而没有既往经验的束缚；年岁不算长，故而青春热血，有着冲锋陷阵、破旧立新的勇气；学识悠长、人生阅历丰富，故而能热情拥抱新思想、努力探索新教育。易培基以后的几位校长，在湖南乃至全国思想控制日益收紧的背景下，治校方略虽不再激进，但依然坚持革故鼎新，着力于人才培养。整体而言，湖南第一师范的青年教师们，勇于直面并积极改造旧教育、旧秩序，使得五四运动以后的湖南第一师范，成为"湖南新文化的花"、①湖南新教育的中心，乃至在全国也是"'新'教育学说的先锋"。②在新思想、新教育等时代潮流的熏陶和教师们的思想启蒙下，大批革命志士和教育精英毕业于湖南第一师范，成为进一步改造思想、改造教育和改造社会的骨干力量。

多年以后，当年的学生程星龄总结认为，五四运动以后湖南第一师范的教育改革影响着湖南其他学校的变革，许多学校追随在一师之后，进行不同程度的教育革新。尤其是一师的毕业生，分散在湖南城乡学校进行教育服务，因而促进了各地小学教育的改革，如语体文的迅速推广、管理制度的逐步改善，特别是反帝反封建思想的广泛传播以及革命人才的培养，取得了显著效果。③

确实，从现有史料看，五四运动以后湖南第一师范的教育改革，对湖南乃至全国影响最大者，当属传播新思想和新文化进行思想改造、示范新教育理念与新方法进行教育改造，以及引导学生参加革命或通过教育改造实现社会改造等几个方面。

一 改造思想：传播新思想与新文化

五四运动以后，经受早期新文化和新思想启蒙的青年教师们，追求思想自由，致力于新思想的传播，成为湖南新文化运动的重要分子，尤其是他们对一师学生的思想启蒙和思想改造，不仅使得湖南第一师范成为新文化的中心，一师学生亦成为传播新思想和新文化的新生力量。

---

① 谢觉哉：《谢觉哉日记（上）》，人民出版社，1984，第27页。
② 舒新城：《我和教育——三十五年教育生活史（1893~1928）》，广东人民出版社，2016，第117页。
③ 中国人民政治协商会议湖南省委会文史资料研究委员会编《湖南文史资料选辑（第11辑）》，湖南人民出版社，1979，第53页。

1915年6月，蒋维乔视察湖南教育后，指出公立学校因受政府管辖节制，不仅校长屡因政潮而更换，不能久于其任，其办学自主性也不如私校，故"各省公立学校之成绩往往多不如私立学校，湘省亦然"。①

湖南第一师范属于湖南省立学校，自然也存在上述问题。易培基从1915年即在湖南第一师范任教，对湖南第一师范的教育状况极为了解。故其担任校长后，即本着"私人讲学的精神"，主张"由私人自动研究、互相传授"，② 以高薪从北京、江浙等新思想新文化发达地区聘请教师。这些教师在一师进行思想启蒙和教育改造，并很快见诸成效，湖南思想开明者都庆贺一师"教师得人"。

五四运动以后，马克思主义、无政府主义、社会改良主义、国家主义、工读主义等西方思潮在国内激荡碰撞。本就热血沸腾、心怀救国志向的青年教师和学生，由于对北洋政府极其失望，一直在努力探索救国新路径。各种新鲜的思潮和主义，对于好奇趋新的青年教师和学生，自然具有强烈的吸引力。

由于易培基聘请教师取人才主义原则，在思想方面兼容并包，因而，上述各种思潮和主义在一师都有教师代表。他们对于"各种思潮、各种学问，都怀着若饥若渴之感，非努力亦不能满足自己的欲望"，③ 不仅平时深入钻研学习，亦针对各种救国主张和政治问题各抒己见，展开辩论，大力宣传。

由于青年教师们对新思想和新文化的大力提倡，湖南第一师范

---

① 蒋维乔：《湘省教育视察记》，《教育杂志》1916年第1期，第1~4页。
② 湖南省立第一师范学校：《本校开学情形》，《湖南省立第一师范学校旬刊》1922年第1期，第11页。
③ 舒新城：《我和教育——三十五年教育生活史（1893~1928）》，广东人民出版社，2016，第120页。

很快就成为湖南新文化的中心。《共产党宣言》首位中译者陈望道曾言："'五四'前后的新文化运动，从全国范围来讲，高等学校以北大最活跃，在中等学校，则要算是湖南第一师范和杭州第一师范了。"①

因而，长沙很多学校对一师的青年教师颇为觊觎，非常希望他们能前往兼课。舒新城当时就颇为拒绝兼课而为难："为着前辈要我在其所办之学校兼课两小时，亲自登门数次而未允，几至闹成公愤。"②但因为和一师早有约定，老师们不得不"联盟拒绝"。既然不能兼课，很多学校于是曲线救国，经常请一师的教师前往演讲。不仅长沙城内、城外的学校竞相邀请，连外县的学校也闻风而至。③甚至社会上的一些研究会、教育团体也邀请他们前去演讲新文化，进行思想启蒙。谢觉哉在日记中就记载1921年1月，宁乡国语研究会就邀请一师的青年教师前往演讲，舒新城讲新文学问题，孙俍工讲教育问题，熊梦飞讲国民性的改造等问题。④

通过各种社会演讲，一师的青年教师们进一步推动了湖南的新文化运动，改造了人们的思想。

青年教师有着自己的思想信仰，自然也会基于自己的思想信仰，对学生进行思想启蒙和思想改造。毛泽东就认为："从前学校是没主义的，所标的主义又不正确，结果是盲撞瞎说，闹不出什么名堂。我们总要为有主义的进行。"⑤他一直致力于在湖南第一师

---

① 陈望道：《"五四"时期浙江新文化运动》，转引自张直心、王平《现代文学与现代教育的互动共生》，广西师范大学出版社，2020，第175页。
② 舒新城：《我和教育——三十五年教育生活史（1893～1928）》，广东人民出版社，2016，第119页。
③ 舒新城：《我和教育——三十五年教育生活史（1893～1928）》，广东人民出版社，2016，第119～120页。
④ 谢觉哉：《谢觉哉日记（上）》，人民出版社，1984，第29页。
⑤ 谢觉哉：《谢觉哉日记（上）》，人民出版社，1984，第62页。

范进行马克思主义思想的宣传推广工作。因而,一师的学生也根据自己的兴趣爱好以及对教师的崇拜而出入于各种思潮和主义之间。

在青年教师的引导和熏陶下,一师学生多有着自己的思想信仰,不同思想之间会通过社团、刊物、演讲等方式相互论辩,其中影响最大、论战最多的当属马克思主义与无政府主义。尤其是马克思主义,信仰的学生最多,最初达到二百多人,李济民治校时期下降至五十余人,而1920~1923年,湖南第一师范全校学生总人数每年才四百余人。

在早期马克思主义者毛泽东、李维汉等老师的引导和支持下,一师学生设立了崇新学社和马克思主义学会。崇新学社是当时一师最大的学生社团,由肖述凡负责,通过订阅《新青年》《向导》等刊物,探讨政治时局和社会问题,并邀请李维汉、李六如等进步人士进行演讲,指导学生运用马克思主义思想去观察社会问题。马克思主义学会则由毛泽东组织,参加者以湖南第一师范的校友和学生为多,通过学习马恩列等著作,批判各种非马克思主义思潮,明确对马克思主义基本原理的认识。

同时,毛泽东基于北大的师友关系、学生基于湖南学生联合会与全国学联的合作,邀请北京大学的邓中夏前来一师讲演"无政府主义与共产主义的比较",[①] 进一步帮助学生认清无政府主义和共产主义的区别。

在以毛泽东为核心、信仰马克思主义的教师和学生的大力宣传下,马克思主义成为湖南第一师范乃至湖南影响最大的思潮。1922年5月5日,在湖南第一师范召开马克思诞生104周年纪念会,参会人员达到千余人。会上,毛泽东作了题为"共产主义、共产主义

---

① 谢觉哉:《谢觉哉日记(上)》,人民出版社,1984,第62页。

与中国"的演说。①

湖南第一师范很多学生在马克思主义思想的浸润下,成为坚定的马克思主义者,具有较为彻底的革命精神。1921年12月,一师学生刘祖沛②在湖南《大公报》发表了一篇文章《教育与革命》,指出当前仅靠"零碎解决"是不能实现"新社会"的,只有"革命"才能"总解决"。而"要以革命促进社会底进化",就需要有勇敢的、牺牲的、神秘的、信仰的革命精神。当然,要养成这种革命精神,必须要靠教育。③

这些具备革命意识的学生不仅在校学习期间就加入中国共产党,进行革命工作,而且在建党初期,着力于宣扬传播马克思主义和共产主义思想。如22班的肖述凡,写文章时不仅文采飞扬,而且很有见地,为毛泽东所看重。肖述凡受毛泽东的影响,很快加入共青团和共产党,一面学习,一面从事革命工作。肖述凡还和国文教师汪馥泉办过一个《野火》刊物,对旧思想、旧文化进行批判。章士钊曾被湖南第一师范邀请前来演讲,因其提倡文言文,不仅国文教师张石樵撰文批驳,《野火》也撰文对章士钊进行了批判,引得全校师生先睹为快。④

随着马克思主义思想的进一步传播,1922年秋季学期,一师建立党支部,成为湖南早期的三个党支部之一,师范生夏曦任支部书记,⑤

---

① 腾纯:《毛泽东教育活动纪事》,湖南教育出版社,1993,第58页。
② 刘祖沛其人其事不详。由于民国时期在称呼上较为混乱,有时称名,有时称字,还有的后来改了名字。故当时报刊和档案中出现的一些学生姓名,和后来整理出版的一师校友录名单有较大差异。从《大公报》和一师同学录的记载来看,刘祖沛当时加入了文学研究会。
③ 刘祖沛:《读者论坛:教育与革命》,《大公报》1921年12月21日第7版。
④ 中国人民政治协商会议湖南省委会文史资料研究委员会编《湖南文史资料选辑(第11辑)》,湖南人民出版社,1979,第57页。
⑤ 本书编写组:《湖南第一师范校史(1903~1949)》,上海教育出版社,1983,第178页。

一师的共产党员和具有革命意识的学生越来越多。甚至学生会会章中明确规定要援助工人罢工、支持农民反抗地主。[①] 这些规定进一步推动了一师学生积极参与工农运动,参加反帝反军阀等革命活动。

如果说,一师的师生是长沙及长沙周边地区新思想和新文化传播的骨干力量,则一师学生是承担长沙以外地区的新文化传播和思想改造工作的生力军。

在一师青年教师的思想启蒙和身教示范下,不少学生开始关注新思想和新文化的传播。其时,湖南全省六十多个县,大多数在长沙设有同乡会。一师学生遂利用这些同乡会,联合其他学校的同乡,从各县士绅手中争取经费。利用这些经费创办学校,或拿来补助贫困学生,或用作学生到外地参观的费用,更多的是用来创办同乡会会刊,在家乡传播新思想和新文化。

肖述凡是湖南宁乡人,当时在湖南第一师范学习的宁乡籍学生有三十多人,肖述凡被称为"宁乡四杰"[②]之一。宁乡籍的这些学生在同乡会的基础上组织了同学会,在前辈同乡何叔衡、谢觉哉的支持下,创办《宁乡旬刊》,后改为《沩波》杂志。最初的编辑为左维,后来由肖述凡、尹澍涛、林萼生主办,主要介绍国内外新思想、批评宁乡县政。[③]

谢觉哉在日记中批评宁乡思想界和教育界极为保守混乱:"何尝知道新是什么,旧是什么,几个人的饭碗热而已。"[④] 他认为宁乡教育界不能激发人们教育神圣的观念,未能倡导研究向上的风

---

① 《省长严令惩办第一师范学生会职员》,《大公报》1925年12月16日第6版。
② "宁乡四杰"为肖述凡、尹澍涛、谭晚成、何汉文。
③ 宁乡人民革命史编写组:《宁乡人民革命史》,湖南人民出版社,1983,第24~25页。
④ 谢觉哉:《谢觉哉日记(上)》,人民出版社,1984,第70页。

气,以致宁乡"民气消沮,民智堕落"。《宁乡旬刊》创刊后,"于其善,奖借不遗余力;于其恶,指摘也不遗余力",着眼于新思想的传播、新教育的介绍,终于使得宁乡思想界和教育界有所震动,"一般人也渐渐知道公理是不可久抑的了",① 各种新思潮逐渐在宁乡得到宣传推广。

在宁乡同学会及宁乡籍知识精英的推动下,宁乡建立起马克思主义学会,经常开展演讲与辩论,进行马克思主义思想的研究与宣传。1924年5月5日,是马克思诞生一百零六周年纪念日,宁乡甲种师范开马克思学术演讲会,参与演讲者有7人,其中毕业于湖南第一师范的陈章甫演讲"为什么要讲马克思主义",谢觉哉讲演"无治主义与马克思主义的比较"。②

来自武冈的刘寿祺,对一师的各种思潮和主义进行过详细了解,特别是对"三民主义"和"共产主义"进行了比较研究,认为"三民主义"的"平均地权、节制资本"与"共产主义"的相关理论一致,故最初倾向于三民主义。三民主义虽然提出较早,但五四运动以后,孙中山先生对三民主义思想不断充实和完善,并发展成为新三民主义,其对民族、民权、民生的提倡,依然是五四运动以后青年学生思想启蒙和思想解放的有力武器。不过,后来经过进一步的思考、比较与实践之后,刘寿祺由三民主义者转变为共产主义者。虽然刘寿祺自己的思想信仰是逐渐发生转化的,但其思想启蒙和改造的实践却一直在进行。他在长沙私立民范女职教书时,就积极向学生宣传三民主义,其国文教学和三民主义思想很受学生欢迎。随后刘寿祺回到醴陵乡村师范教授国文,继续宣传三民主义思想,并因此被县党部聘请为委员,在全县宣传推广三民主义。③

---

① 谢觉哉:《谢觉哉日记(上)》,人民出版社,1984,第70页。
② 李永春:《湖南新文化运动史料(2)》,湖南人民出版社,2011,第904页。
③ 刘寿祺:《刘寿祺革命回忆录》,湖南师范大学出版社,1994,第23页。

其时，湖南没有高师，湖南大学迟至 1926 年才设立，仅有几所中等性质的省立师范学校，湖南第一师范位于省城长沙，有着地域优势，又有以私学精神办学的校长易培基，广集资源和人才。在心忧家国、以培养英才为己任的一师教师的启蒙下，一师学生的家国观念强烈，又处于青春热血时期，如肖述凡、刘寿祺一样主动传播新思想和新文化、力图改造民众思想、改良社会风气的优秀学生着实不少。这些优秀学生回到地方后，往往会作为地方知识精英，引导地方新思想和新文化的潮流，成为地方思想改造的先锋。

二 改造教育：示范新制度与新方法

（一）湖南第一师范的新教育示范

五四运动以后的湖南第一师范，一心求新的校长、心怀教育理想而力图根本改造的青年教师，面对新的教育理念和新的教育方法，自是热情拥抱、积极实践。由于湖南第一师范的教育改革不仅极"新"而且彻底，具有前瞻性，故能成为"湖南新教育的中心"，不仅在湖南成为引领，在全国也具有重要的示范作用，"足备全国教育界之研究"。[①] 其教育改造的经验，自然成为其他学校教育革新的借鉴。

1921 年，湖南第一师范开始试行学科制和选科制，是较早实施选科的中等学校之一。

湖南第一师范实施学科制和选科制时，舒新城正在湖南第一师范任教。舒新城从 1916 年就开始阅读《新青年》，他当时虽未能认知《新青年》的价值，《新青年》却对他起到了早期思想启蒙的作用，"惊醒则比较的快"。五四运动初期，舒新城尚处于"已醒未

---

① 《半年来的湖南第一师范》，《民国日报》1921 年 1 月 24 日第 6 版。

| 思想启蒙与社会改造 | 湖南第一师范的新教育研究（1919—1927）

清"状态，"对于旧者几乎样样怀疑，对于新者几乎件件都好"，①故对于五四运动以后的各种报刊，如饥似渴地学习，"竟至吃饭入厕都在看书阅报"。舒新城在思潮澎湃的新文化大潮中，改文言写作为语体文写作，对于杜威的演讲及各种新教育报刊更是仔细阅读、深入研究，很快成为教育新秀。故而，舒新城受聘后，和众多带有新文化标签、思想趋新且激进的青年教师们一起，对湖南第一师范进行教育改造，就成为一件他十分乐意且积极参与的事情。

湖南第一师范的学科制和选科制在一众青年教师的热血鼓荡下顺利进行，舒新城及很多教师虽然因实施新制度而疲累异常，但因新制度能解放学生的思想、发展学生的个性，尤其是能破旧立新，符合舒新城等青年教师改造旧教育、建立新世界的雄心和理想，因而大家都累并快乐着。

不过，由于湖南第一师范的校长易培基以及主理校政的匡互生等人，都参与过湖南驱张运动，后又因湘督谭延闿和赵恒惕之间的嫌隙，湖南第一师范和湖南政治有着密切关联。追求纯粹学术和思想的舒新城，认为教育应该脱离政治而独立，湖南第一师范和政治关系如此之深，非为他所愿。为了追求纯粹的教育理想，舒新城于1921年秋季应聘到吴淞中学（即中国公学初中部）。在吴淞中学，舒新城担任主任一职，进行了以他为核心的教育改革。

舒新城在吴淞中学的时间不长，但其推行的教育改革却涉及涉及学科制和选科制、男女"同学"及道尔顿制等多个方面，可以说是近代"新教育"改革运动中的一位重要参与者和倡行者。除开道尔顿制外，男女"同学"以及学科制和选科制，受湖南第一师范的影响极大。

---

① 舒新城：《我和教育——三十五年教育生活史（1893~1928）》，广东人民出版社，2016，第112~113页。

历史之镜：湖南第一师范教育革新的意义与启示 | 第八章

1920年秋，易培基担任一师校长后，湖南第一师范就有办理男女"同学"的计划，并在长沙名人演讲时，就此问题向众多名人请教过。只是因为湖南第一师范的公校性质以及湖南复杂的政治背景，真正实施则迟至1922年秋季学期。因而，舒新城到了吴淞中学后，因学校属于私立而具有较大的自由性，男女"同学"也立即提上议事日程，并最终于1922年秋季学期实施。

吴淞中学的男女"同学"，和湖南第一师范同时实施，但湖南第一师范计划更早。舒新城离开湖南后，一直和一师故旧保持密切联系，对其男女"同学"的进程及具体计划极为了解。故他在吴淞中学推进男女"同学"，受湖南第一师范的启发是无疑的。

至于吴淞中学推行的学科制和选科制，主要借鉴湖南第一师范的经验则有明证。由于学科制和选科制的实施极为麻烦，湖南第一师范由筹划到编制草案，到分组以及编制功课表，"左编右编，还弄不妥当"，至最终实施，历时半年。即便经过半年的筹备和计划，到正式实施时，"上课和分组，还不免有错误遗漏冲突的地方"，于是再加订正。[1] 舒新城其时正在湖南第一师范，是主要参与者之一，对于其复杂之处印象深刻，"有若干问题，使当局者忙于应付以至穷于应付"。[2]

舒新城在吴淞中学推行教育改革时，湖南第一师范的学科制和选科制已经较为成熟，故吴淞中学实施的学科制和选科制，可以说是直接以湖南第一师范为模板。吴淞中学的学科制和选科制按照五年学制进行，前三年是必修科课程，后两年是分科选科课程。其具体规定如下。

---

[1] 熊梦飞：《省立第一师范采行学科制之经过》，《湖南教育杂志》1921年第2期，第34~38页。
[2] 舒新城：《我和教育——三十五年教育生活史（1893--1928）》，广东人民出版社，2016，第122页。

1. 每一学科，在一学期内每周授课一小时为一学分（即一单位）。实验、实习以每周二小时为一学分。每一学期以十八周计算。

2. 各科定为若干学分。又依教材之程度分为甲、乙、丙、丁、戊、己、庚、辛、壬、癸十学程，一学程为一学期，一年分两学期。

3. 学级编制，即以学生各科程度高下为标准；以每一科同学程之学生编为一组。学生学级升降以对于某一科其学程之学分能否合格为定，不牵扯其他各科。例如某生国文程度合于第一学期，即编入国语甲组，英文合于第四学程，即编入英语丁组。

4. 学生某科应在某组授课，经教员考查学业成绩后加以审定。考查及审定方法由教务会议定之，编组事宜由教员组织编组委员会办理。

5. 学生所修学科分为分科、必修科、选修科。

6. 课程表所列之学科为必修科，学生均须修习。分科分文、理、商、师范四系。学科可随其性之所近，择习一系。选修科所规定之科目可任选二十七学分。

7. 修业年限定为五年。但学生所学之学科已满规定学分并均及格，而且修业年限已满四年，许其毕业。修业年限已满五年而学分不及格者，得延长修业年限一年。[①]

从吴淞中学学科制和选科制的具体规定看，除开第 5 点和第 6 点与湖南第一师范 1921 年所实施的学科制和选科制有明显不同外，其余条款几乎完全相同。其不同之处也是因为湖南第一师范为师范学校，而吴淞中学为普通中学，自然在学科方面存在差异。

1922 年，舒新城发表在《教育杂志》上的《中学学制问题》一文，提到吴淞中学为什么要采用学科制和选科制时，其理由就是

---

① 舒新城：《我和教育——三十五年教育生活史（1893~1928）》，广东人民出版社，2016，第 142~143 页。

历史之镜：湖南第一师范教育革新的意义与启示 | 第八章

直接引用湖南第一师范的说法："去年我们在长沙第一师范改行学科制的时候，曾发表过很长的言论，我现在摘录如下。"①

事实上，由于湖南第一师范采行学科制较早，各地希望借鉴者颇多，有人写信请教"实行的方法"，也有怀疑者写信询问"实行的结果"。因而熊梦飞专门写了《省立第一师范采行学科制之经过》一文，发表于《湖南教育杂志》，以释其疑且进一步说明。②

湖南第一师范在实施学科制和选科制之前即进行周密筹划，并向到长沙演讲的名人进行咨询，实施之初专程到江浙考察，实施过程中将其理由及具体方法公布于湖南《大公报》，并不断总结经验。故实施效果较为显著，实施之后受到较多关注并成为其他学校实践的重要示范。

教育制度之外，五四运动以后湖南第一师范对欧美新教育中的新方法也进行了大量的研究和实验。

19世纪末至20世纪的二三十年代，欧美国家在新教育改革中创造了多种新教学法，如蒙台梭利教学法、设计教学法、道尔顿制及活动教学法等。在众多新方法中，设计教学法和道尔顿制对五四运动以后的我国教育影响较大。

设计教学法是杜威的弟子克伯屈遵照杜威的理论于1916年提出，1917~1918年即被介绍到我国。五四运动以后，一是杜威访华及演讲，使得杜威思想及设计教学法为国人所关注；二是五四运动以后教育界思想得到解放，出于发展学生个性和健全人格的追求，设计教学法被广泛试验于各地小学，并在1921~1923年达到全盛。

---

① 舒新城：《我和教育——三十五年教育生活史（1893~1928）》，广东人民出版社，2016，第144页。
② 熊梦飞：《省立第一师范采行学科制之经过》，《湖南教育杂志》1921年第2期，第34~38页。

· 257 ·

其时，设计教学法主要在小学试行。湖南第一师范在教育改革中，师范部并未采用设计教学法，但一师附小进行了试验。湖南第一师范是小学教师培养机关，故教育学教师对于设计教学法的介绍当属不少。而以教育为提高国民素质、改造社会唯一手段的师范生，对于这种既能弥补班级授课的不足，又能以儿童为中心的教学方法，也是十分关注，并在毕业以后积极主动地进行实践和推广。

不仅一师师范部的师生致力于设计教学法的研究和推广，湘省小学教育界也热情拥抱设计教学法。湘省小学采用设计教学法，以楚怡小学为先，一师附小等其他小学紧随其后。为了借鉴经验，1923年，附小的罗宗翰还特意到江浙各学校进行考察。一师附小的设计教学，因师资缺乏，故在一、二年级采用混合设计（即不分科目，凡国文、算术、手工、习字各科都混合在一起），三年级及以上则暂采用活动教授。① 一师附小因实施较早，成为湘省设计教学法的重要示范学校。

（二）一师毕业生对新教育的实践与推广

五四运动以后，青年教师对湖南第一师范的教育改造，使得湖南第一师范（包括师范部和附小）成为湖南乃至全国教育革新的示范。他们向师范生大力推广的新教育理念、积极试验新教育方法的榜样示范，都对一师学生产生重要影响，并成为他们今后改造地方教育、推广新教育制度和新教育方法的思想基础及重要借鉴。

作为民国时期湖南影响最大的公立师范院校，五四运动以后的湖南第一师范更是因为实施教育改造而成为湘省新教育的领头羊，在带动湘省一批学校进行教育改革之外，饱受新思想和新文化熏陶的师范生，毕业以后更是成为湖南地方中小学教育的翘楚和领军

---

① 《长沙小学教育之发展》，《大公报》1923年3月8日第6版。

人才。

由于文夕大火以及历次战祸，湖南第一师范的很多文献档案被焚毁或散佚，故目前关于五四运动到大革命八年间的毕业生，有多少人投身教育尚无明确的统计数据。但湖南第一师范作为师范院校，教育目标在于培养小学教师，且师范生都有服务教育的年限要求。1912年《师范学校规程》第五十七条规定：

"本科毕业生应在本省小学校服务，其期限自受毕业证书之日起算，第一部公费生七年，半费生五年，自费生三年。第二部生二年。女子师范学校本科毕业生应行服务之期限，公费生五年，半费生四年，自费生三年。第二部生二年。"

第五十八条规定："本科毕业生有因特别情事，经省行政长官认可者，亦得就职于他省或华侨所居地，但以教育事业为限。"

第五十九条规定："在服务期限内，欲入国立学校更求深造者，省行政长官得允许之。"[1]

因而，湖南第一师范的学生毕业之后，按照部章都需要服务教育，但也对特殊情况如继续求学进行了特殊规定。

由于北洋政府时期局面混乱，师范生服务年限的规定可能并没有太大的约束，部分师范生毕业以后或是任教未久即脱离教育事业而就他职也极为常见。如萧三，1916年毕业之后，和同班同学陈绍休同往湘潭乡下的黄氏族学任教，1918年即赴京参加勤工俭学留法预备班，后赴法留学。但是，一师大多数毕业生还是留在了教育领域，即便不是在湘省的中小学，也是服务于全国各级各类学校，乃至远赴南洋进行教育改造，成长为地方教育骨干或著名教育家。

---

[1] 湖南省立第一师范学校：《湖南省立第一师范学校志·纪第二（1918）》，内部资料，1918，第16页。

何其隆，生卒年不详，湖南第一师范二部第三班学生，1920年秋季入学，对于小学教育有着强烈的兴趣和责任感。在校学习期间，受老师们教育救国信念及教育研究的影响，和王堃猷等几位志同道合的同学一起组织成立小学教育研究会，并在《湖南通俗日报》开辟"小学教育研究"专栏，在湖南《大公报》出版《小学教育研究周刊》，刊发小学教育研究会会员及一线教师的研究结果，内容涉及道尔顿制、设计教学法等新教育方法及其实践效果，以及教育界关注的热门话题如乡村教育等。由于其研究具有专业性和现实性，其研究成果在湖南有较大影响。

以何其隆、王堃猷等人的优秀，毕业后要留在长沙的小学是完全没有任何问题的。但在一师教师的思想启蒙下，以及研究小学教育的过程中，他们深信教育是"社会演进的原动力"，教师"负有改造社会的大责任"。[①] 因而希望"到民间去"，去改造乡村地区的旧教育，推动乡村教育发展。

1922年何其隆毕业时，遂和同班同学王堃猷、黄熙耀等人身怀复兴乡村教育的理想，一起到南县中乡的模范国民小学任教。本着"办学者对于一种新的学说，总要抱试验的态度"，以及对于教育改造的热情，开始了他们新教育的实践之旅。

他们在中乡模小的教育改造，涉及教育理念、教育内容以及教育方法等各个方面，尤其在教学方法如设计教学法方面着力最多，也最有成效。中乡模小采用设计教学法一年以后，在何其隆等人的努力下，成绩较之以前"要好多了"。何其隆因而也自信宣称设计教学法比"自习主义""自学辅导主义""联络教授"等价值"大得许多"。[②]

---

① 茂秋：《教育零感》，《大公报》1923年7月12日第9版。
② 何其隆：《设计教学法述要》，《大公报》1923年7月26日第9版。

在试验设计教学法的同时,他们不断思考设计教学在不同学科、不同对象(如高才生与低能生)、不同区域(如城市小学、乡村小学)中的区别,进行经验总结和理论思考。1923年《小学教育研究周刊》发表了大量关于设计教学法的文章,正是何其隆等人在中乡模小试验设计教学法的成果体现。见表8—1。

表8—1　1923年何其隆等人关于设计教学法的研究文章

何其隆	设计教学法与乡村学校
何其隆	设计教学法本身上的研究
王堃猷	自然科设计教学的研究
何其隆	设计教学法上一个紧急的商榷——自动原则有被动之可能
王堃猷	平民教育与设计
何其隆	一个注入式的设计教学报告——升学的算术练习
何其隆	设计教学法述要
何其隆	乡村学校试行设计教学的研究

注:请参见附录2。

黄熙耀后来离开中乡模小,但依然活跃在小学教育领域,进行新教育的实验与推广。1924年,何其隆发表了一篇文章《一封讨论设计教学的信》,此信是何其隆写给黄熙耀和另一同班同学陈志鸿的。黄、陈二人在实施设计教学法的过程中,感觉到一些困难,想到何其隆在设计教学法方面有着深入的理论思考和丰富的实践经验,故而写信请教。何其隆十分谦虚,回信说他自己也曾遇到相似的困难,故将他的意见发表出来,"与你俩和热心研究设计教学者一商榷之"。随后,何其隆介绍了设计教学法实施过程中,在教授符号知识、对待儿童、单元设计以及教师应具备的能力和教室的设计要素等方面,进行了详细的介绍。[①]

---

① 何其隆:《一封论设计教学的信》,《大公报》1924年5月5日第10版。

| 思想启蒙与社会改造 | 湖南第一师范的新教育研究（1919—1927）

基于何其隆在新教育方面的丰富理论成就和实践经验，1923年暑假，何其隆受岳阳暑期学校邀请，对岳阳地区的小学教师进行暑期培训。他独担重任，承担了教育学、儿童学、现代教育趋势以及设计教学法等四门教育学科的教学工作，涉及教育基本理论及国内外的新教育思潮。①

刘寿祺（1901~1990年），湖南武冈人，一师第一部第20班学生，1920年入学，1925年6月毕业。刘寿祺毕业时，适逢一师校长彭一湖和教育厅厅长李剑农同时离职，创办私立晨光大学，设有大学部、中学部和小学部。在彭一湖的提议下，刘寿祺在晨光大学小学部任教务员，半工半读。后来晨光大学的小学部取消，刘寿祺转入长沙私立民范女子职业学校教授国文。刘寿祺在一师学习时，是文学研究会的骨干，后和一师附小的教师一起创办"儿童文学研究会"，在湖南《大公报》副刊《文学周刊》及长沙其他报纸上发表大量新诗和小说。在一师国文教师夏丏尊、沈仲九尤其是张石樵等人的影响下，刘寿祺可谓新文学和国文教学改革的干将。因而，刘寿祺在民范女校教授国文时，从内容到方法进行改革，其国文教学"很受学生欢迎"。② 此后，刘寿祺历任醴陵乡村师范国文教员、汉寿乡村师范教务主任、湖南乡村短期义务教育实验区主任，创办武冈延光中学并任校长，后加入中国共产党，历任湖南省教育厅科员、中央大学校长办公室秘书和国民党政府教育部专员、督学，从事教育工作，以教育事业掩护其地下工作。1949年以后，历任湖南省文教厅副厅长、湖南师范学院院长、湖南省教育厅顾问等职业，是近现代湖南著名的教育家、革命家。

张国基（1894~1992年），湖南第一师范第一部第13班学生，

---

① 何其隆：《致王凤喈的一封信》，《大公报》1923年7月26日第9版。
② 刘寿祺：《刘寿祺革命回忆录》，湖南师范大学出版社，1994，第24页。

1920年12月毕业。在校学习期间，张国基加入新民学会。新民学会成立的初衷是关注自我个体的"生活向上"问题，最终主张"改造中国与世界"。新民学会既有改造世界的宏愿，五四运动以后湖南第一师范也大力提倡新教育，因而张国基毕业之后决定远赴南洋，改造当地华人教育，推行新教育，提高华人教育水平。他先是在新加坡陈嘉庚弟弟任董事的道南中学任教，同时兼任华侨中学及南洋女中的教学工作。后因英殖民地政府限制华侨学校注册，转而前往印尼爪哇北加浪岸，任中华学校校长。1926年回国参加北伐战争，后经毛泽东等同志介绍加入中国共产党。1927年2月受毛泽东邀请，到武汉中央农民运动讲习所任教，并参加"八一"南昌起义，担任中央独立第一师师长。1929年，张国基再度到印尼从事华侨教育工作，先后在印尼雅加达的广仁学校和八华学校任校长等职。1939年，与李春鸣、陈章基、李善基三人创办新型的雅加达中华中学，其教育声望享誉南洋。几十年来，张国基为着改造教育和文化传播的理想，将毕生精力贡献于华侨教育事业，教过的学生一万多人，遍布世界几十个国家，分布在教育、工商、出版、金融等各界，[①] 不愧是"华侨教育的先驱"，真正做到了"桃李满天下"。

五四运动以后，和何其隆、黄熙耀、陈志鸿、刘寿祺、张国基等人一样，毕业后致力于地方教育改革的一师学生还有很多。憾因史料缺乏，还有更多毕业于一师的教育精英虽默默躬耕于湖南近代的新教育，却无法留名青史，唯有常常回想、品味他们当年振臂一呼改造旧教育的豪放、打破重重阻力推行新教育的赤忱与热情。

三 改造社会：建立新秩序与新世界

五四运动以后，易培基以办私学的精神办理公校，聘请教师时

[①] 管孔：《"世纪老人"张国基散记》，《湖南党史月刊》1992年第4期，第38—39页。

取兼容并包、思想自由原则,故信奉各种思想和主义的青年教师得以在一师汇集。他们或信仰教育救国,或信仰科学救国,或信仰革命救国,但都在思考何以改造旧社会、建立新秩序与新世界。

这些不断探索社会改造和振兴中国的青年教师,虽然信仰不同,却都有一个共同的志愿:为国培才,改造国家与社会。故信仰无政府主义和工读主义的匡互生等教师,在一师教学时即基于自己的信仰影响一师学子,其后匡互生离开一师,前往上海试办新村,后来又基于纯粹的教育理想创办立达学园,培养"立己达人"的社会改造者。马克思主义者、共产党员毛泽东,在一师的国文教学中大力宣传马克思主义,积极发展共产党员。离开一师后,毛泽东继续借助湖南学联和文化书社,对一师的青年学生进行思想启蒙,引导他们进行改造社会的尝试。湖南学联主席彭璜感叹,文化书社的新书报,"(除开岳云中学)唯有第一师范比任何学校要多销一半","两个专门学校与一个师范学校,恰合成一个反比例"。[①]

这些有着改造社会理想的青年教师,大力改造着湖南第一师范:他们推行学制改革,废除以前严苛的管理制度,实行学生自治,由学生自管、自律和自学,极大地改变了湖南第一师范的校园生活和教育生态。他们改造湖南第一师范的社会实践,对学生的影响和示范作用更为明显。

正是在五四运动以后这些力图根本改造的青年教师的思想影响及其实践的示范下,湖南第一师范的青年学生也逐渐成为社会改造的新生力量。

其时,长沙设有各地同乡会。一师学生在五四思想洗礼和青年教师的思想启蒙下,加强了对同乡会的影响和改造。他们借助同乡会,努力宣传新思想,进行地方民风民俗改良及社会改造。

---

① 李永春:《湖南新文化运动史料(2)》,湖南人民出版社,2011,第1144页。

刘寿祺为武冈人，他和同乡夏大伦、唐盛、袁也烈在担任《武冈同乡会刊》编辑时，就对武冈本地的官吏、土豪劣绅进行批评和揭露，推动地方社会的改造。还有很多一师同学注重社会风气的改造，趁寒暑假回乡之际，组织返乡的各校同学，通过讲演、演文明戏、街头宣传等方式，反对封建迷信、反对妇女缠足、反对包办婚姻等，反帝反封建的旗帜很鲜明，有力地推动了各县的民主运动。

基于思想自由和政治开放的时代背景，在各种思潮和主义的影响下，尤其是在马克思主义思想的引导下，一师学生致力于社会改造，积极参加抵制日货、支持工人运动等各种活动。部分师范生在校期间就加入了中国共产党，走上革命道路，另有部分师范生毕业以后，在教育领域躬耕一段时间后，成为坚定的革命志士，致力于新秩序和新世界的建立。如程星龄、郭亮、夏曦、肖述凡、刘子载、袁裕（袁国平）、尹澍涛等。

郭亮（1901～1928年），1920年考入湖南第一师范，为第二部第3班学生。郭亮在考入一师以前，即通过《湘江评论》而记住了毛泽东。进入一师后，毛泽东正在一师附小做主事，并以一师作为他从事革命工作的基地。对毛泽东仰慕已久的郭亮，很快就认识了毛泽东，并加入新民学会。通过新民学会，郭亮心中植下了改造中国与世界的信念。通过毛泽东，郭亮阅读了各种宣传新思潮与新文化的报刊，以及上海共产主义小组出版的《共产党》期刊，并和同学夏曦积极参加各种校外的革命活动。在毛泽东的介绍下，1921年郭亮加入中国共产党，成为湖南最早的党员之一。1922年，郭亮担任中共湘区执行委员会委员，分管工人运动。为了改造旧社会、建立新世界，郭亮决定终身致力于实现自己的理想。

从一师毕业后，郭亮依然从事发动工人、领导工人运动的工作。1922年9月，他带头卧轨，组织和领导了震撼全国的粤汉铁路三千工人大罢工，成为毛泽东的得力助手，致力于革命活动和社会改造。以后很长一段时间内，郭亮一直从事工人运动，成为湖南工人和群众所拥戴的领袖。1926 年郭亮被推选为湖南全省总工会委员长，1927 年当选为中华全国总工会执行委员。因郭亮领导湖南工人进行革命运动及其巨大影响，他被认为和毛泽东、李立三等人一样，在湖南共产党人中"是属于第一等的"。①

为了更好地发动工人，郭亮在工作之余，潜心总结工人运动的经验，写成《湖南工人运动之过去与现在》一文，对湖南工人运动具有重要的指导作用。郭亮参加过南昌起义，并担任湘鄂赣边特委书记，在前往岳阳建立特委机关时，由于叛徒出卖，郭亮被捕，并于 1928 年 3 月英勇就义。

袁国平（1906～1941 年），原名裕，湖南宝庆人，1922 年秋考入湖南第一师范，为第一部第 23 班学生。在进入一师前，袁国平就开始阅读《新青年》等进步书刊。进入一师后，袁国平广泛阅读，对文史哲和军事都有涉猎，对于国计民生、社会变革等问题，"尤为注意"。② 在徐特立、田汉以及众多青年教师的影响下，在一师共产党员的引领下，袁国平很快就树立起改造社会、救亡救国的人生理想。

有人认为，"湖南第一师范开明的教育制度、良师益友、进步思想潮流、轰轰烈烈的群众革命运动，使得袁裕在政治思想、组织才能、文学修养等各个方面都有了一个很大的飞跃，为他后来担负革命重任打下了坚实的基础"。③ 此言不虚。

---

① 恭献：《夏曦在浙江》，《社会新闻》1934 年第 1 期，第 16～19 页。
② 江苏省新四军和华中抗日根据地研究会：《袁国平纪念文集（上）》，中共党史出版社，2013，第 226 页。
③ 江苏省新四军和华中抗日根据地研究会：《袁国平纪念文集（上）》，中共党史出版社，2013，第 228 页。

在一师学习期间，袁国平积极参加学生运动，被推选为湖南省学联执行委员。1925年3月，孙中山先生逝世后，袁国平撰写了一副挽联"读书不忘救国，救国不忘读书"，[①] 以明自己的救国之志。

袁国平1925年加入中国共产党，同年毕业。1926年考进黄埔军校第四期，并参加了1927年中国共产党领导的南昌起义和广州起义，1928年回到湖南进行革命工作。为了深入发动群众，建立苏维埃政权和工农革命武装，袁国平开展了形式多样的群众会、讲演会等宣传活动，取得了很好的效果。

袁国平后来参与创建中央苏区、组建中央红军主力部队，开辟抗日根据地。1938年担任新四军政治部主任、中央革命军事委员会新四军分会委员，为新四军培训各级领导干部四千余名。为了抗战救国，袁国平心系民族国家，舍弃小我家庭。其时，他家里父母年迈体弱，生活无以为继。在给家人的信中，袁国平只能请求家人原谅："此刻我身无分文，无法帮助家里。因为我们都是以殉道者的精神，为革命、为国家服务的。……抗战成功了，不愁无饭吃，抗战不幸失败，则大家都当亡国奴。所以我希望家里能够想得远大些，能够原谅我。"[②]

1941年，袁国平在皖南事变中突围时身负重伤，为了不拖累部队突围，不连累战友，不当俘虏，最终自杀身亡。2014年袁国平被中共中央、国务院批准为首批著名抗日英烈。

在1919~1927年短暂的八年时间里，湖南第一师范一个学校培养出这么多的教育人才和革命志士，是极为少见的。既有以易培

[①] 江苏省新四军和华中抗日根据地研究会：《袁国平纪念文集（上）》，中共党史出版社，2013，第31页。
[②] 江苏省新四军和华中抗日根据地研究会：《袁国平纪念文集（下）》，中共党史出版社，2013，第356页。

基为代表的各位校长的支持,更有汇聚于一师的以教育救国、振兴国家为己任的众多青年教师的启蒙和引导,当然也有一师学生堪虞造就、甘于将青春热血奉献于中国教育和热土的社会责任和家国情怀。

故无论是教师还是学生,都是五四运动以后湖南思想改造、教育改造和社会改造的生力军。湖南第一师范也因此而成为湖南新文化的摇篮、新教育的重镇、红色思想的发源地。

第二节 湖南第一师范教育革新的当代启示

五四运动以后的湖南第一师范,在新文化运动大潮中,主动利用新思潮对青年学生进行思想启蒙,借鉴欧美新教育运动中的新制度和新方法进行教学和管理改革,培养学生的自主性及公共精神,熏陶其改造教育、改造社会的理想信念,培养了大批心怀家国、为实现民族复兴而奉献青春热血的教育人才和革命志士。当前,我国已经进入中国特色社会主义新时代,实现中国式现代化、促进中华民族的伟大复兴,是新时代教育的重要使命。培养新时代的新青年,尤其是事关青年成长的新时代大先生,既需要关注"互联网+"等新技术、新趋势,也不能完全抛弃旧传统与老经验。五四运动以后湖南第一师范教育革新的经验,对于新时代新青年的培养,具有重要的借鉴价值和启示意义。

一 注重人格养成

传统社会的理想人格是君子,戊戌变法时期,为了挽救民族危亡,"新民"成为新的教育目标。五四运动以后,民主、自由思潮澎湃,以及"人"被发现,个性解放成为时代趋势,健全人格成为新的教育宗旨。

历史之镜：湖南第一师范教育革新的意义与启示 | 第八章

所谓健全人格，蔡元培认为，"内分四育，即体育、智育、德育、美育"。匡互生也主张教育就是造就"完全的人"，第一步就是"在修健全人格，同时从互助的生活中，认识社会生活的重要，并且从里面发挥个人对于群众的同情心和责任心"。① 具体言之，"人格是人之所以为人的资格，既不是'兽格'也不是'神格'。分析他的内容，约有身心两种。而'身'一方面所需要的，是生存，是健康。求生存需要劳动，求健康需要卫生。'心'一方面所需要的，是求真以满足知，爱美以满足情，行善以满足意。所谓健，是自强不息；所谓全，是各要素都具备"。② 故而，在民族危亡关头的民国时期，所谓健全人格，在德智体美全面发展之外，尚需要有关注国事天下事、关怀大众的责任意识和公共精神。

五四运动以后的湖南第一师范，大部分教师尤其是经受五四思想启蒙的青年教师，就极为注重学生健全人格的熏陶，引导他们思考个人的存在意义，将个人前途和国家命运相结合，去改造中国与世界。

当代中国虽已实现国家独立、民族富强，但尚处于强国环伺、民族复兴的重要时期，青年学生健全人格的养成，在德智体美劳之外，依然需要自强不息、心怀家国。需要青年学生将个人意义和国家强大、民族复兴相联系，并为之奋斗。但在拜金主义、功利主义和虚无主义等思想的影响下，在应试教育的长期高压之下，不少青年学生缺乏开阔的视野和长远的人生规划，困顿于迷茫的、无意义的人生长路。

2016年，北京大学心理健康教育与咨询中心副主任徐凯文在一次演讲中提到，北大有大约四成新生认为活着没有意义，对人生

---

① 匡互生：《立达——立达学会——立达季刊——立达中学——立达学园》，《立达》1925年第1期，第6~29页。
② 熊梦飞：《忆亡友匡互生》，《师大月刊》1933年第5期，第6~32页。

感到迷茫。徐凯文把这种因意义感和存在感缺失导致的心理障碍称为"空心病"。①

作为青年中的精英、天之骄子的北大学生，都陷于生活无意义、人生无价值的困境，则当代青年健全人格的养成更应该引起教育界和全社会的关注。毕竟，青年强则国强，青年担负着建设社会主义现代化国家以及教育强国、民族复兴的重任，需要具备高尚的人格、宏大的志愿。因而在国富民强的新时代，更需要注重养成其健全人格，重新定位其生活意义和人生价值，重塑其人生追求目标。人在旅途，民族复兴，青年需自爱、自立与自强。

以师资养成为核心的教师教育，要关注当代青年的现状，借鉴五四运动以后湖南第一师范以春风化雨式的教育熏陶师范生健全人格的有益经验，培养时代大先生。要注重对师范生进行理想信念的教育，养成具有教育家精神的大先生，在今后的教育实践工作中要做学生为学、为事、为人之示范，促进学生全面发展；注重熏陶学生的健全人格，引导其追寻人生的意义和价值。

二 鼓励自主研究

清末以来，自治风潮渐起。五四运动以后，在思想解放大潮和人格培养讨论中，学生自治成为很多学校的主动选择，希望学生自主管理、自主研究以实现自律和自学。在学生自治思潮和实践中，学生自我意识得到激发，主体意识更加强烈。

五四运动以后的湖南第一师范，在匡互生等人的主持下，实行学生自治。虽然湖南第一师范早期的学生自治较为激进，不仅完全不要教师干涉，而且还涉及校长民选等校政决策，超越了学生自治

---

① 徐凯文：《时代空心病与焦虑经济学》，http://www.shixiu.net/dujing/sjrtdj/1583.html。

的范围和权限。不过,湖南第一师范学生自治的激进,跟湖南当时复杂的政治局势有关。通过学生自治,湖南第一师范营造了一个自主、自动、自觉的学习氛围,学生不仅能较好地实现自我管理、主体意识得到强化,而且在自动学习和自主研究方面,效果显著。

多年以后,刘寿祺还津津乐道湖南第一师范当时的自治精神和学生自主学习的氛围:"我在这种学习环境的陶冶中,如坐春风,知识一天天丰富,视野一天天扩大,觉悟一天天提高,精神一天天焕发,好像进入了另一个世界,我的思想、感情、意志、行动、生活方式,都发生了很大的变化"。①

反观当下,相当部分的青年学生有着自己的人生规划,具有社会责任感和民族复兴的主体意识,能自觉主动地学习和研究,成长为有理想、敢担当、能吃苦、肯奋斗的新时代好青年。但不可否认的是,当前我国国富民强、社会安定、国民生活富足,还有部分青年学生缺乏公共意识和竞争观念,没有将个人前途和国家发展相联系。即便是个人发展方面,也没有明确的人生目标,学习动力不强,学习极为被动。课堂上不是认真学习、争论锋出,而是神思恍惚、默默低头;课余时间不是自动学习、自主研究,而是沉浸于游戏或追剧,荒废青春和光阴。

新时代的教育要引导青年学生树立高远的人生目标,激发青年学生的主体意识,推动他们主动学习、自主研究。要给予青年学生充足的时间,引导他们自由寻找自己的学术兴趣,根据其性之所近自主研究,在自主研究中体验学习的快乐、实现主体成长。

三 关注思想导引

五四运动以后,"德先生"和"赛先生"成为思想界和教育界

---

① 刘寿祺:《刘寿祺革命回忆录》,湖南师范大学出版社,1994,第15页。

的两面旗帜，当时我国不仅重视科学，而且对承担着思想启蒙重任的人文社科也空前重视。在新文学的迅速传播及其影响下，国文课程更是成为思想启蒙的主力军。

五四运动以后的湖南第一师范，要求"国文科要绝对负指导思想的责任"，国文教师成为"负思想改造之责的人"，[①]并高薪从江浙、北京等地区聘请国文教师。出于思想启蒙和解放个性的目的，湖南第一师范聘请国文教师打破了传统硕学鸿儒的标准，而以经历五四运动或具备五四精神为准则，因而毕业于北高师、武昌高师以及思想激进的孙俍工、张石樵、毛泽东、沈仲九等新青年承担起一师国文教学的责任。而其他人文社科如公民学、社会学、历史学等学科及其任教教师，同样开启了一师学子新的思想之门。故而，五四运动以后的一师学生，出入于各种思潮和主义之间，思想得到彻底解放，主体意识得到激发，并最终成长为优秀的教育人才和革命志士，引领湖湘新教育的发展，并成为中国革命的生力军。

经过百年发展，当代中国已经立于强国之林。但不可否认的是，在中国一百多年的发展过程中，科学主义和工具理性逐渐成为主流，人文主义和价值理性日益衰颓。大学教育中的实用主义趋向明显，青年学生在学习和工作选择中，也表现出强烈的功利主义和拜金主义。

西方中世纪大学产生以来，大学文化的核心或曰大学精神是对学术自由和真理的追求，大学要培养的是明理达性、具有理想信念的"绅士"，而不仅是信奉功利主义、目光狭隘的专业人士。罗素曾说："如果所有的知识都是功利主义的，人类的进步将不会持久，功利主义的知识需要通过无私的研究来充实，这种研究的目的仅仅

---

① 舒新城：《我和教育——三十五年教育生活史（1893~1928）》，广东人民出版社，2016，第117~118页。

在于更好地认识世界。"①

因而，要培养有理想、敢担当、能吃苦、肯奋斗的新时代好青年，需要注重人文社科及其思想引导作用，重视大学中价值理性的传播，重塑作为未来社会中坚、青年精英的大学生的人生观和价值观。尤其是教师教育中，对承担国民教育重任的师范生，更要重视人文社科的"无用之用"，以实现对师范生的思想引导，培养其独立的思考力和判断力，使其在今后的教育实践中起到思想引领作用。

四 养成公共精神

五四运动以来，随着新文化运动和思想解放，各种思潮和主义涌入中国。知识精英和青年学生基于对民主共和的期待，希望能在各种思潮和主义中探求新的救国之道。他们出入于各种思潮和主义之间，审慎地选择自己的思想信仰和人生道路。但无论是信仰教育救国，还是三民主义，或是马克思主义，以及无政府主义及工读主义，五四运动以后的知识分子和青年学生都力图建立一个新秩序和新世界。他们开始跳出个体自我，在国家命运中关注自我的存在意义和主体责任。

湖南第一师范的众多青年教师，在五四运动以后趋新革旧、国民意识高涨的时代背景下，不仅一直为着自己的教育理想和社会理想而努力奋斗，也教导青年学生服务社会和国家，养成公共精神。一师的学生基于师范生和未来教师的身份认同和教育理想，通过工人夜学、平民半日学校服务工人、平民及其子弟；通过调查湖南全省教育状况，为今后服务教育做好准备。他们还积极参加驱张运动、抵制日货运动，参与各种社会服务和社会改造运动，在教育服

---

① 罗素（著）、靳国建（译）：《教育论》，东方出版社，1990，第195页。

务和社会改造实践中养成公共精神。

在中国共产党第二十次全国代表大会上，习近平总书记指出："青年强，则国家强。当代中国青年生逢其时，施展才干的舞台无比广阔，实现梦想的前景无比光明"，希望当代青年"怀抱梦想又脚踏实地，敢想敢为又善作善成，立志做有理想、敢担当、能吃苦、肯奋斗的新时代好青年，让青春在全面建设社会主义现代化国家的火热实践中绽放绚丽之花"。[1]

在建设中国特色社会主义、促进中华民族伟大复兴的新时代，青年自是中坚力量。青年学生亦热切关注社会发展、积极参与社会实践，通过个体自我、学校及社会公益组织服务城乡社会以及各种人群，锻炼公共服务能力、养成公共精神。但不可否认的是，依然有部分青年学生缺乏公共精神而局限于个人利益和前途。

北大教授钱理群在他撰写的《大学里绝对精致的利己主义者》一文中指出，在中国的大学里，包括最好的北大、清华，都正在培养一群绝对的、精致的利己主义者，他们"没有信仰，没有超越一己私利的大关怀、大悲悯，责任感和承担意识，就必然将个人的私欲作为唯一的追求目标"。

大学生是我国青年中的精英，当我们的青年精英将焦点集中于工具理性，集中于个人前途而失去关怀大众的公共精神之后，青年精英非但不能起到引领作用，极有可能产生钱理群所担忧的后果："这样的人，一旦掌握了权力，其对国家、民族的损害，是大大超过那些昏官的。"[2]

---

[1] 习近平：《高举中国特色社会主义伟大旗帜、为全面建设社会主义现代化国家而团结奋斗——在中国共产党第二十次全国代表大会上的报告》，2022年10月16日，https://finance.sina.com.cn/wm/2022-10-25/doc-imqqsmrp3759875.shtml。

[2] 钱理群：《大学里绝对精致的利己主义者》，转引自周思尧《民国清流》，重庆市铁路中学校，https://www.sohu.com/a/119916180_384562。

当前，我国进入中国特色社会主义新时代。实现社会主义现代化、促进中华民族的伟大复兴，是新时代教育的重要使命。推进教育现代化、建设教育强国，既是国家的大政方针，更是教师的职责和使命。

新时代教师身负人才培养、教育强国之重任。因而，当代教师教育，应借鉴五四运动以后湖南第一师范的改革经验，注重熏陶师范生积极参与社会服务的公共精神，使之将个人前途和国家发展、民族复兴相结合，成为"新时代的好青年"，在新时代"绽放绚丽之花"。

参考文献

一 档案与近代报刊

[1]《湖南省立第一师范学校志》(1918)

[2]《湖南省档案馆教育厅全宗档案(民国)》

[3]《民国日报》

[4]《大公报》(湖南)

[5]《时事新报》(上海)

[6]《新闻报》

[7]《京报》

[8]《民报》

[9]《时报》

[10]《光明日报》

[11]《湖南通俗日报》

[12]《新教育》

[13]《教育潮》

[14]《教育杂志》

[15]《湖南教育杂志》

二 文集、日记及史料汇编、回忆录等

[1] 中国科学院历史研究所第三所：《五四运动回忆录》，中华书局，1959。

[2] 吕芳文：《五四运动在湖南》，岳麓书社，1997。

[3] 李文海：《民国时期社会调查丛编（二编）（乡村社会卷）》，福建教育出版社，2014。

[4] 中共中央文献研究室、中共湖南省委《毛泽东早期文稿》编辑组：《毛泽东早期文稿（1912.6～1920.11）》，湖南出版社，1990。

[5] 毛泽东：《毛泽东选集（第4卷）》，人民出版社，1991。

[6] 斯诺等著，刘统编注《早年毛泽东：传记、史料与回忆》，三联书店，2011。

[7] 方明：《陶行知全集》，四川教育出版社，2020。

[8] 吴芳吉：《吴芳吉集》，巴蜀书社，1994。

[9] 李少全：《匡互生集》，光明日报出版社，2019。

[10] 董宝良：《陶行知教育论著选》，人民教育出版社，2015。

[11] 高平叔：《蔡元培教育论著选》，人民教育出版社，1991。

[12] 梁启超：《梁启超论教育》，商务印书馆，2017。

[13] 胡适：《胡适口述自传》，华东师范大学出版社，1993。

[14] 谢觉哉：《谢觉哉日记（上）》，人民出版社，1984。

[15] 刘寿祺：《刘寿祺革命回忆录》，湖南师范大学出版社，1994。

[16] 舒新城：《我和教育——三十五年教育生活史（1893～1928）》，广东人民出版社，2016。

[17] 郭廷以、张朋园等：《白瑜先生访问记录》，九州出版社，2012。

[18] 陈启天：《寄园回忆录》，台湾商务印书馆，1965。

[19] 曹聚仁：《我与我的世界》，三联书店，2014。

[20] 新蕾出版社编辑部：《作家的童年（1）》，新蕾出版社，1980。

[21] 璩鑫圭等:《中国近代教育史资料汇编:实业教育师范教育》,上海教育出版社,2007。

[22] 中央教科所:《中国现代教育大事记》,教育科学出版社,1988。

[23] 中国史学会:《中国近代史资料丛刊——戊戌变法》,神州国光社,1953。

[24] 璩鑫圭等:《中国近代教育史资料汇编:学制史料》,上海教育出版社,1991。

[25] 朱有瓛:《中国近代学制史料(第3辑)(下)》,华东师范大学出版社,1992。

[26] 李桂林、戚名琇、钱曼倩:《中国近代教育史资料汇编普通教育》,上海教育出版社,1995。

[27] 李永春:《湖南新文化运动史料(1)》,湖南人民出版社,2011。

[28] 中国革命博物馆、湖南省博物馆:《新民学会资料》,人民出版社,1980。

[29] 魏宏运:《中国现代史资料选编(1):五四运动与中国共产党创建时期》,黑龙江人民出版社,1981。

[30] 中共一大会址纪念馆编《中共一大代表早期文稿选编(上)(1917.11~1923.7)》,上海人民出版社,2011。

[31] 中国人民政治协商会议全国委员会文史资料委员会编《文史资料存稿选编1(晚清 北洋 上)》,中国文史出版社,2002。

[32] 中国人民政治协商会议湖南省委会文史资料研究委员会编《湖南文史资料选辑(第11辑)》,湖南人民出版社,1979。

[33] 中国人民政治协商会议湖南省岳阳市南区委员会文史资料委员编《岳阳市南区文史(第1辑)》,内部资料,1992。

[34] 中国人民政治协商会议湖南省宁乡县北区政协文史资料委员会:《宁乡文史资料(第五辑)》,内部资料,1988。

［35］湖南文史研究馆：《平民教育家周方先生百周年诞辰纪念集》，湖南师范大学印刷，1993。

［36］腾纯等：《毛泽东教育活动纪事》，湖南教育出版社，1993。

三 论著

［1］本书编写组：《湖南第一师范校史（1903～1949）》，上海教育出版社，1983。

［2］湖南省湘学研究院：《湘学研究（总第六辑）》，中国社会科学出版社，2015。

［3］萧三：《毛泽东的青少年时代》，湖南大学出版社，1988。

［4］崔运武：《中华民族新教育的探行者舒新城》，山西人民出版社，2020。

［5］周洪宇：《陶行知研究在海外》，人民教育出版社，1991。

［6］唐振南：《谁主沉浮——五四时期至秋收起义时期的毛泽东》，中央文献出版社，2013。

［7］江来登、孙光贵等：《徐特立人生轨迹及教育思想发展研究》，湖南人民出版社，2009。

［8］李龙茹等：《一代师表徐特立》，岳麓书社，1998。

［9］孙海林等：《毛泽东早期教育实践与教育思想概论》，中南大学出版社，2008。

［10］张直心、王平：《现代文学与现代教育的互动共生》，广西师范大学出版社，2020。

［11］王伦信：《清末民国时期中学教育研究》，华东师范大学出版社，2002。

［12］熊明安、周洪宇：《中国近代教育实验史》，山东人民教育出版社，2001。

［13］胡适：《胡适散文经典》，新疆生产建设兵团出版社，2019。

四 论文

[1] 樊骏：《五四与新文学的诞生》，《中国社会科学》1989 年第 4 期。

[2] 钱理群：《五四新文化运动与中小学国文教育改革》，《中国现代文学研究丛刊》2003 年第 3 期。

[3] 许志行：《毛主席教我学语文的一点回忆》，《语文学习》1978 年第 3 期。

[4] 汪楚雄：《中国新教育运动研究（1912～1930）》，华中师范大学，2009。

[5] 江丽萍：《1920 年名人学术演讲会述论》，湘潭大学，2010。

[6] 张小丽：《北高师教育专攻科的历史境遇》，《教育学报》2010 年第 4 期。

[7] 吴冬梅、俞启定、于述胜：《何谓"新教育中国化"》，《华东师范大学学报》（教育科学版）2005 年第 2 期。

[8] 喻春梅：《杜威、罗素来湘讲学及其影响——以长沙〈大公报〉为视角》，《吉首大学学报》（社会科学版）2011 年第 5 期。

[9] 丁钢：《20 世纪上半叶哥伦比亚大学师范学院的中国留学生——一份博士名单的见证》，《高等教育研究》2013 年第 5 期。

[10] 于述胜：《学术与人生——解读舒新城和他的道尔顿制研究》，《北京大学教育评论》2007 年第 4 期。

[11] 钟晨音：《〈新教育〉成功传播近代西方教育原因之考察》，《浙江师范大学学报》（社会科学版）2010 年第 6 期。

[12] 周晔：《〈新教育〉与中国教育近代化》，《高等教育研究》2005 年第 1 期。

[13] 王美秀：《中国近代社会转型与女子教育的发展》，《北京大学

学报》（哲学社会科学版）2001 年第 3 期。

[14] 阎广芬：《西方女学的传入与中国近代女子教育》，《教育研究》2000 年第 4 期。

[15] 高翔、张伟平：《20 世纪 20 年代道尔顿制实验回顾与思考——以东南大学附中为例》，《教学研究》2010 年第 1 期。

[16] 陈友良：《从〈甲寅杂志〉看五四知识群体的衍化》，《三明学院学报》2014 年第 5 期。

[17] 曾长秋：《新民学会中的湖南第一师范学人与湖南建党实践》，《嘉兴学院学报》2021 年第 4 期。

[18] 晏远怀：《第一师范试行道尔顿制的报告》，《湖南教育杂志》1924 年第 1 期。

[19] 熊梦飞：《忆亡友匡互生》，《师大月刊》1933 年第 5 期。

[20] 蒋维乔：《湘省教育视察记》，《教育杂志》1916 年第 1 期。

[21] 匡互生：《中等学校的训育问题》，《教育杂志》1925 年第 8 期。

[22] 匡互生：《青年教育者的修养》，《教育杂志》1926 年第 8 期。

[23] 沈仲九：《国文科试行道尔顿制的说明》，《教育杂志》1922 年第 11 期。

附 录

附表1　五四运动以后湖南省立第一师范学校教员（1922～1926年）

职务	1922年	1923年	1924年	1925年	1926年
校长	易培基	易培基	李济民	彭一湖	王凝度
国语	张云		汪馥泉		张锦云
国文	樊树芬 寿昀 冯成麟 毛泽东	沈仲九 张石樵 冯三昧 顾绮仲 张汉之 赵景深	吴芳吉 陈子展 王鲁彦 陈惠鼎 张锦云	何呈锜 田汉 赵景深 樊树芬	张行素 曾庆霄 易希文 郭耘桂 谢国馨 杨宗侃 戴士颖 彭斟雄 龚群钰 萧克勤 樊树芬 杨仲璋
英语	高云梯 杨文冕 徐德嵘 李稼年 周学超	李稼年 周谷城 徐德荣 欧阳湘 王凤嗜 谢锡龄 王潜修	刘天铎 曾子衡 冯焕文	刘建阳 陈大镕 徐得嵘	高云梯 左承恩 谢育吾 曾士弘 戴孟群 彭锦云 陈大榕 邹谦

· 282 ·

续表

职务	1922年	1923年	1924年	1925年	1926年
数学	邓敦毅 文亚文 刘瑛 陈宪	文亚文 陈润泉 刘鸣剑	陈宪 周惠霖 李峥嵘	陈宪 陈世牲 廖维汉	陈世牲 杨叙策 徐楩 陈宪
理化	罗教铎	罗教铎 李孝先	黄诒谋 郭本澜	黄森 李峥嵘	陈泽阜 罗教铎 王正藻 李才柜
博物	孙泽英 辛树帜	辛树帜	辛树帜	黄建勋	黄建勋
地理	吴相如	吴相如	张盪 缪育南	张盪 吴相如	鲁直厚 盛泽沛
历史	刘序裕	刘炳荣 彭德芳	张翰仪 邹希鲁	刘裕序	黄祖度 张盪 刘序裕
教育	王雍 兼教育学实习 主任 周学超	陈友生 王凤喈 周谷城 李稼年	赵惠谟	邹谦 王雍 (凤喈) 赵惠谟	徐特立 黄德安 杨柏森 魏先朴 杨国础
论理			魏光朴		
文字学			曾运乾	曾运乾	夏孝诚
社会学			黄士衡		廖维藩
公民学			李维汉	李维汉	陈章甫 李维汉

续表

职务	1922年	1923年	1924年	1925年	1926年
图画	冯皓	冯邵如 叶鼎群	叶鼎洛 王晴川		莫运选 朱志坚 何熏 周湘僎 唐瑞 魏显烈
手工教员	冯澄如	冯澄如 虞弗寄	虞弗机	杨运昌	周柏祥
音乐教员	黄醒	谢襄	陈笑公 邱文藻		周达 黄楚藩 邓星镡
体育/体操教员	王鑑武	朱恩德 朱似毅	张铁珊	张铁珊 冯侒	魏树桓 王鑑武 郭淑文 李夏声
簿记教员				李凤池	
农业					陈熹
法治经济					李达 龚家凯 钟秀

注：本表根据1922年、1924年、1925年、1926年《湖南省立第一师范学校同学录》，和1923年《湖南省立第一师范学校一览》中的教师名录编制而成。

附表 2　1923～1924 年湖南《大公报》第 9 版副刊《小学教育研究周刊》发文

时间	作者	题名
（1923 年）第 4 期	何其隆 王堃猷 壮民 茂秋	设计教学法与乡村学校 游艺室对于小学校 神话不宜作小学教材 我的教育观
第 5 期	何其隆 何其隆 状民 茂秋	设计教学法与乡村学校（续） 我也来谈神话教材问题 神话不宜作小学教材（续） 我的教育观（续）
第 6 期	王凤喈 何其隆 熏陶 壮民	小学底学校行政 设计教学法本身上的研究 小学训育不应该采用惩罚主义 神话不宜作小学教材（续）
第 7 期	何其隆 熏陶 王堃猷 刘寿祺 易培基	设计教学法本身上的研究（续） 小学教育不应该采取惩罚主义（续） 自然科设计教学的研究 太戈尔底教育事业 古代小学教育之制度与学说
第 8 期	王堃猷 熏陶 何其隆 茂秋 易培基	自然科设计教学的研究（续） 小学教育不应该采取惩罚主义（续） 设计教学法上一个紧急的商榷——自动原则有被动之可能 教育零感 古代小学教育之制度与学说（续）
第 9 期	王堃猷 熏陶 何其隆 茂秋 易培基	平民教育与设计 小学教育不应该采取惩罚主义（续） 一个注人式的设计教学报告——升学的算术练习 教育零感（续） 古代小学教育之制度与学说（续）
第 10 期	云村 何其隆 熏陶 何其隆	教育界的佳音——万国教育会议 设计教学法述要 小学教育不应该采取惩罚主义（续） 致王凤喈的一封信

续表

时间	作者	题名
第 11 期	李云杭 何其隆 王堃猷	我为什么要研究单级教学法 设计教学法述要（续） 平民教育与设计（续）
第 12 期	何其隆 何其隆	现代教育趋势述要 设计教学法述要（续）
第 13 期	何其隆 何其隆 徐鑫龄 王堃猷	小学教师的人生哲学 设计教学法述要（续） 小学校应注意的几点 随感
（1924 年） 第 14 期	何其隆 熏陶 茂秋	乡村学校试行设计教学的研究 儿童文学：霖妹与梅姊 教育零感
第 15 期	惠谟 李云杭 茂秋 惠谟 熏陶	小学教育上的几个实际问题 调查江省小学教育纪略 小学教育研究会之前顾与后盼 教育零感 儿童文学：雪妹与梅姊
第 16 期	惠谟 李云杭 茂秋 熏陶 阮印长	小学教育上的几个实际问题（续） 调查江省小学教育纪略（续） 教育零感 儿童文学：雪妹与梅姊 问卷批改法之商榷
第 17 期	茂秋 阮印长 李云杭 茂秋 泽熏	乡村小学与新学制 道尔顿制下国文教学的一斑 调查江省小学教育纪略（续） 教育漫谈 儿童文学：鸳郎和柳姐
第 18 期	阮印长 惠谟 李云杭 茂秋	道尔顿制下国文教学的一斑（续） 小学教育上的几个实际问题 一封报告实施教育的信 教育零感

续表

时间	作者	题名
第19期	阮印长 惠谟 其隆 先其	道尔顿制下国文教学的一斑（续） 小学教育上的几个实际问题 一封讨论设计教学的信 教育零感
第20期	阮印长 惠谟 王梁 何其隆	道尔顿制下国文教学的一斑（续） 小学教育上的几个实际问题 小学英语教学的小小意见 教育丛谈
第21期 （乡村教育专号）	熏陶 惠谟 何其隆 李云杭 熏陶	我们为什么要研究乡村教育 怎样到乡村去改良教育 乡村教育的研究 农村小学之商榷 乡村教育杂说
第22期 （乡村教育专号）	熏陶 何其隆 李云杭 左景贤	乡村教育杂感 乡村教育的研究（续） 农村小学之商榷（续） 办理乡村教育的我见
第23期	熏陶 王梁 阮印长 李云杭	怎样养成良好的校风 小学英语教学的小小意见（续） 道尔顿制下国文教学的一斑（续） 农村小学之商榷（续）
第24期	肖述凡 王梁 王凤喈 阮印长	与阮印长君讨论小学国文教材 小学英语教学的小小意见（续） 错误心理与小学教育 道尔顿制下国文教学的一斑（续）
第25期	肖述凡 李云杭 阮印长 刘绍岚	与阮印长君讨论小学国文教材（续） 湘西十县实施义务教育之经过 道尔顿制下国文教学的一斑（续） 一个自然科学的教学报告

注：来自湖南《大公报》1923年6～8月及1924年3～6月《小学教育研究周刊》。现存湖南《大公报》中，没有前三期的内容。

图书在版编目(CIP)数据

思想启蒙与社会改造：湖南第一师范的新教育研究：1919－1927 / 张洪萍著 . －－北京：社会科学文献出版社，2023.12

（湖南第一师范学院红色学术文库）
ISBN 978－7－5228－2741－4

Ⅰ.①思… Ⅱ.①张… Ⅲ.①湖南第一师范学院－校史－1919－1927 Ⅳ.①G659.286.41

中国国家版本馆 CIP 数据核字（2023）第 214813 号

湖南第一师范学院红色学术文库
思想启蒙与社会改造
湖南第一师范的新教育研究(1919－1927)

著　　者 / 张洪萍

出 版 人 / 冀祥德
组稿编辑 / 邓泳红
责任编辑 / 桂　芳
责任印制 / 王京美

出　　版 / 社会科学文献出版社・皮书出版分社（010）59367127
　　　　　　地址：北京市北三环中路甲 29 号院华龙大厦　邮编：100029
　　　　　　网址：www.ssap.com.cn
发　　行 / 社会科学文献出版社（010）59367028
印　　装 / 北京虎彩文化传播有限公司

规　　格 / 开　本：787mm×1092mm　1/16
　　　　　　印　张：18.75　字　数：243 千字
版　　次 / 2023 年 12 月第 1 版　2023 年 12 月第 1 次印刷
书　　号 / ISBN 978－7－5228－2741－4
定　　价 / 118.00 元

读者服务电话：4008918866

▲ 版权所有 翻印必究